逻辑与方法：帝国主义理论谱系研究

王梁华 ◎ 著

南京大学出版社

图书在版编目(CIP)数据

逻辑与方法:帝国主义理论谱系研究 / 王梁华著. —南京:南京大学出版社,2023.12
ISBN 978-7-305-26466-5

Ⅰ.①逻… Ⅱ.①王… Ⅲ.①帝国主义－理论研究 Ⅳ.①D033.3

中国国家版本馆 CIP 数据核字(2023)第 011978 号

出版发行	南京大学出版社
社　　址	南京市汉口路 22 号　　　邮编　210093
书　　名	LUOJI YU FANGFA:DIGUOZHUYI LILUN PUXI YANJIU 逻辑与方法:帝国主义理论谱系研究
著　　者	王梁华
责任编辑	张淑文　　　编辑热线　(025)83592401
印　　刷	苏州市古得堡数码印刷有限公司
开　　本	718 mm×960 mm　1/16 开　印张 16.5　字数 287 千
版　　次	2023 年 12 月第 1 版　2023 年 12 月第 1 次印刷
ISBN	978-7-305-26466-5
定　　价	85.00 元

网　　址:www.njupco.com
官方微博:http://weibo.com/njupco
销售咨询热线:(025)83594756

* 版权所有,侵权必究
* 凡购买南大版图书,如有印装质量问题,请与所购图书销售部门联系调换

前　言

　　帝国主义研究是自19世纪末西方资本主义国家发展到垄断阶段以来学术界普遍关注的课题之一，资产阶级和小资产阶级的理论家、马克思主义和非马克思主义的理论家们都曾对帝国主义的政治、经济、文化、社会等各个方面做出过一系列分析和评判。从马克思恩格斯晚年对资本主义发展趋势的评判和预测，到19世纪末各国资产阶级、小资产阶级理论家为帝国主义所做的各种辩护，再到希法亭、卢森堡、考茨基、布哈林等第二国际理论家们对帝国主义的研究，及至列宁《帝国主义是资本主义的最高阶段》的创作和发表，帝国主义研究达到一个科学的理论高峰。

　　第二次世界大战前后，斯大林提出了资本主义总危机理论，对列宁关于帝国主义"腐朽性""垂死性"的判断进行了过度的解读和诠释。一批苏联和西方的激进学者也在列宁帝国主义理论的基础上对资本主义社会的政治经济现象开展了一系列拓展性的分析和研究，来自不同国家的学者们进一步推动了帝国主义研究的发展。巴兰和斯威齐继承并发展了列宁"垄断资本"的理论，普雷维什、阿明、卡多佐、法勒托、多斯桑托斯等来自拉美和非洲的理论家提出了依附理论，弗兰克、沃勒斯坦等提出了世界体系理论，汤林森、萨义德等提出了文化帝国主义理论，福斯特、奥康纳等人提出了生态帝国主义理论，哈特、奈格里和伍德、哈维等人提出了新帝国主义理论。

　　进入21世纪，帝国主义研究的热潮更是一浪高过一浪，研究的领域从经济、政治、社会扩展到文化、生态、日常生活等各个领域，提出了诸如新帝国主义、媒介帝国主义、语言帝国主义、数字帝国主义等各种新概念，后帝国主义理论以及各种新帝国主义理论不断推陈出新。在诸多帝国主义理论中,究竟哪一种理论是对帝国主义本质的客观反映?经典的帝国主义理论在当代是否依然适用?以什么样的方法才能更加科学地揭示帝国主义的发展规律?如何应对帝国主义新变化所带来的新问题、新挑战?要回答以上问题,有必要对各种帝国主义理论做一个全景式的研究和概括,比较它们在主要内容和研究方法上的异同,揭示各种帝国主义理论研究的优点及其缺陷,彰显马克思主义的帝国主义理论及其方法论的当代意义与价值,为继续深入开展帝国主义研究打下坚实的理论基础,为我们在百年未有之大变局下对帝国主义的新政策、新挑战做出合理的应对提供一些参考。

总的说来,本书的主要研究目的和意义在于以下三点:第一,通过对帝国主义理论谱系的深入探讨,揭示帝国主义理论在当代世界中的重要性和影响。帝国主义理论作为马克思主义理论体系中的重要组成部分,对于理解国际关系、经济发展、文化传播等方面具有重要意义。通过对帝国主义理论的研究,可以更好地认识和解释当今世界格局中的各种矛盾和问题,为国际关系的发展提供理论支撑。第二,通过比较国内外对帝国主义理论的研究现状和成果,分析不同研究视角和方法的优劣,从而为国内关于帝国主义理论的研究提供借鉴和参考。第三,通过对帝国主义理论研究的总结和分析,研究各种帝国主义理论的成果和不足,揭示其在当前国际政治和经济环境中的局限性,为帝国主义理论体系的完善和当代国际关系的研究提供新的思路和视角。

目　录

绪论 1
 第一节　关于帝国主义的概念辨析 1
 第二节　关于帝国主义的批判范式 9
 第三节　本书的逻辑架构与研究方法 21

上篇　传统帝国主义理论 25

第一章　马克思恩格斯对资本主义发展趋势的论述 27
 第一节　马克思恩格斯关于资本主义发展的一般论述 28
 第二节　马克思恩格斯对帝国主义理论研究的贡献 33
 第三节　马克思恩格斯的资本主义研究方法 37

第二章　霍布森的"资本扩张本质论" 43
 第一节　帝国主义的经济根源及定义 43
 第二节　帝国主义的特征 45
 第三节　霍布森帝国主义理论评析 48

第三章　希法亭的"金融资本论" 53
 第一节　金融资本研究的出发点 54
 第二节　金融资本的形成及其定义 55
 第三节　金融资本的政策及其影响 56

第四章　卢森堡的"积累规律论" 59
 第一节　帝国主义：政策还是阶段？ 60

1

第二节　帝国主义的经济根源 …………………………………… 61
 第三节　帝国主义的扩张 ………………………………………… 62
 第四节　卢森堡的帝国主义研究方法 …………………………… 64

第五章　考茨基的"超帝国主义论" …………………………………… 67
 第一节　帝国主义的起源及定义 ………………………………… 68
 第二节　帝国主义的经济与政治 ………………………………… 70
 第三节　帝国主义的战争与未来发展趋势 ……………………… 71

第六章　布哈林的帝国主义论 ………………………………………… 73
 第一节　金融资本与世界经济体系 ……………………………… 74
 第二节　国家资本主义托拉斯 …………………………………… 78
 第三节　第二国际理论家帝国主义研究方法的缺陷 …………… 80

第七章　列宁的帝国主义理论 ………………………………………… 89
 第一节　列宁帝国主义理论的主要内容 ………………………… 89
 第二节　列宁帝国主义理论的历史地位与意义 ………………… 101
 第三节　列宁帝国主义理论的研究方法 ………………………… 113

第八章　斯大林的资本主义总危机理论 ……………………………… 121
 第一节　资本主义总危机理论的形成背景 ……………………… 121
 第二节　资本主义总危机理论的主要内容 ……………………… 127
 第三节　资本主义总危机理论的理论价值与方法论危机 ……… 133

下篇　当代帝国主义理论 ……………………………………………… 139

第九章　"垄断资本"理论 ……………………………………………… 141
 第一节　"垄断资本"理论的基础性概念:经济剩余 …………… 142
 第二节　垄断资本主义的危害及其发展趋势 …………………… 148
 第三节　"垄断资本"理论的理论价值及其缺陷 ………………… 157

第十章　依附理论 ……………………………………………………… 163
 第一节　古典依附论 ……………………………………………… 165
 第二节　依附发展论 ……………………………………………… 168
 第三节　新依附论 ………………………………………………… 169

第十一章　世界体系理论 …… 173
第一节　世界体系理论的主要内容 …… 173
第二节　世界体系理论评析 …… 177
第三节　世界体系理论的研究方法 …… 181

第十二章　文化帝国主义理论 …… 183
第一节　汤林森的文化帝国主义理论 …… 184
第二节　萨义德的文化帝国主义理论 …… 191
第三节　汤林森与萨义德文化帝国主义的方法论差异 …… 197

第十三章　生态帝国主义理论 …… 201
第一节　生态帝国主义批判的理论基础：马克思的生态学 …… 202
第二节　生态帝国主义批判：生态危机与资本主义 …… 206
第三节　生态帝国主义理论的理论贡献及缺陷 …… 217

第十四章　新帝国主义理论 …… 225
第一节　哈特和奈格里的新"帝国"论 …… 225
第二节　伍德的资本帝国主义理论 …… 231
第三节　哈维的新帝国主义论 …… 235

结语　百年大变局中的帝国主义发展趋势及其应对策略 …… 243

主要参考文献 …… 248

后记 …… 256

绪　论

要对帝国主义进行研究，首先必须厘清帝国主义的概念，然后运用正确的理论方法对帝国主义的各种具体现象进行分析研究，这样才能科学地揭示帝国主义的本质。因此，在正式讨论帝国主义问题之前，我们的首要工作就是辨析和确认所要研究对象的内涵定义，弄清我们所要采用的理论研究方法。

第一节　关于帝国主义的概念辨析

帝国主义的概念在当代学术界呈现一种泛化的倾向，各种不同的帝国主义理论对帝国主义的概念解释不一样，对帝国主义的理解也不一样。要把握帝国主义的本质及其发展规律，首先必须科学界定帝国主义的概念。理解和把握帝国主义的概念必须厘清两组关系，即帝国与帝国主义之间的关系以及传统帝国主义与新帝国主义之间的关系。

一、帝国与帝国主义

帝国主义的产生与帝国的存在密不可分，二者之间的概念也是有些模糊不清的。直到现在，学术界有时还会出现将二者混淆滥用的情况。"帝国主义"(imperialism)的词根是"帝国"(empire)，因而要理解帝国主义的概念，首先就要了解帝国的含义。帝国的英文 empire 来源于古罗马时期的拉丁文 imperium，本意为统治、指挥，代指至高无上的权力。按照《大英百科全书》的说法，帝国指的是处于一个国王统治和管辖之下的一片广袤的领土。《牛津英语词典》对帝国的定义为："由单一君主或统治权力管辖的一个大的国家群体。"①《韦伯斯特词典》对帝国的解释是:"在单一最高权力之下拥有广泛领土或一批领土或人民的政治单元,特别是那些以皇帝为国家元首的国家。"②《辞海》中对"帝国"一词的定义是:"通常指以皇帝为最高统治者的君主制国家,也指某些占有殖民地的帝国主义国家。"③由此可见,不管是在英文词典还是中文词典中,它们都没有将古代就已形成的帝国与近现代才出现的帝国主义做非常明确的区分。

一般说来,有两种不同类型的帝国:一种是古代由皇帝、君主统治的强大的帝制国家;一种是近代通过海外殖民扩张形成的殖民帝国。第一种情况中,超大的帝制国家简称帝国。我们一般把奴隶社会和封建社会时期形成的一些具有强大政权的地域性大国都称为帝国,诸如古代的埃及帝国、亚述帝国、波斯帝国、亚历山大帝国、罗马帝国等。也有一些国外的学者把中国封建王朝的鼎盛时代称为帝国,比如汉朝、唐朝时期的中华帝国。我们本国也有大明帝国、大清帝国等一些说法。这些帝国的共同特点包括:第一,它通常是由一个强权统治者通过征伐的手段实现了大一统的帝制国家;第二,它拥有辽阔的土地、强大的政权和雄厚的国力;第三,它有一个强有力的政治经济文化中心,并由此向周边区域扩展,称霸一方,周边的民族国家基本对其是一种屈从、附属的关系。古代帝国的形成是人类社会发展自然演进的一个历史过程。人类社会由低级向高级发展,部落之间通过战争和结盟形成国家,各个小的国家之间再经过碰撞和融合最终形成一个庞大的帝国。再经过一段时间,帝国由盛而衰走向瓦解。这大概就是"分久必合,合久必分"的历史发展规律。

第二种帝国是近代15、16世纪以后伴随着资本主义的发展和扩张逐渐形成的殖民帝国。比如西班牙、葡萄牙、荷兰、法国、英国都曾经历海外殖民扩张,建立过殖民帝国。英国殖民地非常广阔,被称为"日不落帝国"。与第一种类型的帝国相比,近代的殖民帝国不一定是由一个强权的皇帝或君主单独统治,它的国土不一定很辽阔,也不完全是由地域相连的周边小国融合而成,它可以跨越地域界限,隔空对其他民族国家进

---

① Maurice Waite, ed., *Oxford English Dictionary*, seventh edition, Oxford University Press, 2012, p.232.
② Arthur Schlesinger, Jr., "The American Empire? Not So Fast," *World Policy Journal*, Spring 2005, p.43.
③ 辞海编辑委员会编:《辞海》(1979年版)缩印本,上海辞书出版社1980年版,第353页。

行殖民统治,它与其殖民地的关系是宗主国与附属国的关系。这种伴随着近代资本主义海外扩张而产生的帝国有时也被称为帝国主义,帝国与帝国主义二者的概念开始变得有点模糊不清。

在霍布斯鲍姆(Eric Hobsbawm)的"年代四部曲"的第三部《帝国的年代:1875—1914》(*The Age of Empire:1875—1914*)中的"帝国",既是指近代资本主义的殖民帝国,也包括由资本主义发展而成的帝国主义。他在书中解释说:"1875—1914年这段时期之所以可称为'帝国的年代',不仅是因为它发展出一种新的帝国主义,同时也基于另一个老式得多的理由。在世界近代史上,正式自称为'皇帝',或在西方外交官眼中配得上'皇帝'这个称号的统治者人数,恐怕正是在这段时期达到最大值。"①他把这一段时期称为"帝国的年代",主要是因为当时德国、奥国、俄国、土耳其、英国(就其作为印度领主而论)、中国、日本、波斯、埃塞俄比亚、摩洛哥的统治者都自称皇帝。从这个意义上来说,它们是名副其实的"帝(制)国(家)"。霍布斯鲍姆认为,帝国时代直到20世纪70年代才进入尾声。随着布雷顿森林体系的崩溃,以黄金美元为基准的世界货币体系瓦解,"国际偿付体系的稳定随之而去,美国或任何一个单独国家的经济力量,再也不能单方面控制全局"。② 世界进入了"后帝国(post-imperial)时代"。

霍布斯鲍姆所宣称的"帝国"的时代在麦克尔·哈特(Michael Hardt)和安东尼奥·奈格里(Antonio Negri)看来,是"帝国主义"的时代,而霍氏的"后帝国时代"才是他们在《帝国》(*Empire*)一书中所分析和阐述的真正的"帝国"的时代。他们在该书的序言中写道:"通往帝国之路出现在现代帝国主义的衰落之时。与帝国主义相比,帝国不建立权力的中心,不依赖固定的疆界和界限。它是一个无中心、无疆界的统治机器。……帝国主义已经过去了。没有哪个国家可以以欧洲的一些国家曾经有过的方式,成为世界的领袖。"③哈特和奈格里认为,现代"帝国"与之前的"帝国主义"区别在于,"帝国主义"是以民族国家之间的地理差异为基础

---

① [英]艾瑞克·霍布斯鲍姆:《帝国的年代:1875—1914》,贾士蘅译,中信出版社2014年版,第62—63页。
② [英]艾瑞克·霍布斯鲍姆:《极端的年代:1914—1991》,郑明萱译,中信出版社2014年版,第304页。
③ [美]哈特,[意]奈格里:《帝国:全球化的政治秩序》,杨建国、范一亭译,江苏人民出版社2008年版,序言第2—4页。

的,而"帝国"擦去了这些分隔世界的界限,它将不同民族国家的公民在经济、文化、心理等各个方面紧密捏合在一起,让他们难以分离。"帝国"是资本主义主导下的全球化进程中出现的一种世界图景。

哈特和奈格里的《帝国》认为,以民族国家体制为根基的帝国主义让位于一种新的无国界的"帝国"。埃伦·M.伍德在《资本的帝国》(*Empire of Capital*)一书中则提出,国家在全球化的今天依然发挥着至关重要的作用。他甚至说,"当今世界实际上比以往任何一个时候都更加是一个民族国家的世界"。① 伍德认为,塑造当今世界格局的是"资本的帝国",它是一种"跨越全球的新型的帝国主义"。资本帝国主义与非资本帝国主义(传统的殖民帝国)的区别在于:殖民帝国依赖的是"领土逻辑",是通过"超经济"的强制手段,通过军事征服和经常的直接政治统治控制其领土及附属国;资本帝国主义依赖的是"资本逻辑",它尽可能地避免直接的殖民统治,而是依靠其经济霸主地位,通过经济手段来实施其统治,因为这样做相对而言成本更低、风险更小、获利性更强。资本帝国主义的主要特征就是资本的渗透,即通过向海外输出资本,并控制资本的运营,来对资本输入国进行控制。伍德称,美国是第一个真正的"资本主义帝国",因为它是"第一个其经济力量要求消除殖民地野心的帝国霸权,并通过资本主义的经济法则来维护霸权"的国家。②

总体而言,在众多西方学者看来,帝国或帝国主义意味着在一个强势政权统治下的和平的、稳定的秩序。根据《牛津英语词典》的说法,"帝国主义"概念出现于19世纪50年代,其含义在当时指的是一种殖民政策,是"英国治下的和平"。该词典对帝国主义的定义为:"一种通过诸如建立殖民地的方式或通过军事力量扩大国家支配地位和影响的政策。"③《韦伯斯特足本大词典》同样把帝国主义解释为:"一国的统治或权威延伸至他国,或获取并控制殖民地与附属国的政策。"④《不列颠百科全书》对帝国主义的定义是:"国家扩大势力和版图的政策、行为和主张,特别

---

① [加]埃伦·M.伍德:《资本的帝国》,王恒杰、宋兴无译,上海译文出版社 2006 年版,第 9 页。
② 田世锭主编:《新帝国主义论》,中国人民大学出版社 2021 年版,第 35 页。
③ Maurice Waite, ed., *Oxford English Dictionary,* seventh edition, Oxford University Press, 2012, p.362.
④ *Webster's Unabridged Dictionary,* 2nd Edition, New York: Random House, 1997, p.960.

是通过直接占领领土或对其他地区进行政治和经济控制来实现。"① 它们基本上都把由近代资本主义扩张而产生的殖民帝国归为帝国主义,并把这种帝国(主义)看成维护世界秩序的一种手段和政策。有的学者甚至把古希腊、古罗马时期的大国、强国,直到现在的美国都称为帝国主义,这是一种广义的帝国主义概念。狭义的帝国主义是由列宁提出的发展到垄断阶段的资本主义。② 霍布斯鲍姆、哈特和奈格里以及伍德所说的"帝国"实际上都是指由资本主义而产生的帝国主义,只不过霍布斯鲍姆的"帝国"的年代主要指的是传统帝国主义的年代,后三者所说的"帝国"则是当代的新帝国主义。

二、传统帝国主义与新帝国主义

霍布斯鲍姆认为,帝国时代在20世纪70年代随着布雷顿森林体系的崩溃而宣告终结,世界已经进入后帝国时代,因为没有任何一个国家的经济力量能够单独控制世界了,当前的世界是一个多极的世界,而不再是像以前那样"帝国"一家独大的世界。但哈特和奈格里称以前这种单独一个国家控制其他一个或多个国家的现象为帝国主义,而如今全球化背景下抹除了民族国家界限的图景才是真正的"帝国"。这实际上道出了传统帝国主义与新帝国主义的一点重要区别,即传统帝国主义是一种"局部性、地区性"的行为,而新帝国主义是一种"世界性"的机制。除此之外,二者的区别还表现在对其他国家控制和支配的途径和手段上。传统帝国主义主要依靠武力征服和占领殖民地,通过控制其他国家的主权来实现其利益追求,它虽然也利用资本输出和商品输出等经济手段从殖民地国家获取超额垄断利润,并对这些殖民地国家进行控制,但军事和行政的超经济力量控制是占主导地位的。新帝国主义则完全相反,它不再采取直接占领和统治殖民地的方式,而是主要借助经济、文化、科技

---

① 《不列颠百科全书》(国际中文版)第8卷,中国大百科全书出版社2002年版,第334页。
② 提出这种观点的国外学者有英国的阿列克斯·卡利尼科斯、朱迪·考克斯,美国的罗纳德·H.奇尔科特等,参见 Alex Callinicos, *The New Mandarins of American Power*, Polity Press, 2003;朱迪·考克斯:《帝国主义:我们正在经历的一个阶段?》(书评),载英刊《国际社会主义》2004年春季号;罗纳德·H.奇尔科特:《批判的范式:帝国主义政治经济学》,施扬译,社会科学文献出版社2001年版。国内学者有凌星光、周芬、张顺洪等,参见凌星光:《关于现代资本主义的若干问题》,《世界经济与政治》1988年第1期;周芬、张顺洪:《"帝国"与"帝国主义"概念不可泛用》,《历史评论》2021年第4期。

等方面的软实力优势来控制其他相对落后的国家,军事手段只是起辅助性作用,这是一种非殖民型的帝国主义,或者说是一种更具隐蔽性的新殖民主义。对新帝国主义的特征及其本质进行科学分析和揭露是当代马克思主义的帝国主义理论研究的一项重大任务。

所谓的传统帝国主义,就是指殖民型的帝国主义,它是早期帝国主义理论研究的对象。根据它们对帝国主义的不同定义,可以把早期的帝国主义理论分成两种:一种是"政策说",另一种是"阶段说"。"政策说"就是把帝国主义看成一种扩张政策,提出这一观点的主要是一些资产阶级官员和学者,如英国资产阶级政治家约瑟夫·张伯伦、谢希尔·罗得斯以及最早全面系统研究帝国主义的经济学家约翰·霍布森等人,第二国际中以考茨基为代表。考茨基把帝国主义产生的原因归结为工业地区与农业地区的矛盾,他对帝国主义的定义是:"帝国主义就是每个工业资本主义民族力图征服和吞并愈来愈多的农业区域。"[①]考茨基把帝国主义看成工业资本主义的产物,认为帝国主义是"在其中占统治地位的资本家阶层的政策"[②]。他把帝国主义看成一种偶然现象、一种金融资本偏爱的政策,其实就是否定帝国主义历史时代的到来。如果只把帝国主义视为强国对弱国的侵略扩张,那么它跟古代帝国的内涵基本上就没有多大差别了。所以列宁批评考茨基,说他比霍布森还退后了一步。因为霍布森还比较正确地估计到了现代帝国主义的"历史的具体的"特点,指出了现代帝国主义和以前的殖民帝国的区别。

"阶段说"是把帝国主义看成资本主义的最新或最高阶段,以拉法格、希法亭、卢森堡、布哈林、列宁为代表。列宁对帝国主义的定义是"资本主义的垄断阶段",具体说来,它应包括以下五个基本特征:"(1)生产和资本的集中发展到这样高的程度,以致造成了在经济生活中起决定作用的垄断组织。(2)银行资本和工业资本已经融合起来,在这个'金融资本的'基础上形成了金融寡头。(3)和商品输出不同的资本输出具有特别重要的意义。(4)瓜分世界的资本家国际垄断同盟已经形成。(5)最

---

① [德]卡尔·考茨基:《帝国主义》,史集译,生活·读书·新知三联书店1964年版,第1—2页。
② 《机会主义、修正主义资料选编》编译组:《第二国际修正主义者关于帝国主义的谬论》,生活·读书·新知三联书店1976年版,第107页。

大的资本主义大国已把世界上的领土瓜分完毕。"①列宁的帝国主义定义得到了学术界的普遍认可,它比较全面地概括了帝国主义的经济现象,正确揭示了帝国主义的本质特征和历史地位,比以往其他人的定义更加科学、更加完备,更有利于帮助人们认清帝国主义的时代特点。将帝国主义视为一种扩张政策,还是资本主义的一个特殊阶段,这是后来社会民主党内部在帝国主义理论问题上的一个重要分歧。"把帝国主义只看作一种政策,只是把它放在上层建筑领域里研究从而否定其必然性;还是视为资本主义的一个特殊的历史阶段,从而阐明资本主义生产关系发生的深刻变化,这是对帝国主义认识的又一个原则区别。"②马克思主义的帝国主义理论都是从"资本主义发展中的一个特殊阶段"这个意义上去分析和理解帝国主义的。

新帝国主义的概念也比较复杂,从政治意识形态的角度来区分,包括新帝国主义批判论和新帝国主义倡导论。马克思主义的帝国主义理论都是帝国主义批判论,中国、非洲、拉美及西方左翼学者构成了新帝国主义批判的主力军。他们所说的新帝国主义一般是指第二次世界大战后世界殖民体系瓦解以后的西方新殖民主义,它强调现代帝国主义出现了一些新特点。这些新特点具体包括:"垄断资本的力量更加强大,不仅控制着本国的经济和政治,而且以跨国公司为载体影响和控制着许多发展中国家;金融资本迅猛发展,且虚拟化程度不断增强;资本输出通过跨国公司的对外投资、金融资本的全球扩张等多种方式进行,规模更加庞大,利润更加丰厚;资本主义国际垄断同盟的形式更为多样化;文化扩张和武力干涉仍是帝国主义的重要手段等。"③与传统帝国主义相比,尽管现代帝国主义列强不再以武力的方式瓜分世界,不再占领和统治殖民地,但是它们通过垄断资本的扩张,凭借其发达的经济、科技等软实力优势继续控制和支配着广大发展中国家及众多贫穷落后的国家,帝国主义的基本特征在本质上并没有发生变化,而是得到了不同程度的加强。

持新帝国主义倡导论的主要是西方发达国家的政府官员及右翼学者,他们宣扬的是一种建立在自由民主价值观之上的帝国主义,"这种帝

---

① 《列宁全集》第27卷,人民出版社2017年版,第401页。
② 蔡中兴:《帝国主义理论发展史》,上海人民出版社1987年版,第6页。
③ 邢文增:《新帝国主义:理论、现实与发展趋势》,中国社会科学出版社2014年版,第4页。

国主义的目标是带来秩序和组织,它与备受人们批判的帝国主义的不同点在于它是以自愿原则为基础的,同时,它还强调软实力和硬实力的结合"。① 国内有学者对此类新"帝国(主义)"的特征进行了概括:第一,帝国是一种国际秩序;第二,帝国是一种权力结构;第三,帝国暗示着一种控制权;第四,帝国对辽阔的区域内具有不同文化信仰的各族群施行权威。"帝国可以被看作一种由一个强大核心国家以某种方式按照其意志建构而成的国际政治、经济和文化生活的体系。"②这种所谓的"新帝国论",也就是进入21世纪以后欧美一些学者和政要宣扬和推行的"新帝国主义论"。美国在2001年"9·11"事件发生后,提出并实施了一种"帝国战略",意欲建立一个"世界新秩序"。2002年3月,《华盛顿邮报》专栏作家塞巴斯蒂安·马拉比(Sebastian Mallaby)在美国《外交》杂志上发表了一篇文章:《不情愿的帝国主义者——恐怖主义、失败国家和为美利坚帝国正名》。该文认为,新帝国主义时代已经来临,"新帝国主义的逻辑很有说服力,让人难以抗拒",美国只能做"不情愿的帝国主义者"。③ 同年4月7日,英国资深外交家、布莱尔政府的外交政策顾问罗伯特·库珀(Robert Cooper)在《观察家报》上发表题为《我们为什么仍然需要帝国》(*Why We Still Need an Empire?*)的文章,抛出了"新帝国(主义)"论。库珀认为,当前的国际社会正处于一种无政府状态,欧美的后现代国家遭受到一些前现代国家(如索马里、阿富汗这样的"失败的国家")和现代国家(如印度、中国这样的"传统的主权国家")的挑战,需要建立一种"新型的帝国主义"来维护世界秩序,采取以前那种传统的暴力的、先发制人的方式来对付它们。他说:"在古代世界,秩序意味着帝国。帝国内才有秩序、文化和文明,帝国之外是野蛮、混乱的无秩序。"④也就是在这种舆论背景下,布什政府在2002年9月出台了新的《美国国家安全战略》,设计和推行以反击恐怖主义、"先发制人"和"单边主义"为特征的"帝国战略",提出要以"新帝国主义"的手段来维护世界的和平与秩序。

总之,"帝国""帝国主义""新帝国主义"的概念在学术界的用法是模

---

① 邢文增:《新帝国主义:理论、现实与发展趋势》,中国社会科学出版社2014年版,第46页。
② 刘阿明:《布什主义与新帝国论》,时事出版社2005年版,第27页。
③ Sebastian Mallaby, "The Reluctant Imperialist: Terrorism, Failed States and the Case for American Empire," *Foreign Affairs*, March/April 2002.
④ Robert Cooper, "Why We Still Need an Empire?" *Observer*, April 7, 2002.

糊不清的,有时候它们指的是同一个事物或现象,有时候它们又是有区别的。开展帝国主义的研究必须坚持马列主义的基本立场、观点和方法,所以本书所涉及的"帝国主义"主要是按照列宁对帝国主义的经典定义,即金融与工业相结合的垄断资本主义,是"资本主义发展的特殊阶段",当代西方右翼学者所鼓吹的新帝国主义理论不在本书的研究范围之内。

第二节 关于帝国主义的批判范式

美国科学哲学家托马斯·库恩(Thomas Kuhn)认为,范式具有两种不同的含义,"一方面,它代表着一个特定共同体的成员所共有的信念、价值、技术等等构成的整体。另一方面,它指谓着那个整体的一种元素,即具体的谜题解答;把它们当作模型和范例,可以取代明确的规则以作为常规科学中其他谜题解答的基础"。[①] 库恩指出,第二种意义上的范式是最有新意和更深层次的范式,这也是学术界常用的一种含义。所谓范式,即开展科学研究、建立科学理论的方式方法。任何一种理论都有其特定的范式。帝国主义理论先后经历了两种不同的范式,即历史批判范式和空间批判范式。历史批判范式的帝国主义理论侧重于从资本主义社会及其经济形态的纵向历史演进来分析帝国主义;空间批判范式的帝国主义理论则侧重于从资本主义基于生存发展所需的横向地理空间扩展来考察帝国主义。[②] 当代的帝国主义理论正在从社会政治经济的历史批评和空间批判走向社会生活、文化、生态、媒介等多维批判。

一、帝国主义的历史批判

马克思主义者都是用历史唯物主义的眼光分析和批评帝国主义的,历史唯物主义强调时间和过程的绝对性。在马克思主义者看来,帝国主义是资本主义经济社会历史发展的必然结果,是资本主义社会的特定历

---

① [美]托马斯·库恩:《科学革命的结构》,北京大学出版社2003年版,第157页。
② 刘胜湘、戴卫华:《从时间范式、空间范式到时空整体范式——马克思主义帝国主义理论的当代审视》,《教学与研究》2015年第3期。

史阶段,它必然会随着社会历史的发展走向灭亡。

(一)历史批判范式帝国主义理论的基本框架

马克思和恩格斯开资本主义历史批判之先河,他们已经预见了资本主义走向帝国主义的趋势,恩格斯晚年直接见证了帝国主义时代的到来。对帝国主义进行历史批判的主要代表包括希法亭、布哈林和列宁等人。安东尼·布鲁厄认为,"希法亭最先开始,他的巨著《金融资本》几乎包含了其他人提出的每一个主要论点";布哈林"把希法亭对先进资本主义国家内部发展的描述改造为一种连贯的关于世界经济转变的理论";而列宁的"主要贡献是把希法亭和布哈林的理论通俗化"。① 他的评价未必正确和公允,却点出了三者的帝国主义理论之间的相似性和共同的方法论自觉。

第一,基于马克思"资本主义的生产集中和资本集中必然导致垄断"这一理论假设,从资本主义的纵向历史演进的角度,把帝国主义看作资本主义发展的一个特定历史阶段。希法亭着眼于流通领域来考察财产和货币形态的历史演进过程,进而来确定资本主义发展的帝国主义阶段。他认为,资本主义的不同发展阶段主要体现为占统治地位的资本存在形态的演进,从"高利贷资本"到"商业资本",再发展到"产业资本"和"金融资本",是资本主义不断发展演进的本质体现,以金融资本为标志的资本主义发展新阶段就是帝国主义。布哈林也认为,"帝国主义政策是在历史发展到一定阶段才出现的","正像金融资本主义是一个历史上限定的时期,即仅限于近几十年一样,作为金融资本的政策的帝国主义也是一个特定的历史范畴"。② 列宁赞同布哈林把帝国主义看作一个历史范畴,认为帝国主义"无疑是资本主义发展的一个特殊阶段","如果必须给帝国主义下一个尽量简短的定义,那就应当说,帝国主义是资本主义的垄断阶段"。③

第二,在立足于资本主义经济形态的历史演进去分析帝国主义这一方法论基础上,认为帝国主义的本质就是金融垄断资本对世界的统治。

---

① [英]安东尼·布鲁厄:《马克思主义的帝国主义理论》,陆俊译,重庆出版社2003年版,第90—91页。
② [苏]尼·布哈林:《世界经济和帝国主义》,蒯兆德译,中国社会科学出版社1983年版,第84、88页。
③ 《列宁选集》第2卷,人民出版社1972年版,第651、650页。

希法亭把帝国主义看作金融资本的对外政策,金融资本就是"转化为产业资本的银行资本",①是资本集中到一定程度资本发展的最高形态。为获取超额利润而在武装暴力的协助下进行的金融资本输出就是帝国主义的本质特征。布哈林也把金融资本视为商业资本、工业资本时代的延续和发展,"金融资本的这种政策就是帝国主义"。"帝国主义是金融资本主义,即生产组织已经相当成熟的高度发达的资本主义的政策。"②列宁也指出,帝国主义"是资本主义的最高阶段,即这样一个阶段,此时生产已经达到巨大的和极为巨大的规模,以致垄断代替了自由竞争。帝国主义的经济本质就在于此"。③

第三,基于历史唯物论关于人类社会发展规律的认识和帝国主义是资本主义发展的特定历史阶段这一前提,认为帝国主义的历史发展趋势必然是被社会主义所代替。希法亭对帝国主义持否定态度,提出要变革金融资本的统治,而这一变革不是要回到自由竞争资本主义,而是向社会主义前进。"无产阶级给金融资本的经济政策,给帝国主义的答复,不可能是自由贸易,而只能是社会主义。"④布哈林从分析帝国主义的必然性入手来考察其历史发展趋势。他说:"马克思主义教导我们,历史的进程,随着历史发展而产生的各种历史事件这整个链条上的各环节,都是'必然性'的产物。"帝国主义也是历史发展的必然,但随着生产的进一步集中和垄断,帝国主义所包含的矛盾越来越尖锐化,矛盾所引起的世界性帝国主义战争"割断了使工人束缚于雇主的最后的枷锁"。⑤ 工人阶级必将通过武装斗争摧毁金融资本的国家政权,建立起新的工人阶级政权。列宁更是指出,"帝国主义是过渡的资本主义,或者更确切地说,是垂死的资本主义""帝国主义是无产阶级社会革命的前夜"。⑥

(二)历史批判范式帝国主义理论的不足之处

肇始于希法亭,充分发展于布哈林,进而在列宁那里达到成熟的经

---

① [德]希法亭:《金融资本》,福民等译,商务印书馆1994年版,第252页。
② [苏]尼·布哈林:《世界经济和帝国主义》,蒯兆德译,中国社会科学出版社1983年版,第81、105页。
③ 《列宁选集》第2卷,人民出版社1972年版,第748页。
④ [德]希法亭:《金融资本》,福民等译,商务印书馆1994年版,第425页。
⑤ [苏]尼·布哈林:《世界经济和帝国主义》,蒯兆德译,中国社会科学出版社1983年版,第103、134页。
⑥ 《列宁选集》第2卷,人民出版社1972年版,第686、582页。

典帝国主义理论,在众多帝国主义理论中影响广泛而深远,必然有其自身的理论特色和优势。第一,以资本主义经济政治尤其是经济模式的历史发展演进为切入点,把帝国主义看作资本主义发展的特定历史阶段,体现了马克思主义逻辑与历史相统一的研究方法。第二,与其他帝国主义理论只是着眼于帝国主义现象的描述,却对帝国主义的本质避而不谈或者闪烁其词不同,历史批判范式的帝国主义理论在对帝国主义现象进行分析批判的同时,也对帝国主义的本质做了深入的剖析。第三,在对帝国主义历史发展进行分析的基础上,科学地预测了帝国主义的未来发展趋势,提出了无产阶级和被压迫民族的解放事业的发展道路。

历史批判范式帝国主义理论也存在着理论上的缺陷和不足,主要包括以下几点。

第一,把帝国主义的实质归结为垄断金融资本的统治,过分强调了金融资本对帝国主义的支配性作用,而忽视了"国际分工"这一资本主义体系的物质生产基础,结果拔高了流通领域在资本主义经济中的作用。希法亭以流通领域作为研究的出发点,按照"货币—信用—银行—金融资本"的顺序展开论述,进而把资本的现代形态概括为"金融资本"的问题,因而不可避免地造成了对生产过程的忽视,也导致苏联理论界指责他犯了"流通决定论"的错误。虽然列宁也批评希法亭"在货币的问题上犯了错误",[①]但列宁自己也没有走出"流通决定论"的圈子。列宁强调由于生产集中和资本集中而导致垄断,在工业垄断和银行垄断的基础上形成了金融资本及其统治,进而把帝国主义的本质归结为金融垄断,表面上看似乎克服了希法亭的"流通决定论",但是由于他一方面忽视了"世界分工"和资本积累在地理空间的实现问题等资本主义生产的现实物质基础,另一方面过分强调垄断利润及其在流通领域的再分配,这样反而加深了希法亭"流通决定论"的错误。

第二,对帝国主义的考察局限于发达资本主义国家,对世界其他民族国家的多样性和特殊性关注较少,全球性视野相对缺乏。他们的理论标本主要是西方发达资本主义国家的垄断组织,以及这些垄断组织针对民族国家的侵略扩张,对这些国家和地区的分析十分深入。但由于受到历史条件的限制,对其他处于边缘地带的民族国家在世界经济政治中所

---

① 《列宁全集》第27卷,人民出版社2017年版,第331页。

起到的作用缺乏充分的估计与说明,因此也被一些西方左翼人士指责具有欧洲中心主义的倾向。布劳特就认为,在希法亭、布哈林等第二国际理论家的著作里,"欧洲人的世界仍然被看作为了过去和未来的历史变革进行斗争的场所,而非欧洲世界被视为由欧洲扩散出来的结果的接受者"。① 希法亭主要就是以德国为标本来分析金融垄断资本的形成,并且高估了德国的发展程度,后来列宁也继承了这一点。列宁曾说:"拿先进资本主义国家的标本德国来说,它在资本主义、金融资本主义的组织程度方面超过了美国。"②"我们的任务就是要学习德国人的国家资本主义,全力仿效国家资本主义。"③这种过分看重德国的发展,相对忽视了其他资本主义国家以及民族国家的做法,既是经典帝国主义理论的缺陷,也影响了列宁的社会主义观,甚至后来苏联模式的形成及其缺陷也与之不无关联。

第三,由于把主要精力聚焦于帝国主义经济政治的历史发展演进上,过分强调历史发展规律的客观性,致使对帝国主义发展的某些趋势过分夸大,对另一些趋势则估计不足。一方面,他们对帝国主义的腐朽和没落的批判夸大了帝国主义的腐朽和没落这一趋势。事实上,当代资本主义的发展与列宁等人的判断存在明显的差异,金融资本或虚拟资本所带来的并不仅仅是"剪息票"的"食利者阶层"的增加,也对资本主义社会的经济运行起到了积极的作用,寄生性和腐朽性也并不是资本输出的唯一表现。另一方面,他们对资本主义的经济基础和上层建筑的弹性变革潜力估计不足,没有意识到帝国主义发展的潜力和形式上的多样性,从而对资本主义的日益没落和衰亡做出过于乐观的预测。希法亭信心满满地说:"无产阶级的胜利也是同经济权力在少数资本家巨头或这些巨头联盟手里的集中以及他们对国家政权的控制联系在一起的。"④列宁也曾一度简单地把社会主义看作对帝国主义的颠倒,"社会主义无非是从国家资本主义垄断再向前跨进一步。换句话说,社会主义无非是变得

---

① [美]罗纳德·H.奇尔科特主编:《批判的范式:帝国主义政治经济学》,施杨译,社会科学文献出版社2001年版,第166页。
② 《列宁选集》第3卷,人民出版社1972年版,第758页。
③ 《列宁选集》第4卷,人民出版社1972年版,第494页。
④ [德]希法亭:《金融资本》,福民等译,商务印书馆1994年版,第429页。

有利于全体人民的国家资本主义垄断"。① 这表明,由于种种原因,在帝国主义的发展趋势和社会主义的发展道路的重大现实问题上,历史批判范式的思想家们并没有始终如一地彻底坚持历史辩证法。

历史批判范式帝国主义理论的理论性质和内在缺陷,决定了其容易以对帝国主义一般发展趋势的把握掩盖对帝国主义复杂结构的深入考察,甚至会有陷入历史目的论的危险。对资本主义社会生产关系的自我调整能力估计不足,也使其在面对全球化时代资本主义政治经济新变化时失去了应有的解释力。那么,空间批判范式帝国主义理论能够胜任科学全面地把握帝国主义这一任务吗？答案依然是否定的。

二、帝国主义的空间批判

列宁指出,第一次世界大战是帝国主义瓜分和重新瓜分世界的战争,这场战争的背后实质上是帝国主义列强的资本在地理空间上的争夺。资本的本性决定了资本主义必然要突破相对狭隘的国内市场的限制,实现在全球空间地理中的扩张。空间批判范式帝国主义理论就侧重于从资本主义基于生存发展所需的横向地理空间来考察帝国主义,立足于资本主义在全球地理空间的扩张这一历史事实去分析帝国主义的形成及本质。空间批判范式帝国主义理论以罗莎·卢森堡和卡尔·考茨基的帝国主义理论为代表。

(一) 空间批判范式帝国主义理论的基本框架

空间批判范式帝国主义理论的基本框架包括以下几个方面:第一,从资本主义对非资本主义区域的空间依赖关系出发去阐释帝国主义产生的现实基础。卢森堡基于马克思主义的社会再生产理论来讨论剩余价值的实现和资本积累顺利进行的条件。她认为,在纯粹的由资本家和工人所组成的社会里,扩大再生产所产生的剩余价值是无法实现的,而要实现这些剩余价值,以保证扩大再生产的继续,"'第三者'——除工人和资本家以外的消费者——是有必要的"。② 因此,由于整个世界不平衡的地理发展而存在的非资本主义区域,就成为资本主义进一步发展的现

---

① 《列宁选集》第3卷,人民出版社1972年版,第265页。
② [德]罗莎·卢森堡:《资本积累论》,彭尘舜、吴纪先译,生活·读书·新知三联书店1959年版,第275页。

实基础,对新市场的争夺,进行资本主义的空间地理扩张则成为资本积累的必要条件。考茨基则从工业国和农业国的国际分工来分析帝国主义产生的根源。他认为,对于帝国主义来说,有决定意义的是工业地区和农业地区之间的矛盾。资本主义生产的正常进行,必须以工业和农业的生产成比例为前提。由于国内的农业不能满足日益扩大的工业生产对粮食和原材料的需求,资本主义就需要在国外寻找它所需要的农业地区,作为它的粮食和原材料的供应者和工业品的销售市场。帝国主义就是"资本主义工业民族在不断扩大同它有交换关系的农业地区的意图"的"一种特殊形式"。①

第二,基于资本主义针对非资本主义区域采取的空间地理扩张这一事实来认识帝国主义的本质。卢森堡认为,空间地理扩张必然要通过暴力的手段来进行,而随着整个世界被日益瓜分,争夺尚未被占领的非资本主义区域的竞争也会愈演愈烈,必然导致大国之间的帝国主义战争。帝国主义的实质就是资本的统治从老牌资本主义国家扩展到新的地区,就在于这些国家为了争夺这种新的地区展开了经济上和政治上的竞争。对于帝国主义的本质,考茨基反对"把现代资本主义的一切现象,即卡特尔、保护关税、金融统治以及殖民政策,全都概括到帝国主义的名下",认为这是"最乏味的同义反复"。他否认帝国主义是资本主义发展的一定阶段,认为帝国主义只是金融资本情愿采取的一种特殊类型的资本主义政策。"帝国主义是高度发展的工业资本主义的产物。帝国主义就是每个工业资本主义民族力图征服和吞并愈来愈多的农业区域,而不管那里居住的是什么民族。"②

第三,从资本积累必须进行空间地理扩张这一基本思路出发,分析了帝国主义的历史发展趋势。卢森堡认为,随着帝国主义的空间地理扩张,非资本主义区域不断缩小,而当资本主义生产方式扩展至全世界、排挤掉所有的非资本主义生产方式时,资本主义就走到了历史的尽头。随着帝国主义扩张,"供满足现有资本主义企业扩大生产的要求的市场界限也就愈加狭小"。如果"地球上人类所生产的一切东西都只是以资本

---

① [德]卡尔·考茨基:《帝国主义》,史集译,生活·读书·新知三联书店1964年版,第12页。
② [德]卡尔·考茨基:《帝国主义》,史集译,生活·读书·新知三联书店1964年版,第1—2页。

主义方式生产出来的,那么,到了这个时候,资本主义存在的不可能性就鲜明地暴露出来了"。① 考茨基则认为,既然帝国主义只是工业国吞并农业国的一种政策,只是资本主义扩张的一种形式,那么帝国主义将有可能转向"超帝国主义"。"从纯粹经济的观点来看,资本主义不是不可能再经历一个新的阶段,也就是把卡特尔政策应用到对外政策上的超帝国主义阶段。"②

(二)空间批判范式帝国主义理论的不足之处

空间批判范式帝国主义理论都是把整个世界看作不可分割的整体性空间,认为资本主义的生存发展离不开与世界其他区域的交往,这一观点无论从理论创新还是现实意义来看,都具有重要的价值。一方面,在以历史主义的分析范式为主导的资本主义批判理论中,首次引入了地理空间的分析范式,弥补了以往马克思主义社会批判理论对空间研究的相对不足,也突破了传统上把资本主义视为一个封闭体系进行研究的窠臼,是对马克思主义资本主义批判理论及其历史主义方法的创新和发展,也开创了西方马克思主义社会空间理论研究的新领域。后来的众多资本主义批判理论,如依附理论、世界体系理论等都深受其影响。另一方面,更加契合当今全球化时代下资本主义发展的现实,显示出超强的理论生命力和前瞻性。当代资本主义也在很多方面形成了一整套比较完善的自我调节机制和法规体系,在一定程度上实现了对资本主义国家间竞争、垄断等行为的约束,虽然发达资本主义国家之间依然存在矛盾和斗争,但更多的是以和平的方式来化解争端。

空间批判范式帝国主义理论的缺陷与不足也是不容忽视的。第一,立足于资本主义空间地理扩张去剖析帝国主义,对帝国主义时代特殊性的分析则相对缺失。从资本的原始积累到生产性积累,从自由竞争资本主义到垄断资本主义,从国内市场到全球市场,扩张始终作为资本主义的普遍特征而存在。因此,从空间扩张这一普遍特征出发去分析帝国主义,至多找到了帝国主义产生的一个重要根源,而忽视了其产生的特殊

---

① [德]罗莎·卢森堡:《国民经济学入门》,彭尘舜译,生活·读书·新知三联书店1962年版,第260页。
② [德]卡尔·考茨基:《帝国主义》,史集译,生活·读书·新知三联书店1964年版,第17—18页。

社会历史背景,即资本主义发展到垄断资本主义阶段后垄断金融资本在整个资本主义生产方式中的统治地位。其结果就是容易把帝国主义和历史上各种类型的帝国混为一谈,正像布哈林所批评的,"帝国主义是一种征服政策,但不是每一种征服政策都是帝国主义"。①

第二,由于缺少对帝国主义时代特殊性的准确把握和分析,对帝国主义的定义也就显得模糊不清。卢森堡和考茨基都认为帝国主义是资本主义在世界进行侵略扩张的一种政策,这种定义过于关注资本主义侵略扩张的外在表现,而忽视了对帝国主义侵略扩张背后经济动力的科学分析。约翰·B.福斯特指出,"帝国主义从来都不仅仅是一种政策,而是植根于资本主义发展本性当中""把帝国主义视为强力的集团或者个人把持国家对外政策,以便服务于自身狭隘利益的产物是将事情看得太简单了"。②考茨基甚至把帝国主义看作资本主义统治政策的偶然产物,认为帝国主义的出现不具有经济上的必然性,只是自由贸易政策的反动、大国竞争的结果。他说:"西欧各国……以保护关税来对抗英国的自由贸易……英国对此进行了反击。帝国主义就这样产生了。"③卢森堡虽然有时也把帝国主义看作资本主义发展的一定阶段,但认为这个阶段的特征依然是商品输出,而不是资本输出,也没有注意资本主义已经发生的新变化,忽视了垄断和金融资本在资本主义生产中的重要作用,也就使她对帝国主义的研究并未深入问题的本质。

第三,由于没有对帝国主义的本质做出科学分析,过高地估计了帝国主义的发展趋势,有美化资本主义之嫌。卢森堡认为,"富国会剥削贫国……贫国也会由交换得到利益""资本家在工人的协助下生产了更多的剩余价值。但是,'第三者'在获得等价物后,也可以扩大他们的生产并增加需求。他们又一次自愿地为资本主义尽了自己的职责。双方都十分满意。'狼也吃饱了,羊也未受伤。'实现者和'第三者'均感到很好。所以这种情况永远存在下去"。④考茨基的"超帝国主义"论则设想一种

---

① [苏]尼·布哈林:《世界经济和帝国主义》,蒯兆德译,中国社会科学出版社 1983 年版,第 81 页。
② John Bellamy Foster,"The New Age of Imperialism",*Monthly Review*,Vol.55,Iss.3,2003.
③ [德]卡尔·考茨基:《帝国主义》,史集译,生活·读书·新知三联书店 1964 年版,第 15 页。
④ [德]罗莎·卢森堡,[苏]尼·布哈林:《帝国主义与资本积累》,黑龙江人民出版社 1982 年版,第 264—265 页。

建立在资本主义基础之上的没有战争的和平新世界,虽然他没有否认"超帝国主义"仍然是一种剥削体系,并提出要像反对帝国主义一样去反对"超帝国主义",但现实的全球霸权却比考茨基设想得更为广泛和残酷。

正是由于空间批判范式帝国主义理论存在上述缺陷,所以虽然它通过引入空间概念实现了传统帝国主义研究范式的创新,对帝国主义的描述也比较契合当代资本主义的实际情况,但是它用资本主义空间地理扩张的一般性取代了对帝国主义特殊性的分析,导致对帝国主义本质的认识有些模糊不清,在帝国主义的发展趋势和社会主义社会的前途等社会现实问题上陷入迷途。

三、帝国主义的多维批判

第二次世界大战以后,众多亚非拉发展中国家走上了民族解放发展的道路,逐步摆脱了帝国主义的政治、军事直接控制,却不能摆脱资本的间接控制。资本从政治经济领域渗透到科技、文化、生态和人们的日常生活等各个领域。当代帝国主义批判的范式除了以时间和空间来划分以外,还可以从社会结构的不同领域批判来划分,比如,很多学者分别对政治帝国主义、经济帝国主义、文化帝国主义、生态帝国主义、数字帝国主义等进行了分析批判。

(一)二战后帝国主义批判范式的转换

二战后的帝国主义批判经历了一系列演变,主要是在国际政治格局、经济体系和意识形态等方面发生了重大变化。这些变化对帝国主义批判产生了深远的影响,使得人们对帝国主义的认识和理解发生了重要的转变。

首先,在国际政治格局方面,二战结束后,世界进入了两极格局时期,美国和苏联成为世界上最强大的两个国家,两国展开了冷战对抗。在这样的国际环境下,帝国主义批判不再仅仅是针对西方列强,而是扩展到了涉及社会主义国家和第三世界国家的批判。这种新的国际政治格局下的帝国主义批判,强调了不仅仅是经济上的压迫和剥削,更是政治和意识形态上的霸权统治。

其次,在经济体系方面,二战后的全球化进程加速了帝国主义批判的演变。跨国公司的崛起和全球资本的流动使得帝国主义的经济形式更加隐蔽和复杂化,传统的帝国主义批判模式已经不再适用。因此,学者们开始从全球化的视角重新审视帝国主义,强调全球资本主义体系下的不平等和剥削,而不再仅仅限于国家之间的殖民和掠夺。

最后,在意识形态方面,二战后的帝国主义批判也受到了马克思主义与后殖民主义的影响。马克思主义者对帝国主义的批判不再仅限于经济学和政治学领域,而是更多地关注文化、意识形态和民族认同等方面。同时,后殖民理论的兴起也使得帝国主义批判更加关注殖民主义留下的文化和心理影响,呼吁解决不平等和文化霸权问题。

综上所述,二战后帝国主义批判经历了国际政治格局、经济体系和意识形态等方面的重大演变。这些变化使得人们对帝国主义的认识和理解更加全面和深刻,也为帝国主义批判提供了新的研究视角和方法。未来,需要进一步探讨全球化条件下帝国主义的新特点和挑战,不断完善帝国主义批判的理论框架,为解决全球不平等和不公正问题提供更有力的理论支持。

(二)当代帝国主义的多维批判

随着全球化时代的到来,帝国主义又发展到了一个新的阶段。在全球化背景下,帝国主义批判的视角和范式也正在经历新的转变。传统的帝国主义批判主要关注帝国主义国家对发展中国家的压迫和剥削,然而随着全球化的深入发展,帝国主义的本质和表现形式也在发生变化,因此需要新的视角和范式来进行批判和分析。

首先,随着全球化的深入,帝国主义不再仅仅是由发达国家对发展中国家的政治、经济控制和剥削,而是变得更加复杂和多元化。全球化使得跨国公司、国际金融资本和全球供应链等新的力量关系成为帝国主义的新载体,这些力量在全球范围内构建起复杂的利益网络,从而对全球南方国家和地区实施控制和剥削。因此,新的帝国主义批判需要从全球化的视角出发,深入剖析全球资本主义体系中不同力量之间的关系,揭示全球化背景下帝国主义的新特点和本质。

其次,新的帝国主义批判视角需要关注帝国主义在文化、意识形态和科技领域的渗透和控制。随着信息技术的高速发展和传播方式的多样化,帝国主义国家通过文化输出、主流媒体和网络等手段对全球范围内的意识形态进行操控和渗透,以塑造符合其利益的全球意识形态秩序。同时,在科技领域,帝国主义国家通过掌握核心技术和标准制定的权力,对全球科技产业进行垄断和控制,加剧了全球南方国家在科技发展和信息获取方面的依赖和被动形势。因此,新的帝国主义批判需要关注文化和科技领域的帝国主义控制,揭示其对全球范围内文化多样性和科技创新的威胁和影响。

最后,新的帝国主义批判范式需要充分考虑全球范围内社会运动和反帝斗争的新形式和特点。随着全球化进程的推进和数字时代的到来,全球范围内的社会运动和反帝斗争呈现出新的特点和趋势,包括跨国性、多元化和信息化等特点。这些新形式的社会运动和反帝斗争对帝国主义的挑战和抵抗呈现出新的可能性和潜力,同时也使得帝国主义国家在全球范围内面临更加复杂和多变的反抗形势。因此,新的帝国主义批判范式需要充分关注全球范围内的反帝斗争和社会运动,从中寻找新的反帝斗争路径和策略。

综上所述,当代帝国主义批判理论研究也存在一些局限性。首先,一些理论研究停留在对帝国主义的形式和表象进行描述,缺乏对其深层本质的挖掘。其次,部分研究存在着地域和历史局限性,未能充分考虑不同国家、不同历史时期的帝国主义特征和影响。此外,一些研究在方法上存在局限,缺乏跨学科视角和综合性,导致对帝国主义问题的理论探讨不够深入和全面。新的帝国主义批判视角和范式需要从全球化的视角出发,深入分析全球资本主义体系中不同力量之间的关系,关注帝国主义在文化、意识形态和科技领域的渗透和控制,并充分考虑全球范围内社会运动和反帝斗争的新形式和特点。这将有助于更加全面地把握全球化背景下帝国主义的新特点和本质,为全球范围内的反帝斗争和社会变革提供新的理论和实践支持。

(三)未来研究展望

随着全球化进程的不断加深和多极化格局的形成,帝国主义理论的研究也面临着新的挑战和机遇。未来的帝国主义理论可从以下几个方面展开:首先,当前帝国主义研究方法的多样性和视角的丰富性为帝国主义理论研究带来了丰富的成果。多元化的研究视角和方法将会使帝国主义理论的研究变得更加全面和深入。学术界对于帝国主义与文化、意识形态的关系,以及帝国主义对于文化冲击和意识形态传播的影响的研究在不断加强,学者们时刻关注着帝国主义正在发生的新变化,提出了如数字帝国主义、网络帝国主义等新概念,深入挖掘帝国主义与文化、意识形态、媒体等方面的关系,探讨帝国主义在文化输出、意识形态渗透等方面的作用机制,加强对帝国主义与经济、政治、文化、生态等领域的关系研究,探讨帝国主义在不同领域的运作模式和影响路径。

其次,学术界将更加注重加强对帝国主义理论的当代适用性研究,探讨全球化背景下帝国主义的特征和表现形式,以及其对发展中国家和全球南方的影响。从以往研究看来,西方学者普遍注重对帝国主义经济和政治本质的分析,而国内学者则更加关注帝国主义对发展中国家的影响和面临的反抗,他们结合中国特色和中国实践,深入探讨中国在全球化背景下的地位和作用,以及中国对帝国主义理论的启示和贡献。随着全球化进程的深入,帝国主义理论研究需要更加注重全球范围内的不平等和权力关系,关注南北差距、发展中国家的地位和作用,以及新兴经济体在国际关系中的地位和影响。

最后,未来帝国主义理论研究将更加注重全球范围内的多元化和复杂性,同时结合当代国际政治和经济的新特点,拓展研究视野,丰富研究内容,为理解当代世界格局和国际关系提供更加丰富的理论支持。学者们将借鉴跨学科的研究方法和视角,拓展研究领域,为帝国主义理论的深入研究提供新的思路和路径。

第三节 本书的逻辑架构与研究方法

社会主义运动的发展是在与资本主义世界体系的相互依存与斗争中进行的,只有对资本主义的现状、发展规律及其发展趋势做深入的分析和探讨,才能更好地研究我们当今的社会主义发展方向和道路。本书的主要目的就是运用马克思列宁主义的基本立场、观点和分析方法,对各种主要的帝国主义理论做一个全景式的概述研究,比较它们之间在主要内容和研究方法上的异同,阐明列宁之前各种非马克思主义的帝国主义理论的理论缺陷,以及列宁帝国主义理论的历史地位和意义,并对帝国主义理论的当代空间化转向做一个理论探讨,分析总结当代帝国主义的主要特点和发展趋势,为我们在百年未有之大变局下做出合理的应对提供一些参考。

从内容安排上来看,本书分成上下两篇。上篇介绍经典的帝国主义理论,下篇介绍当代新帝国主义理论。第一章是对马克思和恩格斯就资本主义的发展趋势以及他们对帝国主义理论研究所做的基础工作进行分析和论述;第二章介绍霍布森的帝国主义理论,第三至七章分别介绍第二国际理论家们,包括希法亭、卢森堡、考茨基、布哈林的帝国主义理论;第七、八章分别介绍列宁和斯大林的帝国主义理论。下篇的新帝国主义理论主要包括"垄断资本"理论、依附理论、世界体系理论、文化帝国主义理论、生态帝国主义理论、新帝国主义论。每一章的最后一节是对各阶段各家各派帝国主义理论研究方法的分析和论述,从他们所采用的不同研究方法来分析他们各自理论研究的得失。本书结尾从理论回到现实,通过运用马克思列宁主义的帝国主义研究方法,分析当今的帝国主义发展走向,为应对世界百年未有之大变局提供相应的策略参考。

从研究方法上来看,本书主要运用马克思列宁主义的帝国主义理论研究方法,采取马列主义基本原理与资本主义发展现实分析相结合、帝国主义发展的历史与现状分析相结合的形式,在历史分析各种帝国主义理论的基础上把握帝国主义的发展规律。具体说来,主要运用了以下三种方法。

一是文本解读法。正确分析和研究各家各派不同的帝国主义理论必须建立在对他们的原有文本进行认真研读的基础之上。当然,本书所涉及的帝国主义理论不仅包括英语国家的,还涉及苏联、德国甚至拉美等各语种国家,凡是涉及非英语国家的帝国主义理论文献只能是依据翻译成中文的二手文献。

二是比较分析法。在众多帝国主义理论中,列宁的帝国主义理论是对传统帝国主义研究的最高峰,其研究方法是在吸收改造黑格尔唯心辩证法、继承发展马克思唯物辩证法、批判借鉴第二国际及其他理论家们的帝国主义理论方法论基础之上的理论创新,通过比较分析他们之间的异同,才能更深刻地理解列宁帝国主义理论的历史意义和价值。把各种帝国主义理论联系起来并加以比较,更能突显列宁帝国主义理论的当代价值和意义。

三是逻辑和历史相统一的方法。当代的各种新帝国主义理论并非无源之水、无本之木，只有对以前的各种帝国主义理论的提出背景、理论来源、主要内容、研究方法等进行历史的回溯，才能更深刻地理解当今各种形形色色的新帝国主义理论，才能更透彻看清当今资本主义世界的本质，因而必须采用逻辑和历史相一致的方法进行研究。

上篇

传统帝国主义理论

第一章　马克思恩格斯对资本主义发展趋势的论述

　　马克思和恩格斯终身都在为探索人类社会发展的规律，为实现全人类的解放而奋斗，我们一直以来按照苏联教科书的说法将其理论成果分成三大块：马克思主义哲学、马克思主义政治经济学和科学社会主义。其中，马克思主义哲学是马克思主义全部学说的理论基础，是无产阶级的科学世界观和方法论，是无产阶级及其政党认识世界和改造世界的锐利思想武器；马克思主义政治经济学是马克思主义哲学的运用与证明，它揭开了资本主义剥削的秘密，揭示了资本主义生产方式的本质及其产生、发展和灭亡的客观规律，阐述了无产阶级在资本主义社会中的地位和历史使命，为无产阶级革命提供了理论依据；科学社会主义是马克思主义哲学和政治经济学的落脚点，它以马克思主义哲学和政治经济学为理论基础，阐明了无产阶级解放运动的条件和发展规律，指出了无产阶级彻底解放的正确道路，即坚持反对资产阶级的斗争，推翻资产阶级统治，用无产阶级专政代替资产阶级专政，建立消灭剥削、"各尽所能、按劳分配"的社会主义社会，并最终实现"各尽所能、按需分配"的共产主义社会，这是直接指导无产阶级革命斗争的理论武器。

　　马克思主义的三个组成部分，在马克思主义学说中是统一的、相互联系和密不可分的，它们共同构成了马克思主义完整的科学体系，是无产阶级及其政党的科学的世界观。马克思主义哲学即辩证唯物主义与历史唯物主义，揭示了人类社会发展的一般规律；马克思主义政治经济学则是集中于对资本主义社会政治经济结构的分析。恩格斯在 1883 年马克思的葬礼上对马克思思想精髓高度凝练，他把唯物史观和剩余价值理论两个"伟大发现"，概括为"发现了人类历史的发展规律"和"发现了现代资本主义生产方式和它所产生的资本主义的特殊的运动规律"。按照张一兵教授的说法,第一个"伟大发现"是属于广义历史唯物主义的,第二个"伟大发现"是属于狭义历史唯物主义的。① 我们先在广义历史唯物主义的视域下对马克思恩格斯关于资本主义发展的一般论述进行考察,然后在狭义历史唯物主义的视域下对马克思恩格斯在帝国主义研究前所做的贡献进行分析论述。

第一节 马克思恩格斯关于资本主义发展的一般论述

马克思主义的辩证法认为,一切事物都是不断运动、变化、发展的,人类社会也是如此。马克思恩格斯最伟大的贡献在于揭示了人类社会的发展规律,提出了资本主义必然灭亡和社会主义必然胜利的历史发展趋势。马克思在《1857～1858年经济学手稿》中第一次明确、完整地提出了三大社会形态历史演进规律。马克思说:"人的依赖关系(起初完全是自然发生的),是最初的社会形态,在这种形态下,人的生产能力只是在狭窄的范围内和孤立的地点上发展着。以物的依赖性为基础的人的独立性,是第二大社会形态,在这种形态下,才形成普遍的社会物质交换、全面的关系、多方面的需求以及全面的能力体系。建立在个人全面发展和他们共同的社会生产能力成为他们的社会财富这一基础上的自由个性,是第三阶段。第二个阶段为第三个阶段创造条件。因此,家长制的、古代的(以及封建的)状态随着商业、奢侈、货币、交换价值的发展而没落下去,现代社会则随着这些一道发展起来。"② 在1859年的《〈政治经济学批判〉序言》中,马克思又具体提出了人类社会发展的五种社会历史形态:"大体说来,亚细亚的、古希腊罗马的、封建的和现代资产阶级的生产方式可以看作社会经济形态的演进的几个时代。资产阶级的生产关系是社会生产过程的最后一个对抗形式……人类社会的史前时期就以这种社会形态而告终。"③ 推动资本主义走向灭亡的是其自身发展过程中不可

---

① 参见张一兵:《马克思历史辩证法的主体向度》(第三版),武汉大学出版社2010年版。
② 《马克思恩格斯全集》第46卷(上),人民出版社2003年版,第104页。
③ 《马克思恩格斯文集》第2卷,人民出版社2009年版,第592页。

克服的内在矛盾,这种矛盾的外在表现就是资本主义周期性爆发的经济危机。

马克思对资本主义发展的整体性研究,不同于李嘉图等古典经济学家的一个明显的地方就在于,马克思从来不认为资本主义是人类社会发展的"永恒"形式。也就是说,在马克思看来,这种以资本主义大生产为本质特征的资本主义,既不是人类社会自古已然的原生态形式,也不会是人类社会理想化的最终形式。当然,马克思得出这样的理论认识,并不是出于个人主观上的道德化好恶,而是有着长期而审慎的科学研究作基础的。这就是在数十年如一日的政治经济学研究中,马克思逐步认识到,资本主义所由之建立的那种资本主义生产方式,其本身是存在着重大的结构性矛盾的;而且这种结构性矛盾,不但在资本主义生产方式自身所设定的范围内无法彻底消除,反而还会随同资本主义生产方式的不断展开而呈现出一种不可阻遏、终难挽回的态势;而这种发自资本主义生产方式内在本性的结构性矛盾,简单来说,就是目的和手段的矛盾,若用马克思本人的经典性表述来说,那就是:"手段——社会生产力的无条件的发展——不断地和现有资本的增殖这个有限的目的发生冲突。"①作为这种矛盾或冲突的结果,就是资本主义的经济危机。

那么,在资本主义生产方式中所必然蕴含着的这种内在性的"目的"和"手段"之间的相互关系,怎么会成为经济危机周期性爆发的结构性根源呢?当然,解铃还须系铃人,要科学回答这一问题,就不能不从资本主义生产方式本身的独特性规定上寻找原因。在马克思看来,资本主义生产方式不同于以往已有的那些传统的生产方式的地方就在于,这种生产方式仅仅把"资本的增殖"视作自己的"唯一目的"②,唯其是"唯一目的",我们就不能把资本主义生产方式,以浪漫化的笔触"描写成以享受或者以替资本家生产享受品为直接目的的生产"③。换言之,在资本主义生产方式中,居于主导地位的,并不是"资本家",而是"资本","资本家"不过是作为经济范畴的"资本"的"人格化",因而说到底只是"一定的阶级关系和利益的承担者"④,而这样的"阶级关系和利益",又时常是不以个别

---

① 《资本论》第3卷,人民出版社2018年版,第279页。
② 《资本论》第3卷,人民出版社2018年版,第270页。
③ 《资本论》第3卷,人民出版社2018年版,第272页。
④ 《资本论》第1卷,人民出版社2018年版,第10页。

人的主观意愿为转移的,也就是说,这样的"阶级关系和利益",它仅仅以"资本逻辑"为建构的原则和行动的指南。

资本逻辑不仅表现为一种囊括一切的矛盾性机制,而且也表现为一种永不停歇的动态化过程,所以在资本逻辑增殖自身的内在本性的主导性作用下,资本主义生产方式必须而且必然会朝着合理化的方向不断迈进,其结果就是带来社会生产力的巨大发展。与此同时,马克思也深刻指出,尽管资本按其逻辑而言,会"力求全面地发展生产力",但不要忘记,"按照资本的本性来说,它本身是狭隘的"①,因而,"以广大生产者群众的被剥夺和贫穷化为基础的资本价值的保存和增殖,只能在一定的限制以内运动",②这样一来,资本所固有的这些狭隘性的限制,必然与资本借以实现其目的而发展出的那种巨大的生产力,发生一种同样是永不停歇的矛盾,而作为这种矛盾的"暴力的爆发",③那便是经济危机了。

在马克思看来,资本主义周期性爆发的那种经济危机,从内在根源来看,导源于资本自身的现实化运动。那么,对于这种经济危机与资本运动之间的内在关联,马克思又是从哪些方面来具体切入分析的呢?限于篇幅,这里难以做到面面俱到,不过我想,无论如何,以下三个方面是我们必须提到的。

首先,马克思指出,资本在其形态变化过程本身之中,其实就已蕴含了危机的两种形式上的可能性,而这两种可能性之所以都是形式上的,那主要是因为它们都是滋生于买和卖彼此分离这样一种多少带点"先验色彩"的形式规定之中。我们知道,资本主义发展阶段上的商品流通,其形式早已告别 W—W′ 这样一种物物交换的直接形式,而代之以高度发达的 W—G—W′ 这样一种有中介性环节参与其中的复杂形式。在马克思看来,这样一种高度复杂的流通形式,特别是在发达的资本主义阶段,其实表征着资本形态的诸种变化,而危机也正潜存于这些资本形态本身的变化之中。

马克思在《资本论》第 2 卷的相关篇章中,讲到资本形态变化及其循环时,讨论了资本在形态上的以下三种主要变化:生产资本、货币资本和

---

① 《马克思恩格斯全集》第 30 卷,人民出版社 1995 年版,第 539 页。
② 《资本论》第 3 卷,人民出版社 2018 年版,第 278 页。
③ 《资本论》第 3 卷,人民出版社 2018 年版,第 277 页。

第一章　马克思恩格斯对资本主义发展趋势的论述

商品资本。在他看来,资本主义生产体系中,这三种资本形态之间的变化轨迹,简单来说是这样的:为了实现增殖资本的"唯一目的",用厂房、原料等等生产资本,生产出来的产品即商品资本,必须投入流通领域,以便使之取得货币资本形态,从而实现在生产中所榨取的剩余价值;而为了获取更大的剩余价值,已经实现了的货币资本又要"重返"流通领域,以购买更多的原料、工具等等,也就是说,进一步扩大生产资本,从而开启新一轮的资本形态的变化进程……可问题是,如此过程不可能在同一时空中发生和完成,而且对于特定的资本所有者而言,资本的上述形态变化,不可能轻易实现或者说不可能总是实现,其中必然存在许多变化过程意外断裂的情况。也就是说,一方面,商品资本不可能十分顺畅地变化为货币资本——这要取决于它们是否属于畅销之列。如果不是,则很难实现商品资本向货币资本的转化,而如果这样,危机的萌芽就要滋生,特别是在这样的商品资本足够大、足够多的情况下;另一方面,如果在资本形态如此变化的过程中,出现了价格的较大波动,特别是出现了这样的情况,即实现为货币资本的资本远低于为生产这些商品资本而预付的资本,也就是说,在这种情形下,资本不但未能实现价值增殖,反而造成了自身的较大亏损——不言而喻,在马克思看来,这同样也会成为危机爆发的另一种形式可能性。

其次,马克思认为,资本主义周期性爆发经济危机的可能性和必然性,除了滋生于买和卖彼此分离这样一种形式规定之中,还蕴藏在社会总生产的不同部类之间的结构性关系的失调上。我们知道,马克思在《资本论》第2卷的相关篇章中,着眼于整个社会生产的宏观层面,将社会总生产划分成两大部类,即Ⅰ.生产资料部类;Ⅱ.消费资料部类,并认为要保持整个社会经济状况的正常运行以及社会生产力的健康发展,就必须在部类Ⅰ和部类Ⅱ之间保持一种平衡性的结构关系才行,否则,整个社会的经济运行就有风险,而一旦这种结构关系严重失调,那么,经济危机的时刻就要来临。问题恰恰在于,部类Ⅰ和部类Ⅱ之间所需要的那种结构性的平衡关系,在马克思看来,在资本主义生产方式占统治地位的社会条件下,几乎难以实现,因而危机也就不可避免。因为在这样的社会条件下,整个生产都是紧紧围绕资本逻辑而展开的,也就是说,在这种资本逻辑的不断作用驱使下,不同的资本所有者,不分地域、不论行业,都会纷纷投入对超额利润的无限追逐中,而这样一来,他们彼此之间必然会相互竞争,且日趋激烈。而我们知道,竞争,特别是激烈的竞争,又会形成一种无形的强制力量,这种强制力量势必反过来又会驱使着各类资本所有者,在各自的生产行为中,饮鸩止渴似的"越过正确的比例而不断地前进,前进"①,其结果当然就是,"在这种生产的自发形式中,平衡本身就是一种偶然现象"。②而作为这样一种偶然现象而出现在部类Ⅰ和部类Ⅱ比例关系上的"平衡",其本身又是极其脆弱的,甚至是难以想象的,因为这"不但取决于各部类生产的正确技术比例而且取决于资本家们的积累和消费的正确比例",③而这样的正确比例,要在一个资本逻辑掌控一切的社会条件下,同时具备和长久保持,可以说,根本无此可能。而且,以上的讨论,还仅仅局限于大的部类之间的平衡分析上,如果再把每一部类所涵盖着的、为数众多的各具体生产部门考虑在内,那么,要实现这样一种多层次、宽领域、跨体系的总体性的结构平衡关系,就更难了。所以说,资本主义的经济危机,几乎难以避免,而且事实上,也一直在周期性地爆发着。

最后,马克思认为,资本主义经济危机周期性的爆发,是资本主义生产条件下,利润率趋向下降规律的必然表征和结果。我们知道,资本主义生产的"唯一目的",是榨取和实现更多的剩余价值,但是,随着生产工具的不断改进,交通状况的日益优化,配套设施的不断健全,社会整体性的劳动生产力必然也会随之不断提高,这样一来,原来那些因相对优势而产生的利益空间,就会在诸种因素和条件普遍改善和优化的背景下而不断被压缩,其表现就是,整个社会的平均利润率,呈现出一种不断下降的趋势。而在马克思看来,利润率的不断下降,对于资本主义扩大再生产乃至整个资本主义的正常运转而言,都是致命性的——因为它将最终导致危机的爆发。关于这一点,马克思在《资本论》第3卷中,有着极其详尽的说明和论证。大体说来,马克思认为,平均利润率的下降,将会产生如下后果:其一,我们知道,资本按其本性而言,是要追逐超额利润的,可如果利润趋于平均化且不断下降,那么,在这种情况下,增殖无望的资本极有可能铤而走险,从而不惜采取"欺诈"的行为,"以便保证取得某种

---

① 《马克思恩格斯全集》第 30 卷,人民出版社 1995 年版,第 394 页。
② 《资本论》第 2 卷,人民出版社 2018 年版,第 557 页。
③ 陈岱孙:《从古典经济学派到马克思:若干主要学说发展论略》,商务印书馆 2014 年版,第 269 页。

不以一般平均水平为转移并且高于一般平均水平的额外利润",①而这样一来,势必为资本主义正常的生产行为和市场秩序带来极大的不稳定性,从而大大增加经济危机爆发的可能性。其二,"利润率的下降会延缓新的独立资本的形成,从而表现为对资本主义生产过程发展的威胁",②也就是说,利润率的下降,必然挫伤资本所有者扩大再生产的热情和积极性,从而使整个资本主义的经济运行,呈现出一种动能不足、乏力疲软的状态。其三,"利润率的下降在促进人口过剩的同时,还促进生产过剩、投机、危机和资本过剩"。③ 当然,马克思这里所谓的诸种"过剩",均是在相对的意义上来谈的,正如马克思所强调的,"不是财富生产得太多了,而是资本主义的、对立的形式上的财富,周期地生产得太多了"。在这种情况下,为了维持由资本主义生产所决定的那种必要的"分配条件和消费关系",④从而设法确保一定的资本增殖率,资本主义就不能不以周期性的危机的形式来暴力地解决其间存在着的诸种矛盾和冲突。

行文至此,我们对马克思和恩格斯关于资本主义的经济危机将最终导致资本主义必然灭亡的命运的论述有了大致的了解,但这只不过是资本主义发展的总趋势,具体而言,资本主义的发展将经历一个什么样的过程,或者说它会经历哪些发展阶段,这是在马恩晚年时期思考的一个重要问题,因为到19世纪晚期,资本主义已经显现出由自由竞争走向垄断的某些特征了,一个新的时代即帝国主义时代即将到来,新时代呼唤新理论,帝国主义理论也就呼之欲出了。

第二节　马克思恩格斯对帝国主义理论研究的贡献

根据英国的安东尼·布鲁厄在《马克思主义的帝国主义理论》一书中的说法,马克思根本就没有使用过"帝国主义"一词,"在他的著作中,也根本没有与后来的马克思主义作家所提出的帝国主义概念相当的东西。但是,他的确有一种关于资本主义及其发展的理论,即使相当零散,

---

① 《资本论》第3卷,人民出版社2018年版,第288页。
② 《资本论》第3卷,人民出版社2018年版,第270页。
③ 《资本论》第3卷,人民出版社2018年版,第270页。
④ 《资本论》第3卷,人民出版社2018年版,第287页。

但他的著作广泛地涉及资本主义对欧洲以外社会的影响"。① 笔者以为，马克思恩格斯对帝国主义理论的贡献至少表现在以下四点：第一，确立了马克思主义帝国主义理论研究的基本范式；第二，对资本主义的起源及其发展趋势和最终结局做了比较科学的论述；第三，对资本主义的生产和资本集中乃至垄断现象做了初步研究；第四，揭示了资本主义掠夺和扩张的本性，预见了垄断资本主义的寄生性、腐朽性以及发动战争的可能性。

第一，马克思恩格斯确立了马克思主义的帝国主义理论的研究范式——政治经济学批判。正如安东尼·布鲁厄所说，马克思对帝国主义理论的重要性首先在于，"他建立了一种其他作者以此为基础的基本分析框架"。② 布鲁厄认为，马克思主义的帝国主义主义理论者都有一个共同的设想，"他们都认为经济制度的发展起着关键作用，都同意必须用资本主义的发展来解释帝国主义。当然，这种研究方法起源于马克思"。③ 马克思认为，一个辩证的历史唯物主义者应该从物质生活的矛盾中，从生产力和生产关系的现存冲突中去解释社会时代的变革，因为"物质生活的生产方式制约着整个社会生活、政治生活和精神生活的过程"。④ 马克思对资本主义社会的科学分析就是从资本主义社会的经济关系结构开始的。在传统经济学看来只是作为生产要素的资本，马克思看到的是代表一种特定生产方式的社会关系。列宁也是把对帝国主义的科学分析建立在对帝国主义垄断这一最基本的经济特征基础之上，而其他一些机会主义者的帝国主义理论之所以误入歧途，就是因为他们离开了对帝国主义经济关系的考察，只把帝国主义看成一种政策，比如霍布斯、考茨基等人。正如蔡中兴先生所说，"把帝国主义只看作一种政策，只是把它放在上层建筑领域里研究从而否定其必然性，还是视为资本主义的一个特殊的历史阶段，从而阐明资本主义生产关系发生的深刻变化，这是对

---

① [英]安东尼·布鲁厄：《马克思主义的帝国主义理论》，陆俊译，重庆出版社2003年版，第25页。
② [英]安东尼·布鲁厄：《马克思主义的帝国主义理论》，陆俊译，重庆出版社2003年版，第19页。
③ [英]安东尼·布鲁厄：《马克思主义的帝国主义理论》，陆俊译，重庆出版社2003年版，第10页。
④ 《马克思恩格斯选集》第2卷，人民出版社1972年版，第82页。

第一章 马克思恩格斯对资本主义发展趋势的论述

帝国主义认识的又一个原则区别"。① 因此，可以这么认为，马克思恩格斯对帝国主义理论的最主要贡献在于他们对资本主义经济关系、经济结构所做的科学分析，以及由此提供的帝国主义研究的政治经济学批判范式。

第二，马克思恩格斯对资本主义的起源、发展趋势和最终结局做了科学的论述。他们以辩证唯物主义的科学方法考察了资本主义的起源、发展及其最终走向，对资本主义的生产、再生产进行了深入分析，讨论了资本集聚和资本集中问题，并且科学预见了资本主义的垄断发展趋势，指出资本主义必然被社会主义所代替。张一兵教授在《回到马克思》一书中把马克思历史唯物主义区分为广义的和狭义的历史唯物主义。广义历史唯物主义是"在新世界观的视域中说明社会历史情境的原初关系（哲学一般）"，主要阐述关于社会历史发展的一般规律，是永恒的自然必然性；狭义历史唯物主义是"对经济力量颠倒地决定人与社会这样一种特定的历史情境的指认"，②是马克思针对资本主义经济社会形态生成与发展的特殊规律的理论。在广义历史唯物主义方面，马克思揭示了人类社会发展的规律（三大社会经济发展形态、五种社会制度），论证了资本主义必亡、社会主义必胜的社会发展趋势。在狭义历史唯物主义方面，马克思通过对资本主义经济关系的考察，对资本主义基本矛盾的分析，科学论证了资本主义的发展进程，揭示了资本主义必然灭亡的最终结果。在马克思所生活的年代，虽然资本主义的垄断现象还只是处于萌芽状态，但是，马克思已经非常敏锐地察觉到了资本主义社会的生产集中和资本集中情况。马克思指出，生产和资本的集中又会引起垄断，垄断使得资本主义社会化大生产与生产资料私有制之间的矛盾不断激化，最终让资本主义走向崩溃。恩格斯在晚年时，更是直接指出了资本主义已经开始由自由竞争向垄断过渡，但是，垄断并没有克服资本主义的基本矛盾，而是相反，它为行将到来的社会主义做好了准备。

第三，马克思恩格斯对资本主义生产、资本集中乃至垄断现象都做了初步研究。马克思在《资本论》第一卷中阐述了关于资本积累的学说。首先是资本家由于竞争不断提高劳动生产率，扩大生产规模，因而导致

---

① 蔡中兴：《帝国主义理论发展史》，上海人民出版社1987年版，第6页。
② 张一兵：《回到马克思——经济学语境中的哲学话语》，江苏人民出版社1999年版，第492页。

生产的集中。然后,生产的集中要求每个资本家有加大的资本量。大资本通过对小资本的吞并、合并或几个资本的联合形成资本集中。资本集中的途径除了强制性的吞并之外,也可以"通过建立股份公司这一比较平滑的办法把许多已经形成或正在形成的资本融合起来"。① 马克思在《资本论》中对股份公司的规模形式、内容性质及企业管理职能的转变做了非常详细的分析,指出股份公司的职能在于让资本的职能和它的所有权相分离,它让资本主义企业具有了私人和社会的双重属性。股份公司的产生是社会化大生产的产物,是资本主义生产方式的一个自行扬弃的矛盾,"这个矛盾明显地表现为通向一种新的生产形式的单纯过渡点。它作为这样的矛盾在现象上也会表现出来。它在一定部门中造成了垄断,因而引起国家的干涉"。② 可见,马克思已经明确认识到了垄断资本主义(即帝国主义)的过渡性质。在马克思逝世以后,恩格斯见证了资本主义经济垄断更成熟的形式——国家垄断,他对马克思的论述做了重要补充,指出卡特尔等垄断组织的出现,为未来社会主义公有制创造了条件,为劳动人民共同占有生产资料做好了准备。

第四,马克思恩格斯揭示了资本主义的掠夺和扩张本性,指出了垄断资本主义的寄生性和腐朽性,预见了帝国主义国家发动战争的可能性。马克思在19世纪50年代就开始关注资本主义列强的殖民主义政策和被压迫民族的民族解放斗争,揭露资产阶级对本国及至外国无产阶级的野蛮掠夺本性。③ 发达资本主义国家发动侵略战争是出于抢占市场、输出资本以及争夺低廉原材料和劳动力的需要。在《资本论》第3卷中,马克思分析了由资本的积累带来的资本过剩问题。为了给过剩的资本寻找出路,就必须开拓国外远方市场。"这种情况之所以发生,是因为它在国外能够按更高的利润率来使用。"④ 说白了,资本主义的掠夺性在于资本主义的生产目的就是追求高额利润,这是资本主义的本性使然。

马克思在分析股份公司在资本主义世界的广泛发展中,察觉到了垄

---

① 《马克思恩格斯文集》第5卷,人民出版社2009年版,第723页。
② 《马克思恩格斯文集》第7卷,人民出版社2009年版,第497页。
③ 马克思在1853年的《不列颠在印度统治的未来结果》一文中写道:"当我们把自己的目光从资产阶级文明的故乡转向殖民地的时候,资产阶级文明的极端伪善和它的野蛮本性就赤裸裸地呈现在我们面前,因为它在故乡还装出一副很有体面的样子,而一到殖民地它就丝毫不加掩饰了。"参见《马克思恩格斯选集》第2卷,人民出版社1972年版,第74页。
④ 《马克思恩格斯文集》第7卷,人民出版社2009年版,第285页。

断资本主义的寄生性、腐朽性。马克思指出,资本主义现在已经发展出了很多新的产业经营形式,出现了股份公司的二次方、三次方,甚至会成立国际卡特尔。资本主义的垄断造就了一大批食利者,"它再生产出了一种新的金融贵族,一种新的寄生虫——发起人、创业人和徒有其名的董事,并在创立公司、发行股票和进行股票交易方面再生产出了一整套投机和欺诈活动"。①恩格斯在《反杜林论》中指出,资本家除了剪息票、拿红利,和在资本的交易所中进行投机以外,"再没有任何其他的社会活动了"。② 在《资本论》第3卷增补中,恩格斯说道:"自1866年危机以来,积累以不断加快的速度进行……但是随着这种积累的增长,食利者的人数也增加了。这种人对营业上经常出现的紧张已感到厌烦,只想悠闲自在,或者只揽一点像公司董事或监事之类的闲差事。"③可见,随着垄断资本主义的发展,资产阶级日益暴露出了它反动性和腐朽没落性。

总的说来,马克思恩格斯通过对人类社会发展一般规律的揭示以及资本主义社会特殊经济形态的分析,为无产阶级革命指明了方向。他们以其思想家所具有的敏锐的观察力,对垄断资本主义的发展趋势做了很多正确的分析和预判,尤其是他们所开创的政治经学批评这种历史唯物主义的帝国主义研究方法,为后来的马克思主义帝国主义研究者们所继承。当然,在马克思和恩格斯去世时,真正的帝国主义时代还没有到来。列宁说:"这个时代最早也只能说是在1898—1900年间开始的。"④所以,他们不可能对还未来到的这个资本主义特殊阶段做出全面、完整的理论分析,这个伟大的任务是列宁在之后的新的历史条件下完成的。

第三节 马克思恩格斯的资本主义研究方法

罗森塔尔主编的《哲学家列宁》一书指出了马克思主义唯物辩证法在帝国主义研究中的作用:"在《帝国主义论》一书中,列宁通过具体的经济研究说明了并且作为无可辩驳的事实证明了:只有马克思的唯物主义

---

① 《马克思恩格斯文集》第7卷,人民出版社2009年版,第497页。
② 《马克思恩格斯选集》第3卷,人民出版社1972年版,第318页。
③ 《马克思恩格斯文集》第7卷,人民出版社2009年版,第1029页。
④ 《列宁选集》第2卷,人民出版社1972年版,第889页。

辩证法,才能恰当地表现二十世纪的科学对阐明帝国主义实质的要求。没有马克思主义辩证法,也就谈不上对帝国主义战争和时代的所有尖锐政治问题作具体的历史评价。"①马克思的辩证法虽然是以黑格尔哲学为基础,是通过对黑格尔的唯心主义辩证法的批判和改造而来的,但二者之间从根本上来说是完全不同,甚至是截然相反的。马克思在《资本论》第一卷第二版跋的末尾简明扼要地说明了他在《资本论》中运用的辩证法与黑格尔的辩证法的联系和区别。他在那里承认了自己是黑格尔的学生,但他也指出,黑格尔的辩证法是"倒立着的",应该它再颠倒过来,"以便发现神秘外壳中的合理内核"。②马克思主义辩证法与黑格尔辩证法的区别至少表现在以下三个方面:

第一,理论基础不一样。黑格尔的辩证法是建立在唯心主义哲学基础之上的,它从纯粹思维出发,是一种自己承认是"从无,经过无,到无"的具有完全抽象的"思辨的"形式的方法。③而马克思的辩证法是"从最顽强的事实出发",是一种"比从前所有世界观都更加唯物的世界观"。④列宁在《黑格尔辩证法〈逻辑学〉的纲要》中列出了黑格尔《小逻辑》一书的目录,并将它与马克思《资本论》中的"商品—货币—资本"逻辑作了比较,认为马克思的分析正是运用了黑格尔的辩证法,马克思"从黑格尔那里吸取了全部有价值的东西并发展了这些有价值的东西"。不同的是,黑格尔有时从抽象到具体[存在(抽象)—定在(具体)—自为存在],有时却相反[主观概念—客体—真理(绝对观念)]。列宁说:"这是否就是唯心主义者的不彻底性(马克思称之为黑格尔的观念的神秘主义)呢?"⑤马克思的辩证法则是唯物主义的,它从资本主义社会最普遍的商品这个客观事物开始。与马克思从客观存在的事实出发相反,黑格尔哲学是从抽象的理念出发的,世界的发展不过是绝对理念的自我实现过程,所以黑格尔哲学有其神秘的方面。马克思说,他在黑格尔辩证法还很流行的时候,就曾批判过它的"神秘方面"⑥。马克思对黑格尔辩证法"神秘方面"

---

① [苏]马·莫·罗森塔尔主编:《哲学家列宁》,沈真等译,北京出版社1985年版,第102—103页。
② 《马克思恩格斯选集》第2卷,人民出版社1972年版,第218页。
③ 《马克思恩格斯选集》第2卷,人民出版社1972年版,第120页。
④ 《马克思恩格斯选集》第2卷,人民出版社1972年版,第120页。
⑤ 《列宁全集》第55卷,人民出版社2017年版,第289—290页。
⑥ 《马克思恩格斯选集》第2卷,人民出版社1972年版,第218页。

第一章　马克思恩格斯对资本主义发展趋势的论述

的批判指的是,他在 1843 年到 1844 年间分别在《黑格尔法哲学批判》《1844 年经济学哲学手稿》和他与恩格斯合写的《神圣家族》中对黑格尔哲学所做的批判。

在《黑格尔法哲学批判》中,马克思反驳了黑格尔的"国家决定市民社会"的观点,提出了市民社会决定国家。马克思认为,黑格尔的命题应该解释为:国家是由家庭和市民社会构成的,可是,黑格尔弄反了,把它们看成由现实的观念产生的。马克思称黑格尔的这一节是"集法哲学和黑格尔整个哲学的神秘主义之大成"。[1] 在《1844 年经济学哲学手稿》中,马克思再次指出了黑格尔辩证法的唯心主义性质,批评了黑格尔辩证法中主词与宾词关系的颠倒。他说道:"现实的人和现实的自然界不过成为这个隐秘的、非现实的人和这个非现实的自然界的宾词、象征。因此,主词和宾词之间的关系被绝对地相互颠倒了。"[2] 1844 年 8 月,马克思和恩格斯在巴黎会面。为了驳斥布鲁诺·鲍威尔为首的青年黑格尔派的主观唯心主义,阐述他们的历史唯物主义观点,马克思、恩格斯第一次合作,撰写了《神圣家庭》一书。通过批判青年黑格尔派,他们彻底清算了自己以前的哲学信仰,基本完成了对黑格尔唯心辩证法的批判和改造。恩格斯说,马克思要做的就是把黑格尔"头脚倒置"的辩证法重新颠倒过来。"从黑格尔逻辑学中把包含着黑格尔在这方面的真正发现的内核剥出来,使辩证方法摆脱它的唯心主义的外壳并把辩证方法在使它成为唯一正确的思想发展方式的简单形式上建立起来。马克思对于政治经济学的批判就是以这个方法作基础的,这个方法的制定,在我们看来是一个其意义不亚于唯物主义基本观点的成果。"[3] 恩格斯在这里指出了马克思创立唯物辩证法的重大意义。

第二,阶级立场不一样。马克思和恩格斯是无产阶级的坚定代表,他们的学说毫无疑问是为无产阶级服务的。但是关于黑格尔哲学的阶级立场稍微有点复杂。一般认为,黑格尔是 18 世纪末以来德国资产阶级的代表,黑格尔哲学反映的是德国新兴资产阶级的要求。但也有学者认为,黑格尔哲学实质上是为普鲁士王国的君主专制制度服务的。这

---

[1] 《马克思恩格斯全集》第 3 卷,人民出版社 2002 年版,第 12 页。
[2] 《马克思恩格斯全集》第 42 卷,人民出版社 1979 年版,第 176 页。
[3] 《马克思恩格斯选集》第 2 卷,人民出版社 1972 年版,第 122 页。

样,同一个黑格尔哲学既反映德国资产阶级的要求,又为德国君主专制制度服务。黑格尔居然既是新兴资产阶级的代表,又是封建贵族阶级的代表,而这两个阶级显然是互相对立的,岂不是自相矛盾?对此,林世敏在《到柏林以后的黑格尔及其哲学的阶级属性》一文中做了比较详细的分析后指出,不论是在1818年到柏林任职之前,还是到柏林以后,黑格尔都是一个德国资产阶级的哲学家,而不是普鲁士王朝的官方哲学家。黑格尔哲学反映的是德国资产阶级的利益和愿望,而不是为封建贵族阶级服务的普鲁士王国的国家哲学。① 笔者以为,导致这一问题产生的原因主要在于黑格尔作为德国新兴资产阶级代表所表现出来的两面性。德国资产阶级既想革命又害怕革命,具有自身的软弱性。他们与封建贵族妥协,希望在普鲁士国王的领导下,采取自上而下的方式把封建经济转变为资本主义商品经济。表现在黑格尔的哲学上,就是既有革命性的一面,又有保守性、不彻底性的一面。其实,恩格斯在《路德维希·费尔巴哈和德国古典哲学的终结》中对黑格尔哲学的阶级实质早已做出了说明:"根据黑格尔的意见,现实性决不是某种社会制度或政治制度在一切环境和一切时代所固有的属性。恰恰相反……所以,在这里,君主制是不现实的,革命是现实的。……按照黑格尔的思维方法的一切规则,凡是现实的都是合理的这个命题,就变为另一个命题:凡是现存的,都是应当灭亡的。"②

第三,功能性质不一样。不同的阶级立场决定了马克思与黑格尔的辩证法具有不同的目的功能。马克思主义辩证法是用来指导人们认识世界、改造世界的工具,是用来指导无产阶级认清革命形势、制定革命策略的理论武器,具有无比的科学性和彻底的革命性。黑格尔的辩证法虽然承认对立面的统一和斗争、承认辩证的发展观和否定观,但它的整个体系又是封闭的,是有终点的。"从社会方面来说,当时的普鲁士王国就被视为人类发展的最高阶段。从思维方面来说,黑格尔认为自己的哲学就是精神发展的最高阶段,发展也就到此为止。"③恩格斯说,黑格尔"把历史的终点设想成这样:人类将达到正是对这个绝对观念的认识,并宣

---

① 林世敏:《到柏林以后的黑格尔及其哲学的阶级属性》,《莱阳农学院学报》(哲学社会科学版)1988年第1期。
② 《马克思恩格斯选集》第4卷,人民出版社1972年版,第211—212页。
③ 李建平:《〈资本论〉第一卷辩证法探索》,福建人民出版社2017年版,第4页。

第一章　马克思恩格斯对资本主义发展趋势的论述

布对绝对观念的这种认识已经在黑格尔的哲学中达到了。但是这样一来，黑格尔体系的全部教条内容就被宣布为绝对真理，这同他那消除一切教条东西的辩证方法是矛盾的。这样一来，革命的方面就被过分茂密的保守的方面所闷死"。① 也正是其本身存在的这种矛盾性，最后导致了黑格尔哲学的分裂。在19世纪30年代，黑格尔学派被分为"青年黑格尔派"（左派）和"老年黑格尔派"（右派）。"青年黑格尔派"比较激进，他们力图从黑格尔辩证法中引出革命的和无神论的结论。"老年黑格尔派"则代表封建贵族和妥协的保守集团的利益，他们试图继承和发扬黑格尔哲学保守性的一面来为普鲁士专制政权做辩护。因而，他们的做法是，顽固坚守黑格尔的唯心主义体系，坚持以黑格尔的"绝对观念"来解释一切，故意贬低和抹黑黑格尔的辩证法，以此来消解黑格尔哲学的革命性和批判性。马克思和恩格斯早年就参加了青年黑格尔派的活动，在某种程度上接受并发展了黑格尔辩证法的革命性和批判性。②

对于马克思的辩证法与黑格尔的辩证法之间的关系，恩格斯在《反杜林论》中也曾做过很好的说明。后来，米海洛夫斯基、克利文柯等俄国自由民粹派的理论家对马克思主义发出诘难，污蔑《资本论》所使用的方法是套用黑格尔的三段式的辩证法。列宁在1894年的《什么是"人民之友"以及他们如何攻击社会民主主义者？》一文中指出，米海洛夫斯基又玩了从杜林那里剽窃来的那套颠倒是非的手法。应该承认，马克思从黑格尔辩证法中吸收了不少合理成分，但马克思的辩证法不等于黑格尔辩证法。

马克思是公认的唯物辩证法的第一位大师，但问题是他并没有留下专门讲唯物辩证法的任何一本著作。马克思的唯物辩证法思想体现在哪里呢？马克思说，《资本论》是他"把辩证方法应用于经济学的第一次尝试"③。虽然马克思没有留下关于辩证法的专门著作，但他"遗留下了《资本论》的逻辑"。列宁《帝国主义论》的逻辑就是马克思《资本论》逻辑

---

① 《马克思恩格斯选集》第4卷，人民出版社1972年版，第214页。
② 马克思曾说："辩证法，在其神秘形式上，成了德国的时髦东西，因为它似乎使现存事物显得光彩。辩证法，在其合理形态上，引起资产阶级及其夸夸其谈的代言人的恼怒和恐怖，因为辩证法在对现存事物的肯定的理解中同时包含对现存事物的否定的理解，即对现存事物的必然灭亡的理解。辩证法对每一种既成的形式都是从不断的运动中，因而也是从它的暂时性方面去理解。辩证法不崇拜任何东西，按其本质来说，它是批判的和革命的。"参见《马克思恩格斯选集》第2卷，人民出版社1972年版，第218页。
③ 《马克思恩格斯全集》第31卷，人民出版社1998年版，第385页。

基础上的继续,这种继续不仅表现在内容上是对新形势下资本主义政治经济学批判的继续,也表现在方法上是对马克思唯物辩证法的继续。

马克思的《资本论》主要研究的是资本主义的政治经济学,虽然在揭示资本主义经济规律和矛盾的同时,通篇都体现出了唯物辩证法的逻辑。但是他的重心主要放在了对资本主义政治经济的批判方面,对唯物辩证法的系统阐发是由恩格斯来承担的。胡大平教授在《回到恩格斯》一书中提到,"恩格斯把'辩证法'作为自己的研究计划,并不是出于哲学史的兴趣,而是受马克思的影响。当马克思在《资本论》创作过程中告诉恩格斯,黑格尔的辩证法如何有助于他的研究,在某种意义上,恩格斯便与辩证法结缘了"。① 恩格斯对唯物辩证法的阐发主要是在《反杜林论》《路德维希·费尔巴哈和德国古典哲学的终结》《自然辩证法》等几本著作中进行的。

在《反杜林论》中,恩格斯详细阐释了辩证法的三大基本规律,阐明了唯物主义的反映论和运动观。在《路德维希·费尔巴哈和德国古典哲学的终结》中,恩格斯对马克思主义哲学与黑格尔哲学、费尔巴哈哲学之间的批判继承关系做了分析和论述,点明了马克思主义辩证法与黑格尔辩证法的本质区别:黑格尔的辩证法是"概念的自我发展",马克思把它倒转过来,让它重新用脚立地。这样,黑格尔的观念的唯心辩证法就被改造成反映现实世界运动的唯物辩证法,"辩证法就归结为关于外部世界和人类思维的运动的一般规律的科学"。② 在《自然辩证法》中,恩格斯再次强调,马克思对辩证法的发展的功绩就在于,他"第一个把已经被遗忘的辩证方法、它和黑格尔辩证法的联系以及它和黑格尔辩证法的差别重新提到显著的地位,并且同时在《资本论》中把这个方法应用到一种经验科学的事实,即政治经济学的事实上去"。③ 恩格斯根据当时自然科学的"三大发现",对自然发展过程的辩证图景做了详细说明,阐发了辩证法的基本规律和诸多范畴。恩格斯对唯物辩证法的系统阐述对列宁辩证法思想的形成具有极为重要的影响。

---

① 胡大平:《回到恩格斯:文本、理论和解读政治学》,江苏人民出版社2010年版,第477页。
② 《马克思恩格斯选集》第4卷,人民出版社1972年版,第238—239页。
③ 《马克思恩格斯选集》第3卷,人民出版社1972年版,第470页。

第二章　霍布森的"资本扩张本质论"

霍布森(John Atkinson Hobson)是英国较有影响力的自由主义经济学家、社会改良主义者。他的代表著作有:《贫穷问题》(1891年)、《社会问题》(1901年)、《帝国主义》(1902年)、《自由主义的危机》(1906年)、《财富的科学》(1911年)、《工作和财富》(1914年)、《从资本主义到社会主义》(1932年)等。《帝国主义》一书详细考察了资本主义社会经济和政治在当时显现的新特点,是小资产阶级民主反对派研究帝国主义的代表性理论著作,我国学者陈其人称它是"历史上第一部系统地研究现代帝国主义的著作"[①]。格里高里·P.诺维尔说这是一部"具有永恒价值的国际政治经济学经典著作",是"近两个世纪以来英国最伟大的政论著作之一"[②]。列宁在《关于帝国主义的笔记》的"笔记K(卡帕)"部分专门对霍布森的《帝国主义》做了详细的分析和摘录。他在《帝国主义论》序言中写道:"论述帝国主义的一本主要英文著作,即约·阿·霍布森的书,我还是利用了的,而且我认为是给了它应得的重视。"[③]由此可见在列宁的帝国主义研究中霍布森这本书的重要地位。

第一节　帝国主义的经济根源及定义

霍布森在《帝国主义》一书中探讨了帝国主义产生的经济根源,指出

---

① 陈其人:《帝国主义经济与政治概论》,复旦大学出版社2013年版,第265页。
② [美]罗纳德·H.奇尔科特主编:《批判的范式:帝国主义政治经济学》,施杨译,社会科学文献出版社2001年版,第104页。
③ 《列宁全集》第27卷,人民出版社2017年版,第323页。

帝国主义是由于资本主义的不合理分配、人们的消费不足,进而导致商品和资本过剩,资本主义国家极力输出商品和资本所形成的,它有别于古代的帝国,是一种新的帝国主义。

一、帝国主义的经济根源

霍布森的帝国主义理论是以其"消费不足"理论为基础的。帝国主义是怎么形成的呢？他以美国为例分析道:"美国大跃进式的资本主义发展,已经不能满足于国内市场而迫切需要外国市场来消化商品和资本,在这种压力之下,'美帝国主义'就呼之欲出了""到处都是生产力的过剩,到处都是寻求增值的过剩资本。所有的实业家都承认,他们国家的生产能力的增长超过消费能力的增长,生产的商品越多,就越难销售获利,而且现有的资本越多,也越难找到有利的投资机会。这些经济条件就是帝国主义的根源。"[1]霍布森认为,并不是因为工业的发展要求开辟新市场和投资场所而导致帝国主义的产生,而是"消费力的不合理分配导致国内资本和产品无法被充分吸收",所以才有必要去"夺取国外市场或国外投资场所"。"帝国主义致力于为工业巨头寻求销售国内剩余产品的国外市场与增值国内剩余资本的国外投资场所,以便扩大能够容纳他们剩余财富洪流的渠道。"[2]霍布森的理论逻辑大致是这样的:资本主义的"不合理分配"→"消费不足"与"过剩储蓄"→国内产品和资本过剩→商品和资本输出→帝国主义形成。因此,帝国主义国家必须改变现存的分配制度和与之相关的各种政策,比如帝国主义的财政政策和保护贸易政策。霍布森抨击英国的财政政策,指责英国把四分之三的钱用于陆海军费和偿还军事债务,资本帝国主义是国家财政政策的中枢,它通过保护贸易、发行公债及税收政策等方式为投资者和金融家等"势力集团"服务。霍布森总结说,帝国主义的经济根源在于强大的有组织的工业和金融势力,它利用公众的钱财和力量为其服务,战争、军国主义等对外政策都是"必要手段"[3]。霍布森自称他对帝国主义的研究是从探究帝国主义的经济根源开始的,但是,他对帝国主义的经济分析仅仅停留在

---

[1] [英]约·阿·霍布森:《帝国主义》,卢刚译,商务印书馆2017年版,第78、79页。
[2] [英]约·阿·霍布森:《帝国主义》,卢刚译,商务印书馆2017年版,第82—83页。
[3] [英]约·阿·霍布森:《帝国主义》,卢刚译,商务印书馆2017年版,第99—100页。

社会分配和流通领域,认为帝国主义产生的根源在于分配不当、消费不足,忽视了最重要的社会生产领域,不去从资本主义的垄断考察帝国主义的形成,这决定了他不可能全面、科学地认识帝国主义。

二、帝国主义的定义

霍布森从对"民族主义""国际主义""殖民主义"几个概念的考察入手,分析它们与帝国主义的关系,提出帝国主义是一个"现代的概念",把帝国主义视为一种扩张政策。他说:"作为一种政策,帝国主义的新奇之处,在于它被若干国家同时所采用。关于帝国主义竞争的观念,基本是近代以来的产物。"①他把 1870 年作为自觉的帝国主义政策的起始之年,认为这是一种新帝国主义,区别于古代的帝国。事实和数据已经证实近代以来的英国帝国主义与以前的殖民主义是有区别的,并且证实了如下几点论断:"首先,帝国的扩张主要是在并不适宜白人居住的热带或亚热带地区攫取政治统治权。其次,几乎所有土地都是'低等种族'人口稠密的地方。因此,近代帝国主义的扩张与在人口稀少的温带地区殖民是完全不同的,在那些地区,白人殖民者带来了本国的统治方式、工业和其他文明的技术。"②通过对帝国主义历史发展的考察,霍布森得出结论说,在西方某些国家已经有意识地推行帝国主义的对外政策,"近代帝国主义"被用来指称"当代政治中一种最有影响力的运动"。早期的帝国主义理论大都把帝国主义看成一种扩张政策,霍布森的论述可以说是他们这些观点的典型代表,这种观点对修正主义者考茨基,甚至对忠诚的马克思主义者卢森堡都产生过重要的影响。

第二节 帝国主义的特征

霍布森认为,帝国主义在经济上资本具有无限的扩张性,在军事上表现为极强的侵略性,在政治上具有反民主性、专制性,这表明了帝国主义的寄生性、反动性特点。

---

① [英]约·阿·霍布森:《帝国主义》,卢刚译,商务印书馆 2017 年版,第 8 页。
② [英]约·阿·霍布森:《帝国主义》,卢刚译,商务印书馆 2017 年版,第 25 页。

一、帝国主义的扩张与战争

前文讲到,霍布森认为帝国主义产生的经济根源在于分配不合理所造成的"消费不足"和"储蓄过剩",所以,为了寻找商品市场和输出资本,帝国主义势必要发动侵略扩张。他在结论中称:"帝国主义的主要经济源泉,存在于工业机会的不均等中,特权阶级积累着的收入剩余,为了寻找有利的投资机会,会一直往外走得更远。"①当然,帝国主义扩张的动机并不是出于国家的整体利益,而是出于一些特定阶级的利益,他们为了自己的私利将扩张政策强加给了国家。"帝国主义只不过是私人势力,主要是资本家利用政府机器获取海外利益的工具。"②在当时的英国,一种为帝国主义扩张辩护的社会达尔文主义认为,帝国的扩张已经结束了,因为绝大多数"落后种族"都以殖民地、保护地、腹地或势力范围的形式归属于"文明"国家了。霍布森反驳说,"这与其说是帝国的成就,不如说标志着帝国主义化过程的开端。帝国迫切需要加强对势力范围和殖民地的干涉和统治,而帝国主义化过程的重要性和危险性并不亚于当初为攫取新领土和新人口所付出的代价""帝国主义——不管它采取的是进一步的扩张政策,还是严格保持划为英国势力范围的热带领土——都意味着眼下的军国主义和不远将来的毁灭性战争"。③霍布森在此已经预见了帝国主义战争的可能性了。

必须指出的是,霍布森虽然对帝国主义的扩张和战争进行了批判,但是他的批判主要是道德和情感层面的,更重要的是,他同时也反对被压迫民族的反抗斗争。他认为战争是一种"最粗野""最不经济"的国家竞争形式,是最低级的国家采用的野蛮人的手段。他甚至说:"假定欧洲国家及其殖民地组成联邦政府并制止了内争,那基督徒的和平将会不断受到黑种人和黄种人等'低等种族'的侵害,他们将拿起'文明种族'已经摒弃的武器和战术,以野蛮的侵略来打垮'文明种族',正如欧洲和亚洲的野蛮种族打垮罗马帝国那样。"④如何解决民族国家之间的问题?霍布森说,除了"高效能民族对低效能民族的征服政策"和"民族独立政策"以

---

① [英]约·阿·霍布森:《帝国主义》,卢刚译,商务印书馆 2017 年版,第 316 页。
② [英]约·阿·霍布森:《帝国主义》,卢刚译,商务印书馆 2017 年版,第 90 页。
③ [英]约·阿·霍布森:《帝国主义》,卢刚译,商务印书馆 2017 年版,第 197、119 页。
④ [英]约·阿·霍布森:《帝国主义》,卢刚译,商务印书馆 2017 年版,第 172 页。

外,还存在着第三种选择:逐步试验进步性的联合。"这种联合遵循最广泛的共同经验路线,将在最具'类似精神'的民族之间结成正式的政治纽带,并随着共同经验的广泛增长将其扩展到其他民族,直到建成将整个'文明世界',即所有在文明名义下积累有广泛'共同经验'的民族包括在内的有效的政治联合。"①说得直白一点,霍布森就是试图通过"帝国的联合"建立一个"国际帝国主义",来代替帝国主义的扩张和大国之间的争夺。正如学者蔡中兴所指出的,"国际帝国主义"的主张是霍布森理论体系中最反动的部分,是他小资产阶级改良主义反动思想最彻底的暴露。霍布森的理论的错误性在于:第一,在资本帝国主义制度里,宗主国和殖民地的平等的联合是不可能的;第二,要实现各个帝国主义国家真诚的联合,从而达到永久和平,同样是不可能的。②霍布森的错误主张也是考茨基"超帝国主义"论的思想源头。列宁曾指出,在霍布森那里,"几乎可以找到考茨基的所有一切和平主义的和'调和主义'的陈腐见解"。③

二、帝国主义的寄生性

有学者指出,霍布森对帝国主义寄生性的揭露是其帝国主义理论中最有价值的内容,是他对帝国主义研究做出的最重要的贡献。"在列宁的《帝国主义是资本主义的最高阶段》一书问世以前,霍布森在这方面的考察的成果始终没有人能超越,第二国际时期的许多著作家,包括以马克思主义观点研究了金融资本这一资本主义发展新阶段的希法亭在内,都没有达到他所已经达到的高度。"④霍布森在《帝国主义》的第一篇"帝国主义的经济"中,专门列了一章讨论帝国主义的经济寄生性。他指出,英国已经越来越广泛地成为一个依赖海外纳贡而生存的国家。有两件明摆的事实:"第一,海外投资的利息收益,远远高于一般进出口贸易的利润收益。第二,在我们的国外贸易和殖民地贸易以及由此带来的收益在缓慢增长的同时,进口总额中代表海外投资收益的部分却在迅速增长。"⑤霍布森说,曾经的罗马帝国主义是社会寄生过程在历史上最大、最

---

① [英]约·阿·霍布森:《帝国主义》,卢刚译,商务印书馆2017年版,第152—153页。
② 蔡中兴:《帝国主义理论发展史》,上海人民出版社1987年版,第125页。
③ 《列宁选集》第2卷,人民出版社1972年版,第886页。
④ 蔡中兴:《帝国主义理论发展史》,上海人民出版社1987年版,第102页。
⑤ [英]约·阿·霍布森:《帝国主义》,卢刚译,商务印书馆2017年版,第57页。

明显的实例。新帝国主义在很多方面与它非常相似：他们进行侵略扩张都是为了掠夺他国财富以满足自己，"是为了能将经济吸管插在外国身上，以榨干它们的财富以维持国内的奢侈生活"。不同之处是："政治贡赋现在不见了或完全变成附属因素，最残酷的奴隶形态也已经消失，现在可以用某些纯粹和无私的因素来缓和和掩盖新帝国主义的寄生性质。但大自然是不会被欺骗的：根据自然界通行的规律，寄生虫注定会萎缩、衰败直至最后消亡，国家并不比生物体更能逃避这个规律。近代的这个过程更为复杂，寄生虫通过给'寄主'提供一些真实但却非常不平等和不恰当的好处，企图逃避寄生过程的反作用，这虽然会延缓寄生过程，但终究不能逃避寄生过程的必然结果。"①在这里，我们惊讶地发现，霍布森甚至通过对帝国主义的寄生性分析，得出了帝国主义必然灭亡的结论。

当然，这仅仅是他从历史经验和对帝国主义的经济、政治政策分析上所做出的一种推测。霍布森没有去深入揭示资本主义的垄断本质及其基本矛盾，看不到迫使帝国主义瓦解的物质力量，也找不到加速摧毁帝国主义的方法，甚至还幻想对帝国主义政策进行社会改良。正如列宁所说："社会自由主义者霍布森不知道，只有革命无产阶级，而且只有采取社会革命的形式，才能实行这种'抵抗'。这正是他作为社会自由主义者的本色。"②不过，霍布森早在1902年就出色地考察了考茨基主义者所极力掩饰的种种事实的意义，这比作为"资本主义的看门狗和工人运动的败坏者"的机会主义者强多了。列宁既肯定了霍布森所做出的理论贡献，同时又指出了他作为小资产阶级代表的根本缺陷。

第三节 霍布森帝国主义理论评析

霍布森可以说是帝国主义研究的一位开启者，他的理论对后来包括列宁在内的第二国际的很多理论家产生了深远的影响。列宁称霍布森的书是论述帝国主义的"有益"著作。霍布森帝国主义理论也是考茨基的"超帝国主义"、伯恩施坦的改良主义的重要理论来源。当然，列宁批

---

① [英]约·阿·霍布森：《帝国主义》，卢刚译，商务印书馆2017年版，第322页。
② 《列宁选集》第2卷，人民出版社1972年版，第887—888页。

判吸收了霍布森帝国主义理论的精华,而考茨基、伯恩施坦等人则把霍布森理论研究中的糟粕继承并进一步发展了。

一、霍布森帝国主义理论的价值贡献

霍布森既对帝国主义的社会经济做了具体分析,又抨击了帝国主义政治上的专制性、对外交往上的扩张性。霍布森说,"反对民主政治是帝国主义最根本的政治原则"。在英国,政党的活动日益衰败,立法从属于行政,而行政权日益集中于一个独裁政权。"由皇帝或内阁把持的独裁政权坚持将政党有效的批评言论当作不爱国的行为,甚至会被认为近于叛逆。"①在19世纪中叶的时候,英国两大政党中的温和派曾经提出了和平、经济、改良和民主自治等进步口号,但现在的事实刚好相反,"帝国主义长期以来发动了多次战争。这些战争大都是因为白种人侵略'低等种族'引起的,而且以强占领土而告终。在非洲、亚洲和太平洋的每一次扩张都充满血腥。每一个帝国都在积极备战以应付对外事务。不停地修订边境线,派遣远征军,并寻找战争的口实。英国统治下的和平从来就是无耻的谎言,近年来达到了骇人听闻的欺骗的最高峰"。②自1870年以来,帝国主义的总的趋势是"收紧对保护地的专制统治,把它们在实质上变成直辖殖民地"③。帝国主义从政治上讲,就是一种专制政治,它没有在一处殖民地推广本国的政治自由和公民自由。

霍布森从帝国主义的政治经济分析,预见到了帝国主义走向对外扩张的军国主义的必然趋势,预估到了帝国主义发动战争的风险。霍布森写道:"新帝国主义实际的和必然的政治影响,正如最大的一个帝国主义列强所证实的,可以概括如下:帝国主义对低等种族居住地贪得无厌的掠夺将会不断将我国卷入同其他野蛮列强的纠纷中,这是对和平的经常性威胁。除了加剧战争风险之外,它还带来了军国主义的慢性危险和恶化,不但消耗了国家的物质和精神资源,还妨害了文明的进程。……最后,帝国主义的精神、政策和方法有害于民主政治,却有利于政治独裁和社会权势阶层的形成,而这些正是自由平等的死敌。"④由此可见,帝国主

---

① [英]约·阿·霍布森:《帝国主义》,卢刚译,商务印书馆2017年版,第131页。
② [英]约·阿·霍布森:《帝国主义》,卢刚译,商务印书馆2017年版,第115页。
③ [英]约·阿·霍布森:《帝国主义》,卢刚译,商务印书馆2017年版,第24页。
④ [英]约·阿·霍布森:《帝国主义》,卢刚译,商务印书馆2017年版,第136—137页。

义不管是对内还是对外都显示了反动性。霍布森正确看清了帝国主义不是走向民主自由,而是在不断加强专制统治。

霍布森的帝国主义理论有很多有价值的地方,包括他对帝国主义的历史形成过程做了比较详细的考察,对帝国主义的经济起源问题进行了探究,对帝国主义的世界政策、民族政策问题进行了一定的分析和探讨,对帝国主义的扩张战争进行了批评和抨击,揭露了帝国主义的反动性、寄生性。概括起来,霍布森对帝国主义研究的理论贡献主要体现在以下五个方面:一是提出了他的帝国主义定义。二是抨击了帝国主义经济。三是批评了帝国主义的反动政治。四是批判了帝国主义的扩张与战争。五是揭露了帝国主义的寄生性。

二、霍布森帝国主义理论的不足与缺陷

霍布森通过对帝国主义社会政治经济的分析,批评了帝国主义的专制政治,揭示了帝国主义的一些政治特点。但是,他的理论也包含了一些严重的缺陷和错误:首先,他在分析帝国主义的经济根源时,把帝国主义的矛盾归结为生产与消费的矛盾,以"消费不足论"来解释帝国主义的经济危机,这显然是非常错误的。其次,他把帝国主义看成为资本主义扩张的一种政策,而不是从资本主义的一个特殊阶段上去理解和把握资本主义的本质,也即是说,他没有抓住帝国主义垄断这一根本特征。最后,霍布森妄想以"国际帝国主义"的联合取代帝国主义的战争和扩张,通过非暴力革命实现世界和平,提出社会改良的主张,这在某种意义上是对资本主义制度的巩固和维护。

霍布森终究只是一个小资产阶级利益的代表,这一阶级立场决定了他帝国主义研究的局限性。霍布森并没有真正认清帝国主义的本质,他对帝国主义仍抱有一种幻想,企图通过改良主义的办法缓和帝国主义的矛盾。列宁说,霍布森对帝国主义的基本特点做了很好很详尽的说明,但是,"这位作者所持的观点是资本主义改良主义与和平主义的观点,这同过去的马克思主义者卡·考茨基今天所站的立场实质上是一样的"。[①]

[①] 《列宁选集》第 2 卷,人民出版社 1972 年版,第 738 页。

三、霍布森帝国主义理论研究的方法论特点

霍布森帝国主义理论的缺陷与不足既是由其小资产阶级的立场决定的,更与其研究所采用的方法论的缺陷直接相关。首先,霍布森虽然也与马克思一样从帝国主义的经济根源出发去分析帝国主义的种种社会现象,但他不是从资本主义的社会化生产着手去理解资本主义社会及其发展的特点,而是以"消费不足"理论作为理论基础去解释资本主义发展到帝国主义时代的种种不公。霍布森始终认为帝国主义是一种对外扩张政策,只要改变国民收入不合理的现象,提高国民的消费能力,帝国主义政策是完全可以改变的。这或许与霍布森经济理论知识的欠缺有关。霍布森没有经过正规的经济学培训,他的经济学理论是依靠自学获得的。熊彼特曾指出,霍布森能理解受过训练的经济学家不肯去理解的问题,却又始终理解不了受过训练的经济学家认为理所当然的问题。

其次,霍布森政治经济学方法论上的偏差导致其理论认知上的偏差,他仍旧停留在帝国主义的表面现象,而没有透过表象去理解和把握帝国主义的本质。霍布森注意到了帝国主义时代与自由竞争时期的资本主义的差别,也指出了新帝国主义和以前的老帝国主义之间的区别。霍布森说,新帝国主义有两个"历史的具体的"特点:"(1)几个帝国主义互相竞争;(2)金融家比商人占优势。"[①]这两个特点显然都是大家肉眼可见,能够明显感知的,而且帝国主义的最本质特点不是竞争,资本主义社会的发展从头至尾都会存在竞争。与自由竞争时代的资本主义相比较,帝国主义时代的最大特点是垄断。不从资本主义发展的内在规律出发是无法揭示帝国主义的必然性的,也不可能看清帝国主义的本质特点。

最后,霍布森虽然利用了发展变化的辩证法去解释帝国主义的社会政治经济现象,但他缺乏哲学的抽象思维,不懂得马克思主义从抽象上升到具体的科学方法。比如说,霍布森觉察到了资本无限扩张的趋势,但他天真地以为资本主义的对外扩张和侵略是国内分配不合理、消费不足引起的。帝国主义扩张的目的固然在于为过剩商品和资本寻找市场,但商品和资本过剩的终极原因不在于分配问题,而是由社会化大生产与资本主义生产资料私有制的矛盾所造成的。霍布森只看到一堆普遍事

---

① 《列宁专题文集——论资本主义》,人民出版社 2009 年版,第 179 页。

实,并把帝国主义的这种扩张事实归结为帝国主义的一种政策,因此还幻想着以国际联合来代替战争,让帝国主义国家在争夺中和平相处,这无异于痴人说梦。

第三章　希法亭的"金融资本论"

希法亭·鲁道夫（Hilferding Rudolf）是奥地利社会民主党，也是德国社会民主党和第二国际机会主义的一位领袖人物。第一次世界大战之前的希法亭是一个马克思主义者，发表了一些马克思主义论著，并亲自投身工人运动。"一战"开始以后，他同考茨基一起采取了"中派"的立场，支持帝国主义的战争，最终背弃了马克思主义，堕落为垄断资产阶级的代理人。1910年出版的《金融资本》便是他作为"马克思的一个门徒"写的"一部论述资本和金融的第一流的著作"（1911年法国让·饶勒斯语）。希法亭在书中所提出的金融资本理论，影响了包括列宁在内的第二国际时期几乎所有研究帝国主义的社会主义理论家们。奇尔科特的《批判的范式：帝国主义政治经济学》一书指出，布哈林、列宁等人的政治经济学著作都受益于希法亭《金融资本》的思想。[①] 列宁本人对该书的评价是，虽然希法亭的货币论是错误的，并且他有一种调和马克思主义和机会主义的倾向，但是，"这本书对'资本主义发展的最新阶段'做了一个极有价值的理论分析"。[②]《金融资本》在对金融资本主义分析的基础上确实提出了很多有价值的观点，但也包含很多错误和缺陷，为他最终走向修正主义、机会主义埋下了祸根。

---

① 奇尔科特写道："马克思的政治经济学没有归纳现代国家间的体系，甚至的确根本上很少谈到了资本主义国家。传统的马克思主义理论家们认为，通过讨论资本的集中，可以在马克思主义政治经济学内部，弥补所形成的空缺。第一个这样做的人是希法亭，所有其他的传统著作（除了罗莎·卢森堡及其追随者的著作之外）都大大受益于他的富有开拓性的工作。这种说法肯定适用于布哈林和列宁，这而且是他们亲自承认的，尽管他们对希法亭的思想进行了最激进的解释。"参见[美]罗纳德·H.奇尔科特主编：《批判的范式：帝国主义政治经济学》，施杨译，社会科学文献出版社2001年版，第18页。
② 《列宁选集》第2卷，人民出版社1972年版，第738页。

希法亭在《金融资本》中对金融资本的形成过程、定义、活动特点,以及它对资本主义经济的影响,帝国主义的发展趋势等问题都进行了较为深入的分析。全书共五篇,大概可以分三大块:第一、二篇主要探讨金融资本研究的出发点和理论前提,阐明他对货币、信用、股份公司、交易所、银行等相关问题的理解。第三篇通过分析金融资本的形成过程,提出金融资本的定义。第四、五篇讨论金融资本的对内对外政策及其影响。我们就从这三方面分别做一个简要分析。

第一节　金融资本研究的出发点

希法亭的理论是从货币研究开始的,《金融资本》第一篇就是"货币与信用"。希法亭批评了马克思的货币理论,提出了他对货币和信用的看法。他认为马克思的货币理论已经过时,不能解释现代实际问题。他说:"自从马克思主义货币理论创立以来,尤其是在荷兰、奥地利和印度的货币制度形成之后,出现了许多值得注意的重要问题,而这些问题在现有的货币理论中都无法得到解释和找到解决的办法。"[①]希法亭提出商品的价值既可以用金属货币表示,也可以通过国家规定的特殊符号(纸币)来表示。"在纸币流通制度下,我们必须把货币的流通价值作为最重要的因素来看待,而不能像马克思在《政治经济学批判》中那样,简单地把纸币看作金银的替代符号。……马克思的这种从铸币价值决定到纸币价值决定的迂回分析思路,看起来是过于复杂了,其实当我们认识到纸币价值是直接来源于流通中的社会价值时,纸币价值决定的社会特征就已十分清晰了。事实应该是这样:从历史上看,纸币虽然是作为对铸币的替代物而产生的,但这并不意味着我们在理论分析时就必须把纸币看作对铸币的延伸,纸币与铸币可能是处于同一个层次的具有相似性质的货币。对于纸币价值的分析,完全可以脱离铸币价值来看。"[②]在希法亭看来,现代社会的纸币价值与铸币价值无关,纸币价值是由"社会必要的流通价值"来规定的。"与从前一样,货币仍然充当价值尺度,但货

---

① [德]希法亭:《金融资本》,李琼译,华夏出版社2013年版,第20页。
② [德]希法亭:《金融资本》,李琼译,华夏出版社2013年版,第42页。

币的价值量却不再由组成它的商品(黄金、白银或纸张)的价值来决定。相反,货币的价值是由流通中商品的总价值量来决定的(假设流通速度保持不变)。真正的价值尺度不是货币,真正决定货币价值的是被我们称之为'社会必要流通价值'的东西。"①这个说法背离了马克思所提出的"价值是由耗费在生产过程中的劳动所决定"的劳动价值论。希法亭不是从生产而是从流通领域去分析资本主义是其金融资本论的一个致命错误。由此出发,他强调货币资本和信用制度对生产的决定作用,得出银行资本决定工业资本的结论,从而歪曲了金融资本的本质。

第二节 金融资本的形成及其定义

现代股份企业的发展是促成金融资本形成的一个重要因素,因为它使得资本财产越来越集中到少数大银行家、大资本家手中,而他们又会想尽办法去控制各种股份公司和企业,力图增加自己的资本量。资本的集中不仅表现在银行和大资本家对股份公司的控制上,还表现在证券交易所这个股票买卖市场的作用正在逐渐被银行所代替,并受银行控制。这样就逐步形成了金融资本的统治。所谓金融资本,就是"由银行支配并被产业资本家使用的"资本。② 金融资本是资本在现代资本主义社会中的表现形式,是资本发展的最高形式。金融资本的时代是"资本主义发展的最新阶段",即帝国主义时代。

希法亭虽然没有用"帝国主义"这个词语,但这并不影响我们发现他已经指明了资本主义发展到帝国主义这个新阶段的事实。希法亭通过对金融资本形成的考察,深刻揭示了资本主义最新发展阶段的经济特点。希法亭认为,现代资本主义的最典型特征就是集中,资本主义的集中过程表现为:一方面,由于垄断组织的出现,使得自由竞争被扬弃;另

---

① [德]希法亭:《金融资本》,李琼译,华夏出版社2013年版,第30页。
② "产业资本中那个不断增长的部分,并不属于使用它的产业资本家。产业资本家只能通过银行来支配这些资本,而银行是代表所有者的。另一方面,银行不得不把它不断增长的这一部分资本投资在产业上,并因此在越来越大的程度上把自己变成产业资本家。这一部分货币形式的银行资本,实际上已经由这种方式转化为了产业资本,我把这种银行资本称为金融资本。"参见[德]希法亭:《金融资本》,李琼译,华夏出版社2013年版,第258页。

一方面,集中造成了银行资本和产业资本的紧密联系,"这种联系使得资本采取了其最高级也最抽象的表现形式——金融资本"。①

第三节 金融资本的政策及其影响

金融资本是工业资本与银行资本的融合,金融资本在政治上的控制表现为,工业资本家与金融资本家结成统一联盟,形成金融寡头统治。金融寡头通过控制国家机器,对内加强对无产阶级的统治,对外加强殖民扩张、资本输出。金融资本的形成所带来的不是自由与和平,而是集权统治和殖民战争。国家的各项政策都是围绕金融寡头的利益来制定的。比如推行保护关税制,推行殖民政策,无非就是为了保护国内市场、争夺国外市场。国家的政治力量成为金融资本在世界市场上竞争的"工具"。哪里有压迫哪里就有反抗。金融资本残暴的专制统治的结果就是无产阶级革命的爆发和无产阶级专政时代的到来。希法亭认为,金融资本的集权统治实际上为无产阶级的胜利创造了条件,无产阶级对金融资本帝国主义的回答,"不是自由贸易,而只能是社会主义"。② 因为"只有当统治阶级已经将自己的权力集中发展到最大限度时,伟大的社会变革才会发生,这是一个历史的规律"。③ 金融资本不仅在组织上为社会主义准备了条件,而且在政治上,也使得资本主义向社会主义的过渡变得更容易。"一旦金融资本将最重要的社会生产行业控制在它的手里,社会就只要通过自觉的执行机关——由工人阶级夺取的国家——来掌握金融资本,就足以立即获得它对最重要的生产行业的控制。"④ 另外,在发达的帝国主义国家之间以及帝国主义与被压迫民族之间也都存在斗争,有爆发战争的风险和革命的趋势。希法亭说道:"对外扩张政策的要求改变了资产阶级的世界观,它不再是热爱和平和人道主义的了""法律体系的滞后成为一种障碍,金融资本急切地要求扫除这种障碍,即使以暴力手段也在所不惜。这就加剧了发达资本主义国家同落后国家之间的尖

---

① [德]希法亭:《金融资本》,李琼译,华夏出版社 2013 年版,第 1 页。
② [德]希法亭:《金融资本》,李琼译,华夏出版社 2013 年版,第 418 页。
③ [德]希法亭:《金融资本》,李琼译,华夏出版社 2013 年版,第 422 页。
④ [德]希法亭:《金融资本》,李琼译,华夏出版社 2013 年版,第 419—420 页。

锐斗争——资本主义国家试图将适合资本主义的法律制度强加于落后国家,而不顾当地现有体系是否被保留或被破坏。同时,对于新市场的竞争也使得发达国家之间的争夺日益激化。而在新市场上,资本主义制度的引入激起了当地民族意识已经觉醒的居民的越来越强烈的抵抗,使外国资本处境颇为危险。旧的社会关系完全被颠覆了,'没有历史的国家'和土地的古老联系被切断了,一切都被卷入了资本主义的洪流之中"。① 总之,希法亭认为,金融资本是资本主义经济发展的最高阶段,同时,也是金融寡头独裁统治的最高阶段。金融资本时代的到来还使得一国金融寡头与其他国家的资本家的矛盾不断深化,使得资本的国际统治和广大人民的矛盾加深,金融资本的剥削会导致对它的反抗和斗争,这些反抗和斗争最终将把资本寡头的独裁统治转化为无产阶级专政。"资产阶级本身的行为就像帝国主义政策所表现出来的那样,必然给无产阶级指明了其独立的阶级政策的道路,它将以最终战胜资本主义而告终。"② 令人唏嘘的是,后来的希法亭背叛了自己的结论,认为资本和生产的集中、垄断组织的建立会减弱经济危机的作用,以至于后来发展成"有组织的"资本主义的谬论,沦为一个可悲的"机会主义的小资产阶级分子"。

希法亭《金融资本》一书的价值在于,它通过对20世纪初资本主义出现的各种新情况的分析和研究,得出了以下一些非常重要的结论:(1)金融资本的时代(即帝国主义)是资本主义发展的最新阶段。(2)金融资本是银行资本与工业资本的融合,金融寡头的统治是帝国主义的一个重要特征。(3)资本输出是帝国主义的重要政策,它将加剧各帝国主义之间以及它们与殖民地国家之间的矛盾和斗争。(4)金融资本为社会主义的到来准备了前提条件,金融资本的统治最终将被无产阶级专政所取代。这些观点后来基本被列宁所继承和发展。布鲁厄甚至因此称,希法亭是"经典马克思主义的帝国主义理论的真正创始人",③这当然是有点过誉了。

希法亭的理论缺陷是非常明显的,他从考察资本主义的流通领域入

---

① [德]希法亭:《金融资本》,李琼译,华夏出版社2013年版,第383、368页。
② [德]希法亭:《金融资本》,李琼译,华夏出版社2013年版,第420页。
③ [英]安东尼·布鲁厄:《马克思主义的帝国主义理论》,陆俊译,重庆出版社2003年版,第110页。

手研究帝国主义,这个错误的出发点就决定了他不能全面地看清帝国主义本质的经济特征。列宁在《关于帝国主义的笔记》中指出希法亭的四个缺点:"(1)关于货币的理论错误。(2)忽视(几乎)世界的瓜分。(3)忽视金融资本与寄生性的关系。(4)忽视帝国主义与机会主义的关系。"① 尤其是最后一条,机会主义对他的影响最终让他背离了马克思主义。有学者指出,希法亭的学说体系中所存在的缺陷和错误的根本原因在于,"他在理论上不能始终坚持马克思主义的观点,在认识论上不能坚持辩证唯物主义的立场观点方法,在政治上企图调和马克思主义和机会主义"。② 因此,希法亭没有也不可能提出科学的帝国主义理论。

---

① 《列宁全集》第54卷,人民出版社2017年版第202页。
② 蔡中兴:《帝国主义理论发展史》,上海人民出版社1987年版,第204页。

第四章　卢森堡的"积累规律论"

罗莎·卢森堡（Rosa Luxemburg）是第二国际中著名的马克思主义理论家和革命家。卢森堡是一个矛盾体，在她身上既犯有巨大的错误，又有巨大的荣光。不管是在她生前还是死后，对她的各种争议都颇多。这很大一部分是源于她对马克思一些理论观点的批评而引起的包括列宁、斯大林及第二国际理论家们对她的反批评，以及在苏共二十大以后，尤其是苏东解体之后学术界对她的理论反思。然而，正如列宁在1922年2月《政治家的短评》一文中所说，"虽然她犯了这些错误，但她始终是一只鹰"。[①] 她对马克思主义的信仰、对共产主义的真诚，从来没有人怀疑过。

卢森堡的理论代表作品主要包括：《社会改良还是革命？》《马克思主义的停滞和进步》《俄国社会民主党的组织问题》《群众罢工、党和工会》《我们想要什么？》《疲劳还是斗争？》《资本积累论》《社会民主党少数派的政策》《尤尼乌斯小册子》（即《社会民主党的危机》）《论俄国革命》《斯巴达克联盟想要什么？》等。其中，《社会改良还是革命？》《资本积累论》《尤尼乌斯小册子》等著作中包含了很多她对帝国主义的看法和观点。蔡中兴曾总结说，卢森堡对帝国主义的基本看法主要涉及以下三个方面：第一，帝国主义的经济根源。第二，帝国主义大国的争夺及其有关问题。第三，帝国主义时期被压迫民族的问题。[②] 除了这三个方面以外，笔者以为，卢森堡对帝国主义理论的重要贡献还包括她对帝国主义历史阶段的看法及其所开创的"罗莎·卢森堡范式"的帝国主义研究方法。以下就分别从这五个方面做具体的考察和分析。

---

① 《列宁选集》第4卷，人民出版社1972年版，第600页。
② 蔡中兴：《帝国主义理论发展史》，人民出版社1987年版，第347页。

第一节　帝国主义：政策还是阶段？

研究卢森堡对帝国主义的理论分析,最重要的一个问题是,"她究竟把怎样的帝国主义视为一种特殊的政策或方法,还是看作资本主义发展的一个特殊阶段"①。对此有几种不同的观点,一些传统研究者认为卢森堡只把帝国主义视为某种特殊的方法或政策表现。理由是卢森堡在《资本积累论》的序言中曾有过"帝国主义政策"的说法,她在文中给"帝国主义"下的定义是这样的:"帝国主义是一个政治名词,用来表达在争夺尚未被侵占的非资本主义环境的竞争中所进行的资本积累。"②另外一种观点是,卢森堡认为帝国主义是一个时代,是一个历史阶段。因为她曾多次提到"在帝国主义时代""帝国主义阶段"。蔡中兴从《列宁全集》中对1915年《不来梅市民报》的引述中考证说,卢森堡与把帝国主义视为只是一种扩张形式的考茨基主义者不同,她认为帝国主义是资本主义发展的一个特定的历史阶段。卢森堡有时用类似"帝国主义政策"的说法这是事实,但在笔者看来,这不等于说她认为帝国主义只是一个政治概念。因为帝国主义确实既包含了政治含义、经济含义,又包含社会历史含义。古代的帝国、帝国主义更多的是强调政治概念,是一种对他国的霸权性存在,现代的帝国主义则主要指资本帝国主义,更多地偏重于经济概念。而且,马克思一再强调,经济决定政治,政治制度总是建立在经济基础之上的,并因此而开创了对资本主义的政治经济学批判方法。后来的马克思主义者基本也都继承了这一批判方法。卢森堡作为第二国际马克思主义者的杰出代表,基本坚持了马克思主义的基本立场、观点和方法。她对帝国主义的分析就是从揭示帝国主义的经济根源开始的,通过对资本积累的实现的考察(当然是错误的),指出了帝国主义是资本主义发展

---

① 蔡中兴:正确评价罗莎·卢森堡对帝国主义的理论分析,《马克思主义研究》1985年第2期。
② 《资本积累论》序言中的原话是:"想在具体事情下,说明资本主义生产的总过程,以及分析它的客观历史限界,我感到没有什么把握。等到进行了精密的考察之后,我就抱着这样一种见解:即此处不仅存在着说明的问题,而且还存在着理论上牵涉马克思《资本论》第二卷的内容,以及有关现今帝国主义政策的实际和它的经济根源的问题。"参见[德]罗莎·卢森堡:《资本积累论》,彭尘舜、吴纪先译,生活·读书·新知三联书店1959年版,第359页。

到某个阶段的不可避免的"固有现象"。

第二节　帝国主义的经济根源

卢森堡把帝国主义视为资本主义特定阶段是与她的经济理论分析紧密相关的。她根据资本主义积累所处的环境,把资本主义的产生历史区分为三个阶段:"资本对自然经济的斗争,资本对商品经济的斗争,资本在世界舞台上为争夺现存的积累条件而斗争。"[①]帝国主义阶段是资本的世界竞争阶段,是资本主义发展的最后阶段。卢森堡说,现代帝国主义并不是资本扩张的序幕,相反,它是资本扩张历史进程中的"最后篇章",是"资本主义国家之间为攫取地球上最后剩下来的非资本主义地区进行的世界性竞争普遍激化的时期"[②]。卢森堡认为,资本积累的实现是帝国主义产生的经济根源。卢森堡在《资本积累论》中批判了马克思的扩大再生产图式,提出了自己的资本积累理论。她在文中说,马克思的扩大再生产图式不能说明资本积累如何进行,以及它在历史上如何完成,其原因在于"图式的前提本身":马克思试图在资本家和工人作为社会消费的唯一代表者的前提下去说明资本积累过程,但实际上,剩余价值的实现还需要"第三者"。卢森堡认为剩余价值是由"属于非资本主义生产方式的社会阶层或社会结构"来实现的。由此可见,卢森堡的主要错误在于,她背离了马克思的社会资本再生产理论,脱离了对生产领域的研究,而只是关注于流通领域。事实上,剩余价值就是在扩大再生产的过程中实现的。按照卢森堡的分析,"帝国主义只是大国为了实现剩余价值而争夺殖民地,但是这不是帝国主义本质的意义,因为在垄断前的资本主义也是可以同样存在的"[③]。卢森堡以她的资本积累理论来分析帝国主义比希法亭,甚至比霍布森都更后退了,那两位至少看到了垄断组织或资本输出的重要意义。卢森堡虽然在《社会改良还是社会革

[①]　[德]罗莎·卢森堡:《资本积累论》,彭尘舜、吴纪先译,生活·读书·新知三联书店1959年版,第291页。
[②]　[德]罗莎·卢森堡、[苏]布哈林:《帝国主义与资本积累》,柴金如、梁丙添、戴永保译,人民出版社1982年版,第160页。
[③]　蔡中兴:《帝国主义理论发展史》,上海人民出版社1987年版,第350页。

命?》中也指出了垄断组织使资本主义矛盾更加暴露并加速了它的崩溃，但她对资本主义垄断的研究就止步于此了。她没有对资本主义的垄断及其对资本主义制度产生的影响，以及帝国主义时代出现的各种新特征做更深入的研究，所以，她无法正确揭示帝国主义的本质。

第三节 帝国主义的扩张

由前文分析可以看出，卢森堡实际上通过对剩余价值以及资本积累的实现条件的探讨，最后认定，"资本主义历史地生育并发达于非资本主义的社会环境之中"①。正如陈其人在《帝国主义经济与政治概论》一书中讲到，"卢森堡根据其资本积累理论，提出国内市场和国外市场这对新的经济范畴，或者说，对这对范畴予以新的含义。……她认为国外市场，从而国际贸易是资本主义经济存在的必要条件。根据我们的分析，这种看法当然是错误的。但是将它用到垄断资本主义的分析上却是正确的。因为垄断资本主义赖以存在的垄断利润是来自非垄断资本主义经济的"②。卢森堡始终认为资本主义与生俱来就具有扩张性，发展到帝国主义阶段时更是肆无忌惮地进行全球掠夺。"资本——不得不把各种生产力用于剥削的目的——掠夺了整个世界，它从地球的每个角落、从各种程度的文明和从所有形态的社会中取得它的生产资料，如果必要，用武力夺取它们。"③资本主义的贪婪性、寄生性、腐朽性充分地暴露出来了，所以说，帝国主义是资本主义的最后阶段。

卢森堡对帝国主义理论的贡献还在于，她正确地指出了帝国主义时代战争的不可避免性，并对军国主义和军备竞赛同帝国主义的关系做了具体分析。她分析了资产阶级推行军国主义政策的原因，指明在帝国主义时代，军国主义是其不可或缺的东西，原因有三："第一，它是个斗争手段，用来维护竞争者的'民族'利益反对其他民族集团。第二，它是最重

---

① [德]罗莎·卢森堡：《资本积累论》，彭尘舜、吴纪先译，生活·读书·新知三联书店1959年版，第290页。
② 陈其人：《帝国主义经济与政治概论》，复旦大学出版社2013年版，第277—278页。
③ [德]罗莎·卢森堡：《资本积累论》，彭尘舜、吴纪先译，生活·读书·新知三联书店1959年版，第358页。

要的投资形式,无论对金融资本或工业资本来说都是如此。第三,它是国内阶级统治的工具,用来反对劳动人民。"① 所以,当第一次世界大战爆发时,她在《尤尼乌斯小册子》中立即揭穿指出,所谓的德国防御战争实际是帝国主义的侵略战争,对于"那些关于这次战争具有民族解放性质的奇谈怪论"予以了驳斥。列宁对此予以了充分肯定,他说:"尤尼乌斯强调'帝国主义环境'在这次战争中有决定性的影响……这样说是完全正确的。就这次战争来说,这是不容争辩的。既然尤尼乌斯在这里特别强调指出:在他看来,最重要的是同'目前支配着社会民主党政策的民族战争的幽灵'进行斗争,那就不能不认为他的论断既是正确的,又是完全恰当的。"②

卢森堡指出了帝国主义列强为实现资本积累对非资本主义领域的争夺,同时也讲到了资本落后国家进行工业化及资本主义解放的问题,即被压迫民族的问题。卢森堡认为,外国资本的入侵对于落后国家资本主义的发展在某种程度上具有一定的促进作用,但是,它对那里的劳动人民来说是一种灾难。因为帝国主义资本输出的目的并非要把它们变成独立的资本主义国家,而是掠夺廉价的劳动力和原料,开拓市场,实现剩余价值。必须指出的是,卢森堡因为过于注重从资本积累角度考察资本主义与非资本主义之间的关系,而忽视了殖民地附属国人民反对帝国主义的斗争所具有的重要意义,甚至提出了一些关于民族问题的错误观点:一是对资本主义只做片面的经济分析,否认被压迫民族实现民族自决和民族独立的可能性;二是否认在当时欧洲条件下民族运动的进步性(卢森堡指责东欧国家的民族运动具有"小资产阶级"的性质)。对于这些错误观点,列宁在《论民族自决权》和《论尤尼乌斯的小册子》等文章中进行了深刻的批判。③

---

① [德]罗莎·卢森堡:《社会改良还是社会革命?》,徐坚译,生活·读书·新知三联书店1958年版,第24—25页。
② 《列宁选集》第2卷,人民出版社1972年版,第849页。
③ 关于列宁与卢森堡在民族问题上的分歧和争论,可以参见刘祖熙:《略论卢森堡和列宁在民族问题上的争论》,《教学与研究》1984年第3期。

第四节　卢森堡的帝国主义研究方法

通过前文分析我们发现，卢森堡对帝国主义的分析既有一定的合理之处，也存在很多错误。很多人认为卢森堡犯错的原因在于其研究方法有问题。比如，古·埃克什坦认为，卢森堡对马克思扩大再生产理论及图式的责难，是建立在她对马克思的科学抽象法的错误理解之上的。布哈林认为，卢森堡的错误根源在于她不懂得社会矛盾的辩证法，她不懂得从社会整体以及社会运动规律的辩证性上，去理解和把握资本主义的发展。卢森堡在批评马克思的扩大再生产理论时确实犯有他们所指出的方法论上的错误，她的民族理论也没有彻底摆脱机会主义、修正主义思潮的影响。但是，如前文所述，卢森堡总的说来坚持了马克思主义的基本立场和方法，而且努力想对马克思主义的理论做进一步的阐释和发展。卢森堡在《马克思主义的停滞和进步》一文中指出，有两种错误地对待马克思主义的态度：一种是"拼命设法完全摆脱马克思思想方法"，另一种是为了与马克思主义保持一致而"小心翼翼唯恐偏离马克思思想方法"。这两种极端都是有害的。①

卢森堡对马克思主义的帝国主义研究方法的继承和发展表现在以下几点：首先，卢森堡从政治经学批判入手，从考察剩余价值和资本积累的实现去揭示帝国主义的经济根源，只不过她最后误入了歧途。其次，卢森堡站在历史辩证法的高度揭示了帝国主义的历史必然性。② 当然，她对帝国主义历史地位的分析仍然是建立在她的错误的资本积累理论基础上的。最后，也是最重要的是，卢森堡继承并发展了马克思的一种隐蔽的空间辩证思维，有学者称之为"罗莎·卢森堡范式"的帝国主义研究方法。他们认为"罗莎·卢森堡范式"的帝国主义研究具有"深刻的空

---

① 《卢森堡文选》上卷，人民出版社1984年版，第472页。
② 因为受卢卡奇在《历史与阶级意识》一书中的说法的影响，国内很多学者把卢森堡的这种历史辩证法称为"总体性"方法，参见以下博士论文，如张小红：《罗莎·卢森堡总体性方法研究》，华东师范大学，2011年；范冉冉：《罗莎·卢森堡总体性视域下的社会主义思想研究》，南开大学，2012年；李轶：《罗莎·卢森堡资本积累理论及其当代意义研究》，武汉大学，2013年；付明：《第二国际理论家帝国主义理论研究》，黑龙江大学，2014年。

第四章 卢森堡的"积累规律论"

间意蕴",它"揭示了资本主义社会的空间扩张性、空间依赖性与空间矛盾性,因而对后来的空间批判理论具有典范性意义"。① 南开大学范冉冉的博士论文中也写道:"卢森堡在考察世界历史时,不再局限于马克思世界历史理论中的时间概念,而是引入了空间向度,把世界历史看作一个结构性整体,认为其发展就是资本主义与非资本主义之间非线性相互作用的结果。"② 应该说,卢森堡的这种空间思想不仅可能启发了列宁,而且对后来弗兰克和阿明的依附论以及沃勒斯坦的世界体系理论的形成产生了重大而深远的影响。约翰·威洛拜说:"毫无疑问,在主要的马克思主义者中,卢森堡是第一位以一定的准确性描写了这样的事情,即安德烈·昆德尔·弗朗克称之为'欠发达的发展'的事情。"③ 卢森堡所开创的这一帝国主义研究范式在列宁那里将得到进一步阐发,此处也暂且不表了。

总之,无论卢森堡的资本积累理论或民族理论存在怎样的瑕疵,她总归是站在无产阶级的立场,用马克思主义的基本观点和方法去观察和分析帝国主义的新情况、新特点,在这一点上,不能把她跟其他机会主义者、改良主义者混为一谈。用列宁的评价来说:"鹰有时比鸡还飞得低,但鸡永远不能飞得像鹰那样高。"④ 卢森堡对帝国主义的分析有不当之处,但也有独到的理论价值,尤其是她正确理解了马克思主义的精髓,她对伯恩施坦修正主义的批判,对改良与革命、民主与专政等问题的分析都是运用马克思主义辩证法的精彩范例。

---

① 张梧:《罗莎·卢森堡范式:从帝国主义到全球化》,《北京大学学报》(哲学社会科学版)2020年第2期。
② 范冉冉:《罗莎·卢森堡总体性视域下的社会主义思想研究》,南开大学 2012 年博士论文。
③ [美]罗纳德·H.奇尔科特:《批判的范式:帝国主义政治经济学》,施杨译,北京:社科文献出版社 2001 年,第 151 页。
④ 《列宁选集》第 4 卷,人民出版社 1972 年版,第 600 页。

第五章 考茨基的"超帝国主义论"

卡尔·考茨基(Karl Kautsky)是德国社会民主党和第二国际的领导人之一,著名的社会民主主义活动家。在马克思主义发展史上,考茨基算得上是一个重要人物,他以《剩余价值学说史》为书名编辑出版了马克思《资本论》第四卷的手稿。在第一次世界大战之前,考茨基是一名"正统马克思主义者",在与伯恩施坦修正主义的斗争中发挥了重要作用。1914年"一战"爆发,他打着"中派"旗号在德国军事预算的国会表决中投弃权票,但实际上与右派勾结,支持帝国主义战争,号召广大党员与工人群众同政府合作,为"保卫祖国"去屠杀其他国家的阶级兄弟,可耻地背叛了无产阶级的革命事业。也就是在这一时期,他先后发表了《帝国主义》《民族国家、帝国主义国家和国家联盟》《两本论述重新学习的书》《再论我们的幻想》《帝国主义战争》等一系列关于帝国主义的论著,提出了具有明显的机会主义性质的"超帝国主义"理论。列宁指出,考茨基主义打着"正统马克思主义"的旗号,是一种最精密最巧妙地以"科学性"伪装起来的修正主义,具有很大的欺骗性,因而比公开的机会主义更加有害。因为他会利用马克思主义的词句替机会主义辩护,用诡辩来证明革命行动的不合时宜等等,列宁斥责他为第二国际的"头号伪君子"和"糟蹋马克思主义的能手"①。列宁在与第二国际机会主义的斗争中,批判的主要锋芒就是针对考茨基为代表的"中派"。他说:"'中派分子'宣传'统一'和'保卫祖国',力求达成妥协,拼命用种种言论来掩饰最深刻的分歧,这给工人运动造成极大的危害,因为这会延缓社会沙文主义者道义威望的彻底破产,因而也就会保持社会沙文主义者对群众的影响,使第二国际

---

① 《列宁选集》第 2 卷,人民出版社 1972 年版,第 663 页。

机会主义者的僵尸复活。根据这一切理由,我认为反对考茨基和'中派'其他代表人物的斗争,是我的社会主义天职。"①列宁的帝国主义理论也主要是以考茨基的理论为批判的靶子展开论述的。所以说,考茨基关于帝国主义的论述和伯恩施坦的帝国主义谬论一起以一种反面的形式推进了列宁科学帝国主义理论的形成。

第一节 帝国主义的起源及定义

考茨基把帝国主义产生的原因归结为工业地区与农业地区的矛盾,认为帝国主义是工业资本主义的产物。帝国主义就是"征服和兼并越来越大的农业地区,不管其中居住着哪些民族",对帝国主义而言,具有决定意义的是"工业地区与农业地区之间的矛盾"。② 以工业与农业的矛盾来解释帝国主义的产生显然是错误的。二者之间确实存在矛盾,但它们的矛盾并不造成帝国主义的垄断。帝国主义即垄断资本主义的形成是资本家为追逐更多剩余价值使得生产和资本不断集中的结果,是由资本主义社会的基本矛盾所决定的。考茨基恰恰回避了这一点。列宁曾批评考茨基,说他的理论和马克思主义"毫无共同之点",他不是暴露矛盾,而是"回避现有的矛盾、忘掉其中最重要的矛盾"③。尽管考茨基打着反对帝国主义的旗号,但他反对的仅仅是一种作为"特殊类型的资本主义政策",他认为帝国主义并不是一个经济阶段,而是"在其中占统治地位的资本家阶层的政策"④。考茨基把帝国主义的具体政策与其经济基础割裂开来,把帝国主义看成一种偶然现象、一种金融资本偏爱的政策,这就否定了帝国主义历史时代的到来。

在考茨基的著作中,他的帝国主义概念是混乱不清的,有时候帝国主义是指一种特殊方法,有时候是一种特殊意图,有时候是一种特殊政策。在1912年的《再论裁军》中,考茨基认为帝国主义只是贯彻资本扩展

---

① 《列宁全集》第28卷,人民出版社2017年版,第309页。
② [德]卡尔·考茨基:《帝国主义》,史集译,生活·读书·新知三联书店1964年版,第11页。
③ 《列宁选集》第2卷,人民出版社1972年版,第812页。
④ 《机会主义、修正主义资料选编》编译组:《第二国际修正主义者关于帝国主义的谬论》,生活·读书·新知三联书店1976年版,第107页。

意图的一种特殊方法,即"暴力的方法"①。在1914年的《帝国主义》中,他换了一种说法,认为帝国主义只是指一种特殊的政治意图,他说:"英国人把帝国主义一方面理解为把巨大殖民国家的所有部分同宗主国合并成一个统一国家的意图,另一方面理解为越来越扩大这个国家的意图。在'大不列颠'以外的其他国家中,所谓帝国主义实际上只是指后一种意图。"及至1915年《两本用于重新学习的书》中,他又提出:"帝国主义是一种特殊类型的资本主义政策。"②在考茨基那里,不管帝国主义是一种特殊方法,还是特殊意图或政策,总的说来,他从来没有把帝国主义看成资本主义的一个特殊历史阶段,而这恰恰是帝国主义理论的一个根本问题。无法认清这一点,无产阶级政党就不能根据时代的特点制定相应的革命政策和策略。

根据考茨基对帝国主义产生根源的分析,一般地认为,他对帝国主义的定义是在《帝国主义》里写的这句话:"帝国主义就是每个工业资本主义民族力图征服和吞并愈来愈多的农业区域。"③列宁对于考茨基的这个定义评判说:"这个定义是根本要不得的,因为它片面地,也就是任意地单单强调了一个民族问题,任意地和错误地把这个问题单单同兼并其他民族的那些国家的工业资本联系起来,又同样任意地和错误地提出了对农业区域的兼并。"④也就是说,列宁认为考茨基的定义至少存在三处缺陷:第一,他把帝国主义只归结为民族问题,而没有揭示帝国主义在政治上滥用暴力的反动性。第二,他只强调了工业资本的作用,但帝国主义的特点不是工业资本,而是金融资本。第三,他错误地认为帝国主义只是工业资本对农业的兼并。但实际上帝国主义兼并的不仅仅是农业地区,帝国主义会把手伸向任何一块土地,它要瓜分占领全世界。而且它们争夺领土不只是直接为了自己,还在于为了削弱和摧毁敌方的霸权。所以它要力图兼并的是包括工业发达的任何一个区域。

---

① 考茨基写道:"帝国主义并不等于资本的自然必然的扩展意图、开辟新的市场和投资可能性的意图,它只是贯彻这一意图的一种特殊方法,即暴力的方法。"参见《机会主义、修正主义资料选编》编译组:《第二国际修正主义者关于帝国主义的谬论》,生活·读书·新知三联书店1976年版,第66页。
② 《机会主义、修正主义资料选编》编译组:《第二国际修正主义者关于帝国主义的谬论》,生活·读书·新知三联书店1976年版,第107页。
③ [德]卡尔·考茨基:《帝国主义》,史集译,生活·读书·新知三联书店1964年版,第1—2页。
④ 《列宁选集》第2卷,人民出版社1972年版,第810页。

第二节　帝国主义的经济与政治

考茨基对帝国主义的经济和政治提出了一些批评,但这些批评很多都是错误的,或者只是避重就轻地停留在表面上的揭露,而实质上是企图掩盖帝国主义的主要矛盾,麻痹工人阶级的斗争意志,而寄希望于资产阶级的社会改良。在经济上,考茨基建议利用自由的市场贸易、签订共同的贸易协定、促进农业的发展等一些和平的方法来代替现行的帝国主义暴力政策。他说:"征服决不是尽可能地充分保证工业取得原料的途径。要做到这一点,只能通过极迅速地发展各农业国家的生产力,……向这些地区,而不是向本来的殖民地区输出资本、建造铁路和灌溉工程、促进更高度精耕细作的农业……最好的途径就是签订一种尽可能近似自由贸易的贸易协定。……这种贸易协定是促进经济发展的最好办法。同时也是实现和保障世界和平的最有效手段。"①当资本主义已经发展到垄断阶段,他还在幻想着历史能倒退回自由竞争的时代。

在政治上,考茨基对帝国主义的"兼并"和"军备竞赛"提出了批评,他主张"和平的民主",建议资产阶级裁减军备。因为"无论哪一个工业资本主义国家想要建立一个殖民帝国而使自己在获取原料方面不再依赖外国,都一定会使其他一切资本主义国家联合起来反对它,把它卷入长期的、消耗的战争中,不让它接近自己的目的。这个政策肯定会导致国家整个经济生活的破产"。② 在帝国主义战争已然爆发,资产阶级走向了全面反动的情况下,考茨基的这些"忠言"对垄断资本家显然是没有任何作用的,对无产阶级革命则是有害的。列宁批评考茨基一味维护"反动的理想",维护他所谓的"和平的民主",这是对马克思主义的背离,"因为这个理想在客观上是开倒车,是从垄断资本主义倒退到非垄断资本主义,是一种改良主义的骗局"。③ 考茨基是站在一种小资产阶级的立场劝

---

① 《机会主义、修正主义资料选编》编译组:《第二国际修正主义者关于帝国主义的谬论》,生活·读书·新知三联书店 1976 年版,第 97 页。
② 《机会主义、修正主义资料选编》编译组:《第二国际修正主义者关于帝国主义的谬论》,生活·读书·新知三联书店 1976 年版,第 96—97 页。
③ 《列宁选集》第 2 卷,人民出版社 1972 年版,第 831 页。

告垄断资本家采取一些比较温和的政策来缓和阶级矛盾,就如同霍布森、阿加德、兰斯堡等人。考茨基甚至比他们更坏、更危险,因为那些人并没有冒充马克思主义者,而考茨基是一个"口头上的社会主义者,实际上的帝国主义者"。① 列宁说:"考茨基的社会沙文主义谎言说得最漂亮,因而对无产阶级也最危险。"②

第三节　帝国主义的战争与未来发展趋势

　　考茨基在发表他的那些关于帝国主义的主要论调时,帝国主义的战争已经到来。在第二国际内部,围绕如何认识和看待这场战争展开了激烈争论。"左派"的马克思主义者反对战争,并提出要变帝国主义战争为民族解放战争。"右派"的机会主义者站到了资产阶级的一边,以"保卫祖国"为由支持帝国主义战争,把它说成民族的战争。考茨基作为"中派"从一开始签名《巴塞尔宣言》反对战争,到后来军事预算投弃权票,逐步滑向了"右派",向垄断资产阶级投降,成为"社会帝国主义"(即"口头上的社会主义实际上的帝国主义")的代表。对于帝国主义战争产生的原因,考茨基的看法是:"战争是军备竞赛的产物。"③后来他又补充说,帝国主义时代战争的根源可以分成三类:"一,民族主义。二,独裁统治。三,军备竞赛。"④显然,考茨基对帝国主义战争的分析只是停留在一种政治现象的表层上,把它看成帝国主义政治或政策的产物,他没有从帝国主义的社会经济基础,从帝国主义的矛盾去分析帝国主义战争产生的根源。因此,他只能把战争归因于一些具体的社会现象,不能从根本上正确揭示帝国主义是现代战争的根源。

　　关于帝国主义的未来发展,考茨基提出了一种"超帝国主义"的设想,宣称可能出现国际垄断资本联合的统一的国际卡特尔,卡特尔可以

---

① 《列宁全集》第 27 卷,人民出版社 2017 年版,第 421 页。
② 《列宁全集》第 20 卷,人民出版社 2017 年版,第 83 页。
③ [德]卡尔·考茨基:《民族国家、帝国主义国家和国家联盟》,何疆、王禹译,生活·读书·新知三联书店 1963 年版,第 68 页。
④ 《机会主义、修正主义资料选编》编译组:《第二国际修正主义者关于帝国主义的谬论》,生活·读书·新知三联书店 1976 年版,第 162 页。

消除资本主义的经济危机,使得资本主义的生存能力日益增强。因此,他规劝广大被压迫者放弃斗争,认为不用推翻资本家的统治也可以消灭帝国主义,让大家耐心等待一个在世界资产阶级广泛联合基础上形成的和平的资本联盟。考茨基认为,资本主义从纯粹经济的观点看,也有可能再经历一个新的阶段——"把卡特尔政策应用到对外政策上的超帝国主义的阶段"。① 在这个新阶段,资本主义国家将采取与现行帝国主义暴力政策相反的,一种以和平、民主的方式发展社会经济的政策,帝国主义列强之间将实现国际联合,它们不再互相斗争,共同剥削世界,这是一个永久和平的新纪元。考茨基就这样为资本主义编造了一个"超帝国主义"的虚假前途。这种论调具有很大的欺骗性,是一种"最精密最巧妙地以科学性和国际性伪装起来的社会沙文主义理论"②。列宁说,考茨基"超帝国主义"论的真实的社会意义"除了欺骗群众以外,没有任何别的东西"。③

总之,考茨基所编造的这一整套谬论完全是为了适应垄断资产阶级的需要,其实质是为帝国主义辩护。它歪曲时代性质,粉饰帝国主义基本矛盾,最终是为了取消无产阶级的革命和斗争,挽救资本主义必然灭亡的历史命运。与伯恩施坦修正主义的产生一样,考茨基主义的形成也是当时资本主义发展背景下的一种社会现象。列宁认为,考茨基主义是第二国际矛盾的社会产物,它不是一个偶然现象,"是口头上忠实于马克思主义而实际上屈服于机会主义的社会产物"。④ 如何看待帝国主义战争和殖民地民族解放运动问题、看待无产阶级革命和无产阶级专政问题、如何面对修正主义和机会主义的挑战等等,都是当时国际工人运动所面临的重要问题。列宁就是在这种情况下,光荣地承担起了创立科学帝国主义理论的历史任务。

---

① [德]卡尔·考茨基:《帝国主义》,史集译,生活·读书·新知三联书店1964年版,第17—18页。
② 《列宁选集》第2卷,人民出版社1972年版,第630页。
③ 列宁原话是:"他那个'理论'的客观的即真正的社会意义只有一个:就是拿资本主义制度下可能达到永久和平的希望,对群众进行最反动的安慰,其方法就是它使人们不去注意现代的尖锐矛盾和尖锐问题,而去注意某种所谓新的将来的'超帝国主义'的虚假前途。在考茨基的'马克思主义'理论里,除了欺骗群众以外,没有任何别的东西。"参见《列宁选集》第2卷,人民出版社1972年版,第836页。
④ 《列宁选集》第2卷,人民出版社1972年版,第680页。

第六章 布哈林的帝国主义论

尼古拉·伊万诺维奇·布哈林（Nikolai Ivanovich Bukharin）是联共（布）党和共产国际的领导人之一，被列宁称为"学识卓越的马克思主义经济学家"。他在斯大林时期被批为"右倾"，并以"叛国罪"被处死，1988年得以平反。布哈林在马克思主义的帝国主义理论发展史中占有重要地位，他甚至被西方一些学者如美国的西德尼·海特曼和斯蒂芬·科恩作为"马克思主义的帝国主义理论的创始人"来看待。郑异凡是我国最重要的布哈林研究学者，他认为，布哈林是最早研究帝国主义问题的布尔什维克经济学家。"列宁在帝国主义和国家问题的研究中吸收了布哈林的某些研究成果，并且在此基础上把研究深化，从而创造性地发展了马克思主义。"[①]布哈林的重要性在于他"上承希法亭，下启列宁"，是连接第二国际帝国主义理论与列宁帝国主义理论的中间环节。

布哈林关于帝国主义的理论研究主要集中在《食利者政治经济学》《世界经济和帝国主义》《帝国主义国家理论》《过渡时期的经济》《帝国主义与资本积累》等著作中。其中，列宁在《世界经济和帝国主义》一书出版之前就已经阅读过并为它写了序言。该书比列宁的《帝国主义论》早几个月写成，列宁的帝国主义研究应该从中吸收和参考了布哈林的很多重要观点。当然，作为与列宁同时代的人，布哈林也受到列宁思想的影响。《世界经济和帝国主义》在1917年出版时，布哈林重新补写的内容里就引用了列宁《帝国主义论》里的材料。所以说，他与列宁是相互影响的。布哈林的帝国主义理论还吸收和发展了包括希法亭、考茨基、卢森堡等重要帝国主义研究者的思想，从某种意义上，可以说布哈林是在列

[①] 郑异凡：《布哈林论》，中央编译出版社2006年版，第15页。

宁创立科学帝国主义理论之前的一位帝国主义理论集大成者。布哈林对帝国主义理论的主要贡献包括：第一，沿用并发展了希法亭金融资本的相关理论，把帝国主义看成金融资本主义的政策，看成一个特殊的历史范畴。第二，把对帝国主义的研究与对世界经济发展的考察结合起来，形成了世界经济体系思想。第三，注意到了资产阶级国家与金融资本的融合，提出了"国家资本主义托拉斯"理论。第四，探讨了帝国主义产生的必然性，批判了机会主义者库诺夫的帝国主义辩护理论和考茨基的"超帝国主义"论。

第一节 金融资本与世界经济体系

一、帝国主义产生的必然性

布哈林认为，帝国主义产生是资本主义商品生产发展的结果，有其必然性。他写道："金融资本主义时代是一个历史地限定的现象。当然，不能因此而认为，金融资本主义，好象古希腊戏剧中用机关送上舞台的神灵一样，是突然出现的事物。实际上，金融资本主义是工业资本主义时期的历史继续，就象工业资本主义是商业资本主义阶段的继续一样。"[①]但是，像库诺那样由帝国主义的必然性推导出帝国主义是不可克服的则是错误的。亨利希·库诺(Heinrich Cunow)是一个著名的社会帝国主义者，是德国社会民主党的"右派"。库诺宣称帝国主义是"前进了的、加强了的资本主义""既然帝国主义是'一种社会历史的必然性'，帝国主义就是无法'铲除'的，反对帝国主义的一切斗争都是'荒谬的'，就象手工工人同机器大工业斗争一样'愚蠢'"[②]布哈林反驳说："马克思主义者虽然原则上承认资本主义的存在是有条件的，但是同时也指出，如果不可能使社会发展脱离资本主义的轨道，那就需要认真考虑资本主义的发展前途，利用现时资本主义的相对的进步性，同阻碍社会进步的

---

① [苏]尼·布哈林：《世界经济和帝国主义》，蒯兆德译，中国社会科学出版社 1983 年版，第 89 页。
② 《机会主义、修正主义资料选编》编译组：《第二国际修正主义者关于帝国主义的谬论》，生活·读书·新知三联书店 1976 年版，第 303 页。

第六章　布哈林的帝国主义论

封建主义残余做斗争，以便组织各种力量，在将来有效地战胜资本主义。""如果我们现在探讨帝国主义的必然性（战胜帝国主义的不可能）这个问题，我们立即会认识到，在这种意义上来谈帝国主义的必然性是毫无理由的。相反，帝国主义是金融资本主义，即生产组织已经相当成熟的高度发达的资本主义的政策。换言之，帝国主义政策存在的本身，就证明了一个新的社会经济形态的客观条件已经成熟。因而，所有关于以帝国主义的'必然性'作为行动界限的争论，都是从自由主义或半帝国主义出发的。资本主义与帝国主义今后的存在问题，不过是相互斗争的各阶级力量的对比问题而已。"①承认帝国主义的必然性，其存在的暂时的合理性，并不等于肯定资本主义存在的永久性，并不是说帝国主义是无法战胜的，相反，这不过只是因为无产阶级和资产阶级力量的对比发展存在一个时间上的问题而已，随着无产阶级力量的逐步壮大、工人运动的逐渐成熟和发展，社会主义必然代替资本主义。说到底，帝国主义只是一个特定的历史范畴。

布哈林说，考茨基的"超帝国主义论"是另外一种机会主义危险的偏向。考茨基本人是反对库诺为帝国主义辩护的，但考茨基否定帝国主义的必然性，他要求以和平政策代替帝国主义的暴力方法。考茨基断言，在资本主义的结构内可以做自我调整，从而克服帝国主义。布哈林讽刺考茨基的"超帝国主义论"就是"牧歌式的图画"，"这种牧歌式的图景显然是改良主义的空想"②。布哈林说，考茨基的"超帝国主义"幻想在理论上好像有点道理，但在现实中资本家同盟的联合是不能实现的，因为各国资产阶级决不会像诚实的和平主义者那样天真地放弃自己的利益。考茨基跟当年马克思所批判的蒲鲁东一样，单纯地以为去掉帝国主义这个资本主义发展中的"黑暗面"，保存资本主义的"光明面"，资本主义就变成一个和平的美丽新世界了。布哈林一针见血地指出："他的思想，是要掩盖把现代社会扯成粉碎的那些巨大的矛盾，因而这是一种修正主义

---

① ［苏］尼·布哈林：《世界经济和帝国主义》，蒯兆德译，中国社会科学出版社 1983 年版，第 104、105 页。
② ［苏］尼·布哈林：《世界经济和帝国主义》，蒯兆德译，中国社会科学出版社 1983 年版，第 106 页。

思想。"① 布哈林说,修正主义的特点就是无视资本主义的矛盾,意识不到资本主义经济根本无法克服其内在的不适应性,只有以彻底消灭资本主义生产关系的社会主义,才能最终解决社会化大生产与生产资料私人占有之间的矛盾。

二、帝国主义是金融资本的政策

与希法亭一样,布哈林认为帝国主义是金融资本的政策,是一个特殊的历史范畴。受希法亭金融资本理论的影响,布哈林认为,帝国主义的产生与垄断组织的发展和金融资本的发展密不可分。金融资本为了获取更高的利润率,总是力图拓展自己的地盘和采取关税保护的政策,经济领土的扩张和政府的关税政策都有助于垄断组织提高利润率,"金融资本的这种政策就是帝国主义"。② 这个定义揭示了帝国主义金融资本的政策职能:"它支撑金融资本的结构,它使全世界服从于金融资本的统治。它以金融资本的生产关系代替古代的前资本主义生产关系和旧的资本主义的生产关系。正象金融资本主义是一个历史上限定的时期,即仅限于近几十年一样,作为金融资本的政策的帝国主义也是一个特定的历史范畴。"③ 显然,布哈林在确认帝国主义是金融资本的政策的同时,更是确认了帝国主义是资本主义的一个特定历史范畴,即资本主义的特殊时期、特殊阶段。也正因此,列宁在为《世界经济和帝国主义》写的序言中对该书做出了高度评价。列宁指出,布哈林这本书的科学意义在于:"他考察了世界经济中有关帝国主义的基本事实,他把帝国主义看成一个整体,看成极其发达的资本主义的一定的发展阶段。"④

三、帝国主义的世界经济体系

布哈林对帝国主义理论的一个重要贡献在于,他把对帝国主义的研

---

① [苏]尼·布哈林:《世界经济和帝国主义》,蒯兆德译,中国社会科学出版社1983年版,第113页。
② [苏]尼·布哈林:《世界经济和帝国主义》,蒯兆德译,中国社会科学出版社1983年版,第80—81页。
③ [苏]尼·布哈林:《世界经济和帝国主义》,蒯兆德译,中国社会科学出版社1983年版,第88页。
④ [苏]尼·布哈林:《世界经济和帝国主义》,蒯兆德译,中国社会科学出版社1983年版,第Ⅱ页。

第六章　布哈林的帝国主义论

究与对世界经济发展的考察结合起来,形成了世界经济体系思想。前文讲到,卢森堡从资本积累角度考察了资本主义与非资本主义之间的关系,体现了她的一种隐秘的空间思维。布哈林的《世界经济和帝国主义》将这种思维方式进一步发扬光大,提出了"帝国主义是一个世界经济问题"的论断。① 布哈林认为,世界经济形成的原因首先在于国际分工。"国际分工有两种前提:一种是由于各'生产机体'生存的自然环境不同所决定的自然前提,另一种是由于各国文化程度不同、经济结构不同与生产力发展水平不同所决定的社会前提"。② 在人类社会发展中,后者的作用越来越重要,随着社会生产力在各地的不平衡发展,出现了各种不同的经济类型和生产部门,国际分工的范围日益扩大,形成了"工业国"和"农业国"两种不同类型的国家。"工业国"输入农产品并输出制成品,"农业国"输出农产品并输入工业品,这是城乡分工在全世界范围内的表现。布哈林说,以前的城乡的分离只局限于一国范围内,而现在则在规模大得多的基础上再表现出来:整个国家变成了"城市",而整个农业地区变成了"乡村"。国际分工与整个社会生产中工业与农业的分工是一致的。③ 显然,布哈林继承和发展了马克思分工理论,但同时,在布哈林那里似乎又可以看到考茨基"帝国主义就是工业资本对农业区域的兼并"思想的影子。下面这段话更是直接表明布哈林认同考茨基的工农业比例失调是造成帝国主义经济根源的说法:"制成品的生产过剩,同时也就是农产品的生产不足。农产品的生产不足在下述情况下对我们来说是重要的:工业方面的需求过度巨大,即有大量制造品不能换到农产品。这两个部门之间的比例关系被破坏了(而且程度愈加严重)。因此,不断增长的工业寻求农业的'经济补充'。在资本主义特别是在资本主义的垄断形式即金融资本的范围内,这一情况必然表现为以武力征服农业国

---

① 布哈林说:"研究帝国主义问题,研究帝国主义的经济特征及其未来,归根结底是要分析世界经济的发展趋势,分析世界经济内部结构可能发生的变化。"参见[苏]尼·布哈林:《世界经济和帝国主义》,蒯兆德译,中国社会科学出版社1983年版,第1—2页。
② [苏]尼·布哈林:《世界经济和帝国主义》,蒯兆德译,中国社会科学出版社1983年版,第2页。
③ [苏]尼·布哈林:《世界经济和帝国主义》,蒯兆德译,中国社会科学出版社1983年版,第4页。

家。"①布哈林进一步论述说,国际分工具体表现为国际交换,"世界分工和国际交换是世界市场和世界价格存在的前提",在市场交换关系背后隐藏着生产关系和阶级关系。他写道:"生产者在交换过程中相接触,他们之间发生的一切联系,都是以这些生产者的个别劳动已经成为社会整体的联合劳动的组成部分为前提的。因此,交换掩盖了生产,交换关系掩盖了生产关系。商品的相互关系掩盖了生产者的相互关系。"所以,布哈林给世界经济下的定义就是:"世界经济是全世界范围的生产关系和与之相适应的交换关系的体系。"②

在分析世界经济发展时,布哈林对国际垄断组织的发展进行了考察,指出了国际垄断组织与银行之间的密切关系,把希法亭的金融资本研究扩展到了国际领域。与当年马克思说资本如果有利可图就敢冒上绞刑架的危险一样,布哈林说,金融资本只要发现有充分的利润流出,它就涌上去填补一切真空,金融资本是无孔不入的,资本主义的发展过程就是金融资本国际化的过程。金融资本主义的这个发展过程具有双重作用:一方面是"资本巨头"的国际联合,另一方面,各帝国主义国家只体现本国金融资本家的利益,每个资本主义先进的"国民经济"都转变为某一类的"民族的"托拉斯。资本利益的民族化与世界经济无政府状态之间的矛盾在不断加深。说到底,帝国主义的产生是资本主义基本矛盾发展的必然结果,是资本主义国际竞争发展的必然结果。

第二节 国家资本主义托拉斯

布哈林注意到了资产阶级国家与金融资本的融合,提出了"国家资本主义托拉斯"理论。布哈林说:"各个生产部门,还以各种各样的方式,结成为一个集合体,大规模地组织起来了。这样,金融资本就把整个国家置于其铁钳的夹榨中。'国民经济'成为一个由金融资本集团与国家

---

① [苏]尼·布哈林:《世界经济和帝国主义》,蒯兆德译,中国社会科学出版社1983年版,第78—79页。
② [苏]尼·布哈林:《世界经济和帝国主义》,蒯兆德译,中国社会科学出版社1983年版,第6—8页。

第六章 布哈林的帝国主义论

合伙组成的巨大的联合托拉斯。这个组织,我们称为国家资本主义托拉斯。"①所谓的"国家资本主义托拉斯",实际上就是希法亭所说的"有组织的"资本主义。与希法亭不同的是,"布哈林对有组织资本主义的论述,其目的不是为资本主义辩护,而是想探讨和指出资本主义的发展趋势"。② 布哈林在分析国家资本主义托拉斯的形成时说道:"当竞争发展到最高阶段——国家资本主义托拉斯之间的竞争——的时候,利用国家政权以及与之有联系的各种可能,开始起很大的作用。国家机器从来就是统治掌握的工具,是他们在世界市场上的'捍卫者和保护者'。但是,它从来没有象在金融资本和帝国主义政策的时代具有这样重大的意义。随着国家资本主义托拉斯的形成,竞争几乎完全移向国外,所以很明显,在国外进行斗争的工具,其中首先是国家政权,必须大大加强。"③在帝国主义时代,各个国家资本主义托拉斯之间的竞争异常激烈,国家政权作为金融资本家的工具,为他们服务,这必然让他们加强军备,用以争夺和捍卫自己的利益。这样,金融资本的统治也就意味着军国主义,帝国主义战争是不可避免的。

总的来看,布哈林对帝国主义所做的分析具有非常重要的意义。列宁在序言中说:"布哈林这本书所论述的问题的重要性和迫切性,是用不着特别解释的。在研究现代资本主义形式变化的这一经济科学的领域中,帝国主义问题不但是最重要的问题之一,简直可以说是最重要的问题。任何一个不但关心经济而且关心现代社会生活各个方面的人,研究一下作者根据最近材料大量搜集来的有关事实,都是绝对必要的。"④布鲁厄认为,"布哈林论述帝国主义的著作的性质或重要性是难以表述的,因为他的独创性实质上并不在于提出了新的观念,而在于把现有的观念集中起来构造了一个连贯的和新颖的整体"。⑤ 当然必须指出的是,布哈

---

① [苏]尼·布哈林:《世界经济和帝国主义》,蒯兆德译,中国社会科学出版社 1983 年版,第 92 页。
② 郑异凡:《布哈林论》,中央编译出版社 2006 年版,第 39 页。
③ [苏]尼·布哈林:《世界经济和帝国主义》,蒯兆德译,中国社会科学出版社 1983 年版,第 96—97 页。
④ [苏]尼·布哈林:《世界经济和帝国主义》,蒯兆德译,中国社会科学出版社 1983 年版,第 Ⅰ 页。
⑤ [英]安东尼·布鲁厄:《马克思主义的帝国主义理论》,陆俊译,重庆出版社 2003 年版,第 113 页。

林的帝国主义理论也存在很多缺陷。这些缺陷主要表现在：一是他的帝国主义理论大多沿袭了希法亭的金融资本理论，甚至借鉴考茨基的工业资本兼并论，理论自身的创新性不够强。二是他所提出的"资本的民族化""国家资本主义托拉斯"等概念不够科学严谨，存在重大缺陷。三是他"不完全了解辩证法"，在理论上具有不彻底性，没有揭示帝国主义的本质特征，也不能揭示第二国际机会主义泛滥的根本原因。因此，列宁在1922年《给代表大会的信》中是这样评价他的："布哈林不仅是党的最宝贵的和最大的理论家，他也理所当然被认为是全党喜欢的人物，但是他的理论观点能不能说是完全马克思主义的，很值得怀疑，因为其中有某种烦琐哲学的东西（他从来没有学过辩证法，因而——我想——他从来没有完全理解辩证法）。"[1]

第三节　第二国际理论家帝国主义研究方法的缺陷

列宁的帝国主义理论主要是建立在霍布森及众多第二国际理论家们的研究基础之上的，他之所以能超越包括第二国际在内的所有理论家的最重要的原因，就在于他运用了唯物主义辩证法这个伟大工具，而第二国际帝国主义理论研究的一个主要缺陷就在于辩证法的空场。

1914年第一次世界大战爆发，第二国际内部对战争的看法不一。列宁在1914—1915年期间却把主要精力用于辩证法研究，尤其是黑格尔的辩证法研究，其重要原因是出于批判第二国际社会沙文主义者的需要。正如凯文·安德森引证斯塔西斯·科维拉克斯（Stathis Kouvelakis）的话所说，"对社会党人来说，最令人难以忍受的不是战争的恐惧……而是对当时的主义领导人背叛的恐惧，是对当时第二国际瓦解的恐惧。贬低或在一定程度上压制黑格尔和辩证法是第二国际的显著特征"。[2] 第二国际在帝国主义研究方法论上的错误总的来说主要表现为以实证主义、诡辩论和折中主义代替辩证法。

---

[1] 《列宁全集》第43卷，人民出版社2017年版，第343页。
[2] ［美］凯文·安德森：《列宁、黑格尔和西方马克思主义：一种批判性研究》，张传平译，南京大学出版社2012年版，中文版序言第7页。

第六章　布哈林的帝国主义论

其一,以实证的经验研究代替历史的辩证理解。19世纪末期,随着自然科学的发展,达尔文进化论的提出,加上资本主义世界出现的一系列新情况、新变化等原因,马克思主义的资本主义批判理论受到了来自资产阶级、小资产阶级甚至一些马克思主义理论者的质疑和挑战,实证主义、自然主义、科学主义、进化主义和新康德主义等思潮在第二国际内部逐渐蔓延开来,显现出把马克思主义庸俗化的倾向。他们在阐释马克思哲学的时候,由于对黑格尔辩证法的拒斥或不了解(除安东尼奥·拉布里奥拉以外,第二国际的理论家们基本都不是由黑格尔走向马克思的),所以他们无法理解马克思哲学变革的真正内涵。国内研究第二国际的重要学者姚顺良教授说,他们"不是简单地将马克思的'实践唯物主义'与旧唯物主义哲学混为一谈,就是将'历史唯物主义'片面地解释为'经济唯物主义',或者将马克思主义的'发展'概念曲解为拒斥'灾变'的'庸俗进化论'。"①比如,拉法格和库诺这两人就是把马克思主义解读成"经济决定论"的典型代表。拉法格甚至把他研究思想的起源和发展的一本著作命名为《卡尔·马克思的经济唯物主义》。他在书中把人的生活环境分成"自然环境"和"人为环境",一味强调环境对人类社会形成的重要性。②马克思所强调的人的实践性被他有意无意地给抹杀掉了,马克思辩证的历史发展观在他那里变成了僵死的"经济决定论"。库诺更是把马克思关于社会形态的演化的观点解释为"严格按规律进行的发展次序的思想"。在他看来,既然帝国主义是资本主义发展过程中的一个必然阶段,那么反对帝国主义的斗争就是毫无意义甚至是愚蠢的。就这样,库诺沦为了垄断资产阶级在工人运动中的代理人,成为一个赤裸裸的社会帝国主义者。列宁在《第二国际的破产》一文中揭示了库诺企图用诡辩来替自己转向资产阶级阵营的行为做辩护,他写道:"库诺断言,革命的希望已成幻想,而马克思主义者是不能死抱住幻想不放的。"③列宁对库诺的思想反驳说:"谁根据这些思想和论断就说预期的革命到来已成幻想,谁就暴露了他对待革命采取的不是马克思主义的态度,而是

---

① 张一兵主编:《资本主义理解史》(第2卷),江苏人民出版社2009年版,第183页。
② 拉法格写道:"人生活在双重的环境里:在宇宙的环境或自然的环境里和在经济的或他们自己所创造的人为的环境里。这两种环境的共同的作用和反作用决定人和人类社会的进化。"参见《拉法格文选》上卷,人民出版社1985年版,第168页。
③ 《列宁全集》第26卷,人民出版社2017年版,第229页。

司徒卢威主义的、警察加叛徒的态度。"①司徒卢威主义就是前文提到的"合法马克思主义",是一种"披着马克思主义外衣的资产阶级思潮"。姚顺良教授指出,第二国际的理论家们把马克思的经典资本主义批判理论转变成一种实证的经验科学,其实质是:"将马克思主义倡导的革命的、实践的批判精神钝化为一种非批判的实证主义,更确切一些说,堕落为一种资产阶级的意识形态。"②

其二,以诡辩论代替辩证法。列宁在创立帝国主义理论时,坚持用马克思主义唯物辩证法的观点和方法批驳资产阶级和各种机会主义者、修正主义者的诡辩论点。其中,他批判最多的诡辩论的第二国际的代表就是考茨基。列宁在《第二国际的破产》中着重批判了普列汉诺夫和考茨基为抹杀第一次世界大战的帝国主义性质而炮制的"祸首"论和"超帝国主义"论。列宁说,普列汉诺夫和考茨基所持的理论立场"是完全相同的",普列汉诺夫的理论是"拙劣的沙文主义",考茨基的是"比较精致的、心平气和的、动听的沙文主义"③。在他们那里,"辩证法变成了最卑鄙最下贱的诡辩术!"④考茨基是如何用诡辩术偷换辩证法的呢?第一,歪曲和片面地引用马克思和恩格斯的话作为自己的谬论的根据。考茨基称,马克思在1848年及其之后曾经号召人民去同俄国作战,恩格斯在1859年曾经点燃德国人对其压迫者拿破仑第三和俄国沙皇制度的民族仇恨,也就是说,马克思主义者应该号召各国人民进行这类战争。事实上,马克思和恩格斯当年所支持的战争是资产阶级反对封建专制制度的斗争,与第一次世界大战的帝国主义战争的性质截然不同。列宁说:"一切诡辩家向来都爱采取这样的手法。引用一些情况分明完全不同的例子作为论据。"⑤考茨基就是罔顾事实,歪曲地引用马克思、恩格斯的观点为社会沙文主义辩护。第二,以事物发展形式上的变化否认事物的实质和内容。资本主义发展到垄断阶段以后,各国最大的垄断同盟为了分割世界达成协议,形成了国际卡特尔。当时有一些资产阶级作家认为,国际卡特尔这样的垄断组织给人们带来了在资本主义制度下各民族之间实现

---

① 《列宁全集》第26卷,人民出版社2017年版,第230页。
② 张一兵主编:《资本主义理解史》(第2卷),江苏人民出版社2009年版,第191页。
③ 《列宁全集》第26卷,人民出版社2017年版,第236页。
④ 《列宁全集》第26卷,人民出版社2017年版,第252页。
⑤ 《列宁全集》第26卷,人民出版社2017年版,第237页。

第六章　布哈林的帝国主义论

和平的希望。考茨基也同意他们的看法,加入了他们的行列。考茨基用他"超帝国主义"的幻想安慰广大无产阶级,让他们放弃与资产阶级的斗争。列宁说:"这种意见在理论上是十分荒谬的,在实践上则是一种诡辩,是用欺骗的手段为最恶劣的机会主义辩护。"列宁指出,因为各种局部的和暂时的原因,斗争的形式完全可能发生变化,而且经常发生变化,但是,"只要阶级存在,斗争的实质,斗争的阶级内容,是始终不会改变的"。①考茨基拿资本家同盟互相斗争和订立契约的形式问题来偷换斗争和协议的问题,"就等于堕落成诡辩家"。②第三,以个别的事例代替全面、综合的分析。考茨基在 1915 年 2 月写《民族国家、帝国主义国家和国家联盟》时还断言这场战争"归根到底还是帝国主义性质的",但随后却动摇得"令人吃惊"。他以塞尔维亚反对奥地利的战争为例子,说这场战争具有民族的性质,因此,第一次世界大战不是"纯粹"帝国主义性质的战争。列宁斥责道:"这是糟蹋马克思主义的又一个范例。"③他说,马克思的辩证法不容许对事物做孤立的即片面的和歪曲的考察,"塞奥战争这一民族因素对这场欧洲大战是没有而且也不可能有任何重要意义的"。④列宁揭露考茨基说,他这样做的目的无非就是帮助帝国主义者欺骗人民。帝国主义往往以民族利益为由掩盖其赤裸裸的掠夺的目的,以这种方法去欺骗人民群众为国而战。考茨基这样的人也为他们辩护,说战争不是"纯粹"帝国主义性质,"这种人不是愚蠢透顶的学究,就是吹毛求疵者和骗子"。⑤黑格尔早就说过,人们完全可以替世上的一切找出"论据",但诡辩家往往只抓住"论据"之中的一个,然后以个别的事例代替综合的分析。"辩证法要求从发展中去全面研究某个社会现象,要求把外部的表面的东西归结于基本的动力,归结于生产力的发展和阶级斗争。"⑥正如蔡中兴先生所说,"一切机会主义者、修正主义者为了反对马克思主义,总是竭力反对革命的科学的辩证法。他们的特点是,常常用诡辩术来反对唯物辩证法,不是公开反对辩证法,而是在表面上承认它,

---

① 《列宁全集》第 27 卷,人民出版社 2017 年版,第 388 页。
② 《列宁全集》第 27 卷,人民出版社 2017 年版,第 388−389 页。
③ 《列宁全集》第 26 卷,人民出版社 2017 年版,第 251 页。
④ 《列宁全集》第 26 卷,人民出版社 2017 年版,第 252 页。
⑤ 《列宁全集》第 26 卷,人民出版社 2017 年版,第 253 页。
⑥ 《列宁全集》第 26 卷,人民出版社 2017 年版,第 234 页。

同时又用诡辩来阉割其革命内容。考茨基在帝国主义理论问题上就是用诡辩术偷换辩证法的一个突出的典型。"①

其三,以折中主义代替马克思主义辩证法。罗森塔尔主编的《哲学家列宁》一书中曾总结说,第二国际理论家们对马克思主义的理解的主要特点在于,"表面地折中主义地领会马克思主义,不把马克思主义理解为完整的理论体系而去接受它的个别结论。由于这样,就造成无论是对被抛弃的理论部分还是被接受的理论部分的虚伪解释或毫无认识"。②列宁在1921年《再论工会、目前局势及托洛茨基同志和布哈林同志的错误》一文中,针对布哈林用折中主义偷换马克思主义辩证法的做法进行了详细的分析和批判。他借用布哈林曾用过的一个比喻——"放在讲台上的玻璃杯是什么东西"——为例子,阐述了折中主义与辩证法的区别。布哈林在"玻璃杯是什么东西"问题上的看法是,它既是玻璃圆筒,又是炊具。这是折中主义的典型特征,"东抽一点,西抽一点',既是这个又是那个。布哈林的错误实质就是以折中主义代替辩证法。马克思主义的辩证法要求我们怎么看待事物呢? 第一,辩证法要求全面地看问题,"必须把握、研究它的一切方面、一切联系和'中介'"。③ 列宁说,每个事物都具有多种属性,认识事物必须坚持全面性的原则。谁都知道玻璃杯既是玻璃圆筒,又是饮具,但是,玻璃杯除了具有这两种属性以外,还有很多其他属性,如果只是拿两个或更多的不同的定义,把它们完全偶然地拼凑起来(既是玻璃圆筒,又是饮具),那么我们所得到的就仅仅是一个指出事物的各个方面的折中主义的定义。④ 第二,辩证法要求用运动、变化、发展的观点看问题。列宁说,玻璃杯的用途不仅仅只是一个炊具,它是可以变化的,是多种多样的:它还可以用来压纸,用来装捉到的蝴蝶,还可以作为艺术品来装饰房间等等。辩证法认为,事物都是发展变化的,它要求我们坚持以发展的眼光看问题,而折中主义习惯于用僵死、空洞的眼光看问题。第三,辩证法强调实践是检验真理的标准,强调实践对于认识的意义。列宁说,如果只想把玻璃杯当炊具用,管它是什么形状、什么材料做成的;如果只想把它当一个玻璃圆筒用,它就是杯底有

---

① 蔡中兴:《帝国主义理论发展史》,上海人民出版社1987年版,第324页。
② [苏]马·莫·罗森塔尔主编:《哲学家列宁》,沈真等译,北京出版社1985年版,第88页。
③ 《列宁选集》第4卷,人民出版社1972年版,第453页。
④ 《列宁选集》第4卷,人民出版社1972年版,第453页。

洞,甚至没底都一样可以用。认识事物时,应当是在人的主观的、能动的实践基础上去理解,不能仅仅停留于事物的客观表面现象。在给事物下定义的时候,也不能从人的个别实践出发,而是要依赖于人的全部实践,"必须把人的全部实践包括到事物的完满的'定义'中去",①只有这样,才能全面而深刻地认识事物。第四,辩证法要求我们对具体问题要进行具体分析。"没有抽象的真理,真理总是具体的。"②列宁举例说,托洛茨基曾经就经济还是政治哪个摆第一的问题对他进行指责。因为列宁讲过"要少搞一点政治,多搞一点经济",但是他在工会问题上却把政治放在第一位。列宁解释说,他在任何时候都是希望少搞些政治,多搞些经济,"但是不难理解,要实现这种愿望,就必须不发生政治上的危险和政治上的错误"。③ 也就是说,搞经济首先要有政治保障,在实践中,要根据具体情况确定先抓经济还是先抓政治。列宁指出,托洛茨基的错误在于片面、狂热、夸大、固执,托洛茨基的纲领是:"尽管玻璃杯没有底,但玻璃杯还是一种饮具。"④

　　布哈林的理论所犯的错误则在于用折中主义偷换辩证法。布哈林以其"玻璃杯"的比喻提出了理论的根源问题,"结果自己弄糊涂了,竟然发表了工团主义的言论",⑤"他对问题不作丝毫具体的研究,而纯粹搬弄一些抽象的概念,从季诺维也夫那里抽一点,从托洛茨基那里抽一点。这就是折中主义"。⑥ 总之,折中主义就是这样一种形而上学的思维方式:它将矛盾双方并列起来,或者把各种根本对立的观点和理论无原则地拼凑在一起,它表面上貌似公正、不偏不倚,实际上没有自己的独立见解和固定立场,常常以一种似是而非、模棱两可的东西来冒充和代替唯物辩证法。列宁说:"用折中主义代替辩证法,这就是目前在正式的社会民主党书刊中对马克思主义采取的最常见最普遍的现象。"⑦除了布哈林,第二国际中的卢森堡、希法亭、考茨基等人的帝国主义研究也都具有实证主义、折中主义的特点。列宁在 1913 年致《不来梅市民报》编辑部的

---

① 《列宁选集》第 4 卷,人民出版社 1972 年版,第 453 页。
② 《列宁选集》第 4 卷,人民出版社 1972 年版,第 453 页。
③ 《列宁选集》第 4 卷,人民出版社 1972 年版,第 444 页。
④ 《列宁选集》第 4 卷,人民出版社 1972 年版,第 459 页。
⑤ 《列宁选集》第 4 卷,人民出版社 1972 年版,第 459 页。
⑥ 《列宁选集》第 4 卷,人民出版社 1972 年版,第 453 页。
⑦ 《列宁选集》第 3 卷,人民出版社 1972 年版,第 188 页。

信中说:"我觉得,卢森堡的'辩证法'是折中主义(从《莱比锡人民报》上的文章也能看出)。"①希法亭因受到第二国际主流理论界的实证主义,以及当时欧洲主流思想界的马赫主义、新康德主义的影响,在世界观上带有"浓厚的实证主义、理性主义、科学主义倾向和总体上的折中主义特征"。②

在第二国际中,除了有流行的对辩证法采取庸俗化的理解之外,甚至还有对辩证法采取敌视态度的,比如伯恩施坦之流。伯恩施坦在他的《社会主义的前提和社会民主党的任务》一书中写道:"黑格尔辩证法是马克思学说中的叛卖性因素,是妨碍对事物进行任何推理正确的考察的陷阱。"③关于黑格尔辩证法的"危险性"和"错误性",伯恩施坦在他的《辩证法的发展》一文中有多次提到。伯恩施坦认为,黑格尔的辩证法是一种概念的辩证法,往往深陷"概念的自我发展"而不可自拔。这种辩证法在解释已知事物的发展上也许是有用的,但是一旦运用它来推导未知事物的发展、预测社会发展的未来,就会有任意构想的危险。④ 他说,马克思和恩格斯虽然把黑格尔的辩证法"从用头站立变成用脚站立",把概念的辩证法看成现实世界辩证运动的一种自觉反映,但他们两个在用辩证法去分析具体社会问题时,却不小心掉进了"黑格尔主义辩证法的陷阱"。⑤ 在伯恩施坦看来,马克思主义不是公式教条,它必须在实践的土壤中汲取营养,面对已经变化了的资本主义世界,马克思主义的理论之树要做出必要的修剪。就这样,伯恩施坦为他的修正主义打开了大门。

总之,忽视甚至敌视黑格尔的和马克思的辩证法,是第二国际理论家们在帝国主义研究中普遍存在的问题。列宁曾经夸赞黑格尔的辩证

---

① 《列宁全集》第 46 卷,人民出版社 2017 年版,第 228 页。
② 张一兵主编:《资本主义理解史》(第 2 卷),江苏人民出版社 2009 年版,第 437 页。
③ [德]爱德华·伯恩施坦:《伯恩施坦文选》,殷叙彝编,人民出版社 2008 年版,第 163 页。
④ 伯恩施坦的原话为:"辩证的观察方法的陷阱在于:它的公式使人们对事物的特殊性进行这样的抽象,这种抽象对阐述和研究的一定目的来说是完全可以容许的,甚至是不可缺少的,但是有些时候,由于对象的性质或研究目的的性质,根本不可能或者只容许在一定限度内进行这种抽象,上述公式也唆使人们进行抽象。"参见[德]爱德华·伯恩施坦:《伯恩施坦文选》,殷叙彝编,人民出版社 2008 年版,第 353—354 页。
⑤ 伯恩施坦说:"辩证法的'用脚站立'并不是简单的事情。不管事物在现实中是什么样子,一旦离开了可以凭经验确认的事实的土地并且超越这些事实而思考,我们就要陷入派生概念的世界,而如果我们然后遵循黑格尔所提出的那个样子的辩证法规律,那么我们就会不知不觉地进了'概念的自我发展'的圈套。"参见[德]爱德华·伯恩施坦:《伯恩施坦文选》,殷叙彝编,人民出版社 2008 年版,第 158 页。

第六章　布哈林的帝国主义论

法"机智而且聪明"。他说,黑格尔充分运用了辩证法的灵活性,对看起来似乎是僵死的概念做了分析,并指出了概念的运动。辩证法和折中主义、诡辩论的区别在于,辩证法是"客观地运用的灵活性",它是对世界的永恒发展的正确反映,折中主义与诡辩论则是"主观地运用的这种灵活性"①。列宁研究帝国主义的辩证思维方法正是在反思和批判第二国际及其他理论家的实证主义、折中主义、诡辩论等错误方法中形成的。如果说马克思的唯物辩证法是从正面促成了列宁辩证法思想的形成,那么第二国际理论家们的帝国主义研究方法则从反面推进了列宁《帝国主义论》的辩证法的形成。列宁意识到,如果想要对帝国主义的矛盾做出科学分析,想要揭示帝国主义战争的性质、揭露第二国际领袖们的机会主义、沙文主义、折中主义和诡辩论,想要阐明新历史环境下社会主义革命的前途并制定无产阶级革命斗争的正确的战略和策略,就必须"运用唯物主义辩证法这个伟大的认识工具"。②

---

① 《列宁全集》第 55 卷,人民出版社 2017 年版,第 91 页。
② 《列宁全集》第 55 卷,人民出版社 2017 年版,前言第 Ⅱ 页。

第七章 列宁的帝国主义理论

列宁的帝国主义理论是帝国主义理论发展史上的最高峰,是对垄断资本主义最科学的分析和批判。列宁《帝国主义论》是马克思《资本论》的继续,这种继续不仅是在内容上表现为对资本主义政治经济学批判的继续,也表现在方法上是对马克思唯物辩证法和历史辩证法的继续。列宁《帝国主义论》的辩证法对马克思《资本论》辩证法的继承和发展主要表现在以下一些方面:一是对马克思主义科学抽象法的继承和发展。二是对马克思主义矛盾分析法的继承与发展。三是对马克思主义辩证发展观的继承与发展。四是对马克思空间批判方法论的继承和发展。如果说前三者主要是列宁对资本主义的历史性批判,是对马克思唯物主义历史辩证法的运用性发展,那么第四点就属于列宁对马克思主义辩证法的创新性发展,是对马克思资本主义纵向历史批判的横向地理空间批判的补充和发展。

第一节 列宁帝国主义理论的主要内容

从上文的分析可以看出,早在列宁创作《帝国主义论》之前,已经有诸多政客、学者、理论家提出了他们各自关于帝国主义的理论观点。列宁的《帝国主义论》既有对马克思主义的帝国主义研究方法的继承发展,也有对非马克思主义的帝国主义理论合理成分的吸收借鉴,是对他之前的各种帝国主义理论的一种扬弃,是在前人研究基础上的综合创新。有学者以列宁之前存在诸多帝国主义理论为由,不承认列宁帝国主义理论的原创性,否定列宁对帝国主义理论的贡献(比如英国的安东尼·布鲁厄),这是完全错误的。① 在众多帝国主义研究者中,只有列宁对帝国主义做出了科学的、全面的、系统的总结和概括。列宁在《帝国主义论》中继承并发展了马克思《资本论》的科学方法,正确分析了帝国主义的形成,科学界定了帝国主义的定义,深刻揭示了帝国主义的本质特征。他对帝国主义与现代战争的关系做了正确的分析,揭示了帝国主义战争的根源,指出了帝国主义的寄生性、腐朽性和垂死性,科学分析了帝国主义的历史地位和发展趋势,再次得出了马克思的"两个必然"的结论。

一、帝国主义的内涵定义

列宁认为,资本主义在19世纪末以后逐渐发展成了资本帝国主义,这个时候的资本主义在经济方面的基本特点就是:自由竞争为垄断所代替。列宁在《帝国主义论》中写道:"如果必须给帝国主义下一个尽量简短的定义,那就应当说,帝国主义是资本主义的垄断阶段。"②列宁说,这个定义虽然比较简洁方便,但它不能涵盖帝国主义社会中的所有现象的最重要的特点,因此,他对这个定义做了补充,说明了这个定义还应包括帝国主义的以下五个基本特征:"(1)生产和资本的集中发展到这样高的程度,以致造成了在经济生活中起决定作用的垄断组织。(2)银行资本和工业资本已经融合起来,在这个'金融资本的'基础上形成了金融寡头。(3)和商品输出不同的资本输出具有特别重要的意义。(4)瓜分世界的资本家国际垄断同盟已经形成。(5)最大资本主义大国已把世界上的领土瓜分完毕。"③在创作《帝国主义论》后的同年8月,列宁又撰写了《帝国主义和社会主义运动中的分裂》一文。他在该文中再次强调,"必须给帝国主义下一个尽量确切和完备的定义。帝国主义是资本主义的特殊历史阶段。这个特点分三个方面:(1)帝国主义是垄断的资本主义。(2)帝国主义是寄生的或腐朽的资本主义。(3)帝国主义是垂死的资本主义。垄断代替自由竞争,是帝国主义的根本经济特征,是帝国主义的实质"。④ 通过这两次明确的论述,列宁完整地提出了帝国主义的定义,

---

① 关于列宁帝国主义论的原创性问题,参见刘维春2015年7月10日发表在《中共福建省委党校学报》的《列宁帝国主义理论的历史原创性与当代性研究》一文。
② 《列宁全集》第27卷,人民出版社2017年版,第401页。
③ 《列宁全集》第27卷,人民出版社2017年版,第401页。
④ 《列宁全集》第28卷,人民出版社2017年版,第69页。

第七章　列宁的帝国主义理论

并系统地概括了帝国主义的基本特征。

帝国主义概念是社会民主党内在帝国主义理论问题上论战的基本理论问题之一。当时有两种不同的看法:有的人把帝国主义看成一种扩张政策,主要是一些资产阶级官员和学者,如张伯伦、罗得斯等人,第二国际中以考茨基为代表。另外一些人把帝国主义看成资本主义的最新或最高阶段,以希法亭、卢森堡、布哈林、列宁为代表。帝国主义究竟只是一种扩张政策,还是资本主义的一个特殊历史阶段,这是对帝国主义认识的一个原则性的区别。① 古代的帝国主义就是一种对外的侵略扩张,是征服其他民族的主张和活动。现代的帝国主义概念不是原来意义上的帝国。霍布森在《帝国主义》中就已经指出了二者的区别。所以列宁批评考茨基,说他比霍布森还退后了一步。"因为霍布森还比较正确地估计到现代帝国主义的两个'历史的具体的'(考茨基的定义恰好是对历史的具体性的嘲弄!)特点:(1)几个帝国主义互相竞争。(2)金融家比商人占优势。"② 尽管霍布森指出了帝国主义是一个"现代概念",但他还是只把帝国主义看成一种政策,他没能看清资本主义的垄断代替了自由竞争这一最重要的时代特征,也就不能揭示帝国主义的本质和历史地位。拉法格第一个指认了帝国主义是资本主义的特殊阶段,他考察了帝国主义的一些经济现象,但没有形成一个完整的理论体系。希法亭指出了金融资本的时代是"资本主义发展的最新阶段",但他只对金融资本给出了定义,而没有给帝国主义下一个明确的定义。金融资本的统治是帝国主义的一个重要特征,但将金融资本与帝国主义画等号显然是不妥的。希法亭的理论具有重大的缺陷和明显的片面性。卢森堡对帝国主义的定义也不是非常明确。她有时用"帝国主义政策"的说法,称帝国主义是一个"政治名词";有时又说"帝国主义时代""帝国主义阶段"。当然总的说来,卢森堡认定帝国主义是资本主义"历史生命上的最后阶段"。布哈林沿用希法亭的说法,认为帝国主义是金融资本的政策,是一个特殊的历史范畴。但因为他"不完全了解辩证法",所以在理论上也表现出不彻底性。布哈林的帝国主义定义也是不准确、不科学的。只有列宁的帝国主义定义比较全面地概括了帝国主义的经济现象,正确揭示了帝国

---

① 蔡中兴:《帝国主义理论发展史》,上海人民出版社1987年版,第6页。
② 《列宁全集》第27卷,人民出版社2017年版,第404页。

主义的本质特征和历史地位。它比以往其他人的定义更加科学、更加完备,更有利于帮助人们认清帝国主义的时代特点。

二、帝国主义的基本特征

(一)生产和资本的集中与垄断组织的产生

关于帝国主义的形成,不同研究者从不同角度出发可能会得出截然不同的结论,前文讲到,有把帝国主义视为一种扩张政策的,也有把它视为一个特殊阶段的。从研究者的出发点来看,基本上可以分为三类:一种是从流通领域研究帝国主义,代表人物是希法亭。希法亭的货币理论是他的帝国主义理论的基石,不管是货币,还是信用、交易所、银行等实际都只充当了流通过程中的媒介和手段而已。它们对金融资本的形成确实具有重要的作用,但生产和资本的集中以及垄断工业资本的形成才是金融资本产生的基础。所以单纯从流通领域去研究金融资本的形成显然是不对的。第二种是以霍布森为代表的从分配和消费领域入手研究帝国主义产生的根源,认为资本主义的对外扩张是由于分配不合理导致消费不足和生产相对过剩。生产的无限扩张与广大人民群众有效需求的矛盾在资本主义社会固然存在,且有不断拉大的趋势。这是资本主义对外侵略扩张,向帝国主义转化的原因之一,但不是最根本的原因。只靠改革资本主义分配制度、提高工人的消费水平是不可能消除帝国主义的。第三种是沿着马克思恩格斯开辟的从生产领域入手去考察资本主义的发展和帝国主义的形成。列宁就是通过对资本主义生产和资本的集中,分析垄断资本主义的形成,揭示帝国主义垄断特征的。

列宁在《帝国主义论》的第一章即指出,当代资本主义最典型的特点之一就是,随着工业的发展,生产正迅速地集中到愈来愈大的企业。他列举了德国、美国和英国因生产集中而导致的垄断情况。在德国,"不到1%的企业,竟占有总数3/4以上的蒸汽力和电力!而297万个小企业(雇佣工人不超过5人的),即占总数91%的企业,却只占有7%的蒸汽力和电力!几万个最大的企业就是一切,数百万个小企业算不了什么""美国所有企业的全部产值,差不多有一半掌握在仅占企业总数百分之一的企业手里!而这3000个大型企业包括258个工业部门。由此可见,集中发

第七章　列宁的帝国主义理论

展到一定阶段,可以说就自然而然地走到垄断"。① 列宁把垄断组织的发展分成了三个历史时期:第一个时期是19世纪60年代和70年代,这是"自由竞争发展的顶点即最高阶段",这一时期垄断组织是"小荷才露尖尖角";第二个时期是1873年危机以后,这个时期垄断组织已经出场了,但它有时还表现为"一种例外",一种暂时现象,还不太稳固,属于"犹抱琵琶半遮面";第三个时期是19世纪末的高涨,和1900年至1903年的危机时期。此时的垄断组织是"春风得意马蹄疾",它已经成了资本主义"全部经济生活的基础之一",资本主义转化成了帝国主义。② 由此,列宁判断道:"对于欧洲,可以相当精确地确定新资本主义最终代替旧资本主义的时间是20世纪初。"③列宁的这一判断对于人们确定当时的历史时期、看清时代的特点具有非常重要的意义。

列宁还就资本集中和垄断发展所采取的形式以及帝国主义时代垄断与竞争的关系进行了分析。除了当时大家都比较关注的卡特尔、辛迪加和托拉斯这几种垄断组织以外,列宁特别提到了希法亭所说的帝国主义时代资本集中的一种重要形式——联合制。所谓联合制,"即把不同的工业部门联合在一个企业中,这些部门或者是依次对原料进行加工(如把矿石炼成生铁,把生铁炼成钢,可能还用钢制造各种成品),或者是一个部门对另一个部门起辅助作用(如加工下脚料或副产品,生产包装用品,等等)"。④ 希法亭曾根据联合企业形成方式的不同,把联合制划分为三种不同类型:向下的联合制,如轧钢厂获得高炉和煤矿。向上的联合制,如煤矿购进高炉和轧钢厂。混合型联合制,即钢铁厂既得到煤矿又得到轧钢厂。⑤ 列宁指出,在帝国主义时期,资本主义企业采取了更多样的各种联合形式,除了希法亭所说的三种形式外,还可以通过大垄断资本同时收购不同企业等方式来实现。总之,"某些资本主义国家之间的差别,例如实行保护主义还是实行自由贸易,只能在垄断组织的形式上或产生的时间上引起一些非本质的差别,而生产集中产生垄断,则是现阶段资

---

① 《列宁全集》第27卷,人民出版社2017年版,第333页。
② 《列宁全集》第27卷,人民出版社2017年版,第338页。
③ 《列宁全集》第27卷,人民出版社2017年版,第336页。
④ 《列宁全集》第27卷,人民出版社2017年版,第334页。
⑤ [德]希法亭:《金融资本》,李琼译,华夏出版社2013年版,第217—218页。

本主义发展的一般的和基本的规律"。①

自由竞争逐渐转化成垄断,帝国主义时代到来了。但是,资本家的联合和垄断资本的出现并没有将竞争从资本主义中抹除。列宁说:"帝国主义使资本主义的矛盾复杂化和尖锐化,使垄断和自由竞争'搅在一起',但它消除不了交换、市场、竞争、危机等等。……不是纯粹的垄断,而是垄断和交换、市场、竞争、危机并存——这就是帝国主义的最本质的特征。"②垄断没有消除竞争,反而使竞争比以往更加激烈。因为垄断企业比自由竞争时期的企业拥有更大的规模和技术力量,在此基础上所产生的竞争也就更加激烈、更加残酷。垄断资本主义的竞争既发生于垄断组织之间,也发生在垄断组织与非垄断企业之间。③ 一方面,"自由竞争是资本主义和一般商品生产的基本特性。垄断是自由竞争的直接对立面,但是我们眼看着自由竞争开始转化为垄断"。另一方面,"从自由竞争中生长起来的垄断并不消除自由竞争,而是凌驾于这种竞争之上,与之并存,因而产生许多特别尖锐特别剧烈的矛盾、摩擦和冲突"。列宁说:"正是竞争和垄断这两个互相矛盾的'原则'的结合才是帝国主义的本质,正是这种结合在酝酿着崩溃,即社会主义革命。"④一方面,资本主义生产的社会化有了巨大的发展;另一方面,社会化的生产资料仍旧是少数人的私有财产。资本主义的基本矛盾在帝国主义阶段没有缓和而是加深了,它在加速资本主义的灭亡。列宁的这一论断对于反驳资产阶级和机会主义者从两个不同极端攻击马克思主义具有极为重要的意义:他们或者否定垄断资本主义时代的到来,掩盖由此导致的资本主义矛盾的尖锐化;或者宣称垄断消除了竞争,迎来的是"有组织的"资本主义、"超帝国主义"时代。列宁说:"用卡特尔消除危机是拼命为资本主义涂脂抹粉的资产阶级经济学家的无稽之谈。"⑤通过对资本主义垄断与竞争的分析,列宁揭示了帝国主义产生的过程及其所造成的社会矛盾,为克服机会主义的错误认识提供了理论指导,为科学帝国主义理论的提出奠

---

① 《列宁全集》第 27 卷,人民出版社 2017 年版,第 336 页。
② 《列宁全集》第 29 卷,人民出版社 2017 年版,第 479 页。
③ 列宁说"现在已经不是小企业同大企业、技术落后的企业同技术先进的企业进行竞争。现在已经是垄断者在扼杀那些不屈服于垄断、不屈服于垄断的压迫和摆布的企业了。"参见《列宁全集》第 27 卷,人民出版社 2017 年版,第 342 页。
④ 《列宁全集》第 29 卷,人民出版社 2017 年版,第 480 页。
⑤ 《列宁全集》第 27 卷,人民出版社 2017 年版,第 344 页。

第七章 列宁的帝国主义理论

定了基础。

(二)金融资本的产生与金融寡头的统治

列宁认为,为数众多的普通中介人转变为极少数的垄断者是资本主义发展成为资本帝国主义的基本过程之一。因此,他在分析了生产和资本的集中之后,进一步考察了银行业的集中,阐述了帝国主义时代银行的新作用,揭示资本主义发展由一般资本统治向金融资本统治的转变。

列宁首先引用阿·兰斯堡、舒尔采-格弗尼茨、利夫曼等人的数据,分析了在德、英、法等主要资本主义国家银行走向集中和垄断的情况。他发现,垄断占统治地位的新资本主义代替了自由竞争占统治地位的旧资本主义以后,银行的作用根本改变了。以前银行和交易所只是在支付中起中介作用。在垄断资本主义阶段,银行与整个社会的工商业密切联系起来,它的业务范围大大扩展了。"分散的资本家合成了一个集体的资本家。……极少数垄断者就控制整个资本主义社会的工商业业务,就能通过银行的联系,通过往来账及其他金融业务,首先确切地了解各资本家的业务状况,然后加以监督,用扩大或减少、便利或阻难信贷的办法来影响他们,以至最后完全决定他们的命运,决定他们的收入,夺去他们的资本,或者使他们有可能迅速而大量地增加资本等等。"①金融机构具有了"包罗一切"的性质,掌控着众多资本家的命运,金融资本俨然成了资本主义社会中的王者,它不仅统治本国人民,甚至还将触角伸到了国外。②

列宁对帝国主义金融资本的批判显然是受了希法亭的影响,但他并未全盘采纳希法亭的说法。列宁指出,希法亭对金融资本的定义是有缺陷的:希法亭说金融资本就是"由银行支配而由工业家运用的资本",列宁认为,"它没有指出最重要的因素之一,即生产和资本的集中发展到了会导致而且已经导致垄断的高度"。③ 列宁对金融资本的定义是:"生产的集中。从集中生长起来的垄断。银行和工业日益融合或者说长合在

---

① 《列宁全集》第 27 卷,人民出版社 2017 年版,第 350 页。
② 列宁说:"金融资本对其他一切形式的资本的优势,意味着食利者和金融寡头占统治地位,意味着少数拥有金融'实力'的国家处于和其余一切国家不同的特殊地位。"参见《列宁全集》第 27 卷,人民出版社 2017 年版,第 374 页。
③ 《列宁全集》第 27 卷,人民出版社 2017 年版,第 362 页。

一起——这就是金融资本产生的历史和这一概念的内容。"① 帝国主义的特点,"不是工业资本而是金融资本"。② 在帝国主义时代,金融寡头统治一切,他们不仅控制了经济生活,还控制了政府,渗透到社会生活的各个方面。"垄断既然已经形成,而且操纵着几十亿资本,它就绝对不可避免地要渗透到社会生活的各个方面去,而不管政治制度或其他任何'细节'如何。"③ 列宁说:"这是集权,是垄断巨头的作用、意义和实力的加强。"④ 列宁的结论就是,"帝国主义,或者说金融资本的统治,是资本主义的最高阶段"。⑤

(三)资本输出

新旧资本主义的另一个区别在于:旧资本主义典型的是商品输出,新资本主义典型的是资本输出。列宁从马克思提出的"过剩资本"出发,分析了帝国主义资本输出的可能性和必然性。⑥ 资本输出对输入国的影响是,扩大和加深它们国家资本主义的发展。对输出国而言则是获得超额的垄断利润。帝国主义国家通过资本输出,使得金融资本的密网布满了全世界。列宁感叹说,在某种意义而言,"输出资本的国家已经把世界瓜分了"。⑦ 资本输出是帝国主义的一个重要的经济特征。

列宁之前的帝国主义研究者们也大多比较重视帝国主义资本输出的重要意义。霍布森把资本输出归因于"不合理分配"引起的"消费不足"和"过剩储蓄",从而导致的商品和资本过剩。因此,他主张通过社会改良提高国内消费水平来改变资本输出和帝国主义扩张。他的这种认识显然是错误的。希法亭认识到资本输出是帝国主义的重要政策,并在《金融资本》中分析了资本输出对输出国和输入国带来的影响,但他没有把资本输出与帝国主义瓜分世界联系起来,忽视了帝国主义的寄生性特

---

① 《列宁全集》第 27 卷,人民出版社 2017 年版,第 362 页。
② 《列宁全集》第 27 卷,人民出版社 2017 年版,第 403 页。
③ 《列宁全集》第 27 卷,人民出版社 2017 年版,第 372 页。
④ 《列宁全集》第 27 卷,人民出版社 2017 年版,第 349 页。
⑤ 《列宁全集》第 27 卷,人民出版社 2017 年版,第 374 页。
⑥ 列宁写道:"其所以有输出资本的可能,是因为许多落后的国家已经卷入世界资本主义的流转,主要的铁路线已经建成或已经开始兴建,发展工业的起码条件已有保证等等。其所以有输出资本的必要,是因为在少数国家中资本主义'已经过度成熟','有利可图的'投资场所已经不够了(在农业不发达和群众贫困的条件下)。参见《列宁全集》第 27 卷,人民出版社 2017 年版,第 377 页。
⑦ 《列宁全集》第 27 卷,人民出版社 2017 年版,第 380 页。

点。卢森堡把资本输出看成实现资本积累的一种手段,没有把它放到资本主义垄断基础上来加以研究。"在卢森堡看来,作为帝国主义特征的依然是商品输出,即所谓的剩余价值的实现,而不是资本输出。"① 布哈林认为,资本输出是以资本积累过剩为前提的,在资本主义的发展过程中一直存在资本输出现象,到帝国主义时代,资本输出的规模与重要性大大增加。资本输出的重大意义表现在它对国际经济联系产生重要影响,"它是各国之间经济关系的一种新形式"。② 它使得各列强之间的关系特别尖锐起来,甚至引起争夺投资范围国家之间的战争。布哈林关于资本输出的理论缺陷是没有注意到它对输出国所带来的寄生性、腐朽性特点,没有明确地把它作为帝国主义的特征提出来。相比之下,列宁的思想是最深邃的,他是当时对这一问题看得最清楚、理解最深刻、概括最全面的人。

(四)瓜分世界的资本家国际垄断同盟形成

列宁说:"输出资本的国家已经把世界瓜分了,那是就瓜分一词的转义而言。但是,金融资本还导致对世界的直接的瓜分。"③ 金融资本对世界的"直接瓜分"可以分成两个方面:一是通过成立资本家同盟以协议方式瓜分世界市场。二是通过武力战争以占有殖民地的方式分割世界。这是帝国主义的两个基本经济特征。列宁在《帝国主义论》及其后的很多著作中对国家垄断资本主义做了阐述。他明确地说,在20世纪,资本主义已经大大向前发展了,"资本的积聚和国际化正在大大地加强。垄断资本主义正在向国家垄断资本主义转变"。④ 尤其是在"一战"爆发后,列宁多次强调指出,资本主义的一般垄断已经转变为国家垄断。所谓国家垄断资本主义就是私人垄断资本与国家政权相结合的垄断资本主义。国家政权沦为服务私人垄断资本的工具。当国内市场不能再满足垄断资本家追求更多剩余价值的欲望时,他们便利用国家机器拓展国外市场。各国最大的垄断组织为了分配投资市场、制定垄断价格、控制生产规模和原料来源,根据他们的内部协定组成国际同盟共同瓜分世界。列

---

① 蔡中兴:《帝国主义理论发展史》,上海人民出版社1987年版,第355页。
② [苏]尼·布哈林:《世界经济和帝国主义》,蒯兆德译,中国社会科学出版社1983年版,第71页。
③ 《列宁全集》第27卷,人民出版社2017年版,第380页。
④ 《列宁全集》第29卷,人民出版社2017年版,第435页。

宁说,资本家垄断同盟在把国内市场瓜分完以后,又将资本输出到国外市场,与国外垄断资本家勾结,组成国际卡特尔。① 国家资本主义已经转化成了国际资本主义,"这是全世界资本和生产集中的一个新的、比过去高得多的阶段",是一种"超级垄断"。② 列宁引用利夫曼的统计数据说,1897年德国参加的国际卡特尔共有将近40个,到1910年时已经接近100个了。③ 他在《帝国主义论》中特别提到了国际垄断的一种形式:在国外设立"女儿公司",这种形式实际上就是现在的跨国公司。在当下,跨国公司依然是垄断资本向世界范围扩展的一种最主要的形式。资本主义进入帝国主义阶段的重要特征之一就是资本家同盟瓜分世界。

列宁在谈到国际卡特尔这种世界垄断组织的时候,批评了当时所流行的一种通过"有组织的"资本主义达到世界和平的幻想,尤其是前文讲到的考茨基的"超帝国主义"论。列宁批评道:"这种意见在理论上是十分荒谬的,在实践上则是一种诡辩,是用欺骗的手段为最恶劣的机会主义辩护。"④国际垄断也并不消除竞争,而且这种竞争常常是世界最大垄断集团之间的竞争。因为资本主义的不平衡发展,不排除它们对世界的重新瓜分。列宁认为,在帝国主义时代,无产阶级与资产阶级的矛盾和斗争并未改变,而且资本家同盟之间也是互相斗争的。"斗争的形式由于各种比较局部的和暂时的原因,可能发生变化,而且经常在发生变化,但是,只要阶级存在,斗争的实质,斗争的阶级内容,是始终不会改变的。"⑤

(五)大国已经把世界领土瓜分完毕

列宁指出,帝国主义不仅在经济上瓜分世界,而且在政治上推行殖民政策,从领土上瓜分世界。他说:"最新资本主义时代向我们表明,资本家同盟之间在从经济上瓜分世界的基础上形成了一定的关系,而与此

---

① "资本家的垄断同盟卡特尔、辛迪加、托拉斯,首先瓜分国内市场,把本国的生产差不多完全掌握在自己手里。但是在资本主义制度下,国内市场必然是同国外市场相联系的。资本主义早已造成了世界市场。所以随着资本输出的增加,随着最大垄断同盟的国外联系、殖民地联系和'势力范围'的极力扩大,这些垄断同盟就'自然地'走向达成世界性的协议,形成国际卡特尔。"参见《列宁全集》第27卷,人民出版社2017年版,第381页。
② 《列宁全集》第27卷,人民出版社2017年版,第381页。
③ 《列宁全集》第27卷,人民出版社2017年版,第389页。
④ 《列宁全集》第27卷,人民出版社2017年版,第389页。
⑤ 《列宁全集》第27卷,人民出版社2017年版,第389页。

第七章　列宁的帝国主义理论

同时，与此相联系，各个政治同盟、各个国家之间在从领土上瓜分世界、争夺殖民地、'争夺经济领土'的基础上也形成了一定的关系"。① 到20世纪初的时候，世界已被瓜分完毕了，以后只能是重新瓜分。列宁引用了地理学家亚·苏潘、美国作家莫里斯以及霍布森等人的数据，说明在资本主义由自由竞争向垄断过渡时是资本主义大国争夺殖民地的高潮时期。当然，殖民政策和帝国主义早已有之，比如古罗马就推行过殖民政策，实行过帝国主义。现代金融资本的殖民政策与以前各时期的殖民政策有不同的根源和性质。促使新资本主义大国抢夺殖民地的主要因素包括：对原料产地独霸的欲望，资本输出和商品销售的需要，以及转移国内矛盾的需要等。金融资本不放过任何一块土地，不仅是已发现的原料产地，而且今天无用的土地通过当代科技和大量资本的投入都会变成有用的土地。所以他们"总想尽量夺取更多的土地，不管这是一些什么样的土地，不管这些土地在什么地方，也不管采取什么手段"。② 对殖民地的争夺已经达到了白热化程度。当世界领土被瓜分完毕的时候，争夺半殖民地、附属国的斗争也特别尖锐起来。

列宁最后引用了历史学家德里奥著作《19世纪末的政治问题和社会问题》中的一段话："近年来世界上所有未被占据的地方，除了中国以外，都被欧洲和北美的大国占据了。在这个基础上已经发生了某些冲突和势力变动，这一切预示着最近的将来会有更可怕的爆发。……所以近来全欧洲和美国都充满了殖民扩张和'帝国主义'的狂热，'帝国主义'成了19世纪末最突出的特点。"③ 列宁说，作者还意识到了一种趋势：因为各个帝国之间力量对比与建立这些帝国的民族在欧洲所占地位完全不相称，以及帝国主义的不平衡发展，使得"殖民地问题（也可以说是'帝国主义'）这个已经改变了欧洲本身政治局面的问题，一定还会日甚一日地改变这个局面"。④ 帝国主义时代的殖民政策有可能意味着各种矛盾与冲突的爆发，预示着帝国主义战争不可避免。早在1908年列宁的一些文章中，他就注意到了日益增长的世界战争的危险和各国人民的反战斗争。列宁援引第二国际斯图加特代表大会决议的一个论点：战争导源于资本

---

① 《列宁全集》第27卷，人民出版社2017年版，第389页。
② 《列宁全集》第27卷，人民出版社2017年版，第397页。
③ 《列宁全集》第27卷，人民出版社2017年版，第399页。
④ 《列宁全集》第27卷，人民出版社2017年版，第399页。

主义的本质,说明了帝国主义国家争夺殖民地的斗争以及它们在商业利益上的冲突是帝国主义战争的主要原因。所以,当第一次世界大战爆发时,列宁即明确指出这是帝国主义的战争。他把这场战争比喻成"较年轻较强壮的强盗去抢劫较老的吃得过多的强盗"。"英法资产阶级欺骗人民说,他们是为了各民族和比利时的自由而战,实际上他们是为了保存他们抢得够多的殖民地而战。"①列宁号召社会党人向人民说明真相,指出这场战争是奴隶主为巩固奴隶制而进行的战争,并利用这些强盗间的斗争,把它们一起打倒。

三、帝国主义的历史地位

列宁在《帝国主义论》的最后一章说明了帝国主义的历史地位,他写道:"帝国主义就其经济实质来说,是垄断资本主义。这就决定了帝国主义的历史地位,因为在自由竞争的基础上,而且正是从自由竞争中生长起来的垄断,是从资本主义社会经济结构向更高级的结构的过渡。"②列宁在这里明确提出了帝国主义的实质及其过渡性质,因为帝国主义具有寄生性和腐朽性,它不可避免地要被新的社会制度所代替,帝国主义就是资本主义的最高阶段,是垂死的资本主义。帝国主义的寄生性和腐朽性表现在哪里呢?列宁在《帝国主义和社会主义运动中的分裂》一文总结了五点:一是表现在生产资料私有制条件下垄断所特有的腐朽的趋势上;二是表现在以"剪息票"为生的庞大食利者阶层的形成;三是资本输出使得帝国主义的寄生性加倍;四是金融资本在政治上的全面反动;五是对其他被压迫民族的剥削。③列宁在这篇文章中不仅分析了帝国主义寄生性、腐朽性的各种表现,而且指明了克服帝国主义的阶级力量和唯一途径:只有革命无产阶级通过采取社会革命的形式推翻资本主义制度,才能解决帝国主义的寄生性和腐朽性。

列宁的逻辑是这样的:首先,资本主义自由竞争导致生产和资本集中,垄断产生;金融垄断资本为了获得超额利润不断拓展国外市场,进行资本输出,并到处争夺殖民地,瓜分世界。这样,帝国主义在政治上表现

---

① 《列宁选集》第2卷,人民出版社1972年版,第672页。
② 《列宁全集》第27卷,人民出版社2017年版,第434页。
③ 《列宁全集》第28卷,人民出版社2017年版,第70页。

为反动性,在经济上表现出寄生性,在前景上表现为垂死性。总之,垄断使得资本主义的各种矛盾越来越尖锐,这些矛盾包括垄断资本家与国内劳动人民的矛盾、帝国主义列强之间的矛盾、帝国主义与被剥削压迫的殖民地和附属国之间的矛盾等等。列宁写道:"垄断资本主义使资本主义的一切矛盾尖锐到什么程度,这是大家都知道的。只要指出物价高涨和卡特尔的压迫就够了。这种矛盾的尖锐化,是从全世界金融资本取得最终胜利时开始的过渡历史时期的最强大的动力。"[1]它们最终将导致帝国主义战争的爆发,继而是无产阶级革命的爆发,社会主义制度必将代替资本主义制度。

值得一提的是,一些人认为列宁的"帝国主义是垂死的资本主义"这种说法是对国际社会发展趋势过于乐观估计的一种错误看法。其实,列宁在后来《修改党纲的材料》等文章中还有很多对帝国主义的补充分析,他说:"在分析了一般资本主义的基本特征之后补充一段对帝国主义的分析,我不认为是'机械的'……帝国主义是衰朽的但还没有完全衰朽的资本主义,是垂死的但还没有死亡的资本主义。"[2]也就是说,列宁认为,因为各种综合因素的结果,帝国主义在今后仍将保持一个较长时期也是完全可能的,他从来就不是以一种机械不变的眼光看待资本主义的发展。但是,列宁坚信帝国主义是不可能彻底改造资本主义的,资本主义制度最终是要被消灭的。列宁说:"私有经济关系和私有制关系已经变成与内容不相适应的外壳了,如果人为地拖延消灭这个外壳的日子,那它就必然要腐烂——它可能在腐烂状态中保持一个比较长的时期(在机会主义的脓疮迟迟不能治好的最坏情况下),但终究不可避免地要被消灭。"[3]

第二节 列宁帝国主义理论的历史地位与意义

列宁帝国主义理论的形成既是他本人长期研究和思考,并在实践斗

---

[1] 《列宁全集》第27卷,人民出版社2017年版,第434页。
[2] 《列宁全集》第29卷,人民出版社2017年版,第479页。
[3] 《列宁全集》第27卷,人民出版社2017年版,第438页。

争中总结出来结果,又是社会历史发展的必然产物,具有时代性和革命性的特点。同时,他的帝国主义论是在认真学习黑格尔和马克思、恩格斯的辩证方法,批判当时的各种错误帝国主义观点的基础上形成的,因而又具有科学性和创新性的特点。最为重要的是,它正确地指引了俄国取得十月革命的胜利,是世界无产阶级革命的理论武器,具有强烈的实践性和科学的指导性。列宁帝国主义理论的意义与价值主要体现在以下四个方面:它是马克思主义辩证法的重要组成,是与各种机会主义作斗争的理论武器,是各国无产阶级革命的理论基础,是正确认识当代资本主义的理论指南。

一、马克思主义辩证法的重要组成

列宁的辩证法思想是马克思主义辩证法发展史上的一个里程碑。20世纪70年代,苏联编写了一套辩证法史的丛书,总共五本,包括:《古代辩证法史》《14—18世纪辩证法史》《辩证法史:德国古典哲学》《马克思主义辩证法史:从马克思主义产生到列宁主义阶段之前》和《马克思主义辩证法史列宁主义阶段》。这足以见得列宁辩证法思想在马克思主义辩证法发展史中的重要地位。库尔萨诺夫在其主编的《马克思主义辩证法史列宁主义阶段》这本书中,把列宁的辩证法思想划分成三个时期,分别是:十月革命以前时期;从资本主义向社会主义过渡时期;发达的社会主义社会时期(即逐步向共产主义过渡的时期)。① 其中,第一个时期主要就是列宁帝国主义论的辩证法的研究时期。该书高度肯定了列宁《帝国主义论》的重要性,称它是"照亮新时代经济和政治发展的规律性以及工人阶级的斗争任务的理论上的灯塔"②。

列宁帝国主义理论的重要性不仅在于其内容,还在于其方法,但它所包含的丰富的辩证法思想往往是被大家所忽视的。列宁对丰富和发展马克思主义辩证法所做出的贡献是毋庸置疑的。比如,郭文卿的《列宁的辩证法思想》一书中概括了列宁对唯物辩证法的贡献和发展主要表现在以下五点:一是对唯物辩证法做了更加深入的研究,分析了辩证法

---

① [苏]格·阿·库尔萨诺夫主编:《马克思主义辩证法史列宁主义阶段》,王贵秀译,人民出版社1987年版,第3页。
② [苏]格·阿·库尔萨诺夫主编:《马克思主义辩证法史列宁主义阶段》,王贵秀译,人民出版社1987年版,第2页。

第七章 列宁的帝国主义理论

各观点、规律和范畴之间的内在关系,提出了对立统一规律是辩证法的实质和核心的科学论断。二是强调了辩证法的认识论意义,指出辩证法就是马克思主义的认识论。三是区分了两种发展观,即辩证法的发展观和庸俗进化论的发展观。四是坚持对具体情况进行具体分析的原则,反对了相对主义和折中主义诡辩论。五是探索了社会主义革命和社会主义建设的辩证法。① 后来,在他与秦莹、杨南丽一起编著的《黑格尔与列宁的逻辑思想》一书中,他将列宁对马克思主义辩证法的丰富、发展具体概括为以下12个方面:1.科学地论述了唯物辩证法的对象、定义和根本规律。2.明确提出了对立统一规律是辩证法的实质和核心的科学论断。3.确立了两种根本对立的发展观。4.提出了辩证法的要素,构思了唯物辩证法的思想体系。5.指出了辩证法、逻辑学、认识论三者一致。6.论述了辩证法的研究和叙述方法。7.阐明了认识论和辩证法。8.提出了辩证法就是思想史、科学技术史的精华,是对思想史、科学技术史的总结和概括,并且要由思想史、科学技术史来证明。9.把科学思维方法,例如分析与综合、归纳与演绎、抽象与具体、历史和逻辑的统一等,纳入了辩证法的范畴。10.揭露了旧唯物主义和唯心主义的认识论根源。11.批判了折中主义诡辩论。12.强调了《资本论》的逻辑。这说明列宁是全面而系统地发展了马克思主义辩证法,把马克思主义辩证法提高到了一个新水平,推进到了一个新阶段。② 从表面上看,这些概括似乎都是列宁《哲学笔记》中的内容,但是,前文已讲过,《哲学笔记》是列宁《帝国主义论》辩证法的哲学导言,《帝国主义论》是对《哲学笔记》中以抽象形式表述的辩证法的具体运用(见第二章第二节)。因此,以上所说的实际上大都体现了列宁《帝国主义论》对马克思主义辩证法所做的创新和发展。总的说来,列宁《帝国主义论》对马克思主义辩证法的丰富发展主要体现在以下两个方面:

其一,运用性发展。列宁的《帝国主义论》是对马克思《资本论》的直接继续,这种继续不仅体现在内容上,而且体现在方法上。傅骊元《〈关于帝国主义的笔记〉研究》一书指出,"列宁建立的帝国主义理论,不仅在

---

① 郭文卿编著:《列宁的辩证法思想》,云南人民出版社1991年版,前言第1页。
② 秦莹、杨南丽、郭文卿编著:《黑格尔与列宁的逻辑思想》,云南大学出版社2007年版,第32页。

理论内容上直接继续了马克思《资本论》的基本原理,而且在方法论上也直接继承了《资本论》的科学方法。列宁通过由现象到本质的研究和由本质到现象的叙述的方法,科学地分析帝国主义的经济关系,揭示垄断资本主义运动变化的规律。列宁运用逻辑和历史相统一的方法,从理论上和历史上对帝国主义的形成、发展和必然向更高级社会经济制度过渡的整个客观运动作了马克思主义的科学分析"。[1] 通过我们在上一章的阐述中可以看到,列宁对帝国主义进行的科学的抽象的分析、矛盾的分析、辩证发展的分析等无不体现出他对马克思主义辩证法的运用,这种运用当然本身就是一种发展。

其二,创新性发展。如果说列宁运用矛盾的观点、联系的观点、发展的观点对帝国主义进行政治经济学批判还只是对马克思主义辩证法的继承与发展的话,那么在笔者看来,列宁在《帝国主义论》中所体现出的一种空间批判方法论视野则是对马克思主义辩证法的理论创新。虽然马克思提出了他的世界历史理论,也涉及了对资本主义的不平衡发展和资本主义世界体系方面的论述,但明确地提出并运用这些理论对资本主义的发展进行研究的是列宁。从某种意义上说,列宁预示了一种全新的不平衡发展的历史空间辩证法发展方向,开辟了一种资本主义研究的新道路,将马克思的历史辩证法推向了一个新的高度。列宁在创作《帝国主义论》之后提出的"一国胜利论",十月革命胜利后进行社会主义过渡的战时共产主义政策和新经济政策等,都无不跟他在《帝国主义论》中所提出并运用的空间批判方法论相关联。当然,这种空间主要是单纯的地理空间,是具体的、可见的、有限的 Place,而非抽象的、不可数的 Space。[2] 而且,空间批判的逻辑在列宁那里是一种甚至连他本人也没有意识到的隐性思维,他更主要的还是继续坚持从历史逻辑的视角去分析资本主义的未来趋势。在列宁逝世以后,他的这一空间批判方法在依附理论、世界体系理论、新帝国主义论等理论那里得到了长远发展。可以这么说,列宁《帝国主义论》中的辩证法的重要性在于,它上承马克思恩格斯的历史辩证法,下启当代帝国主义批判的空间辩证法。

---

[1] 傅骊元:《〈关于帝国主义的笔记〉研究》,北京大学出版社1985年版,第292页。
[2] 法国的现象学(如梅洛·庞蒂、巴什拉)把列斐伏尔的空间的三元辩证法解释为分别表现感知的、构想的和活生生的三位一体,即把空间划分为物质空间、精神空间和社会空间。列宁的空间批判多限于列斐伏尔的第一空间即物质空间的批判。

总之,列宁的《帝国主义论》是一个马克思主义辩证法思想的宝库。真正的哲学都是时代精神的精华,列宁《帝国主义论》的辩证法就是19世纪末20世纪初时代精神的精华,它是一个科学的唯物辩证法思想体系,是马克思主义辩证法不可分割的重要组成部分。

二、与各种机会主义斗争的理论武器

列宁的一生是光辉的一生,是与各种修正主义、机会主义斗争的一生。列宁《帝国主义论》的辩证法就是在与各种错误思潮不断斗争中产生和发展起来的。我们在前面讲到,在列宁《帝国主义论》发表之前,就已经有各种各样的非马克思主义的帝国主义理论观点。《机会主义、修正主义资料选编》编译组选编的《第二国际修正主义者关于帝国主义的谬论》一书中收录了包括伯恩施坦、考茨基、希法亭等在内的十一个老修正主义分子关于帝国主义的三十四篇论著。在第二国际内还有拉法格、卢森堡、布哈林等马克思主义者发表过他们对于帝国主义的观点,在第二国际外有各种资产阶级、小资产阶级的帝国主义理论观。究竟谁是谁非,在当时可以说绝大多数人都是一头雾水。甚至连马克思主义的理论家们也都各执一词,叫广大劳动人民群众如何分辨?资产阶级、小资产阶级的帝国主义理论是维护资产阶级统治,必须坚决与之作斗争,这是毫无疑问的。但隐藏在工人阶级内部的机会主义者因其披着马克思主义的外衣,往往会受到一些人民群众的欢迎,他们具有很大的欺骗性,他们的危害性甚至比反动的资产阶级学者更大。也就是在这样的背景下,列宁的《帝国主义论》承担起了揭示帝国主义的本质重任,《帝国主义论》的辩证法成为无产阶级工人和理论学者们与各种机会主义者做斗争的理论武器。

有学者认为,列宁帝国主义论对古典帝国主义理论的超越体现在三个方面:一是观点的超越——科学帝国主义观点体系。二是方法的超越——唯物史观和辩证法。三是立场的超越——无产阶级国际主义立场。[1] 其中,观点的超越毫无疑问是源于方法的超越。在很多帝国主义研究者身上流行的一种通病就是否定或忽视马克思主义的辩证法。比

---

[1] 寇清杰:《列宁帝国主义论对古典帝国主义理论的批判与超越》,《中国地质大学学报》(社会科学版)2020年第2期。

如,国内有学者曾总结第二国际理论家在对马克思主义理解上的两点共同之处:第一,他们普遍秉持一种机械唯物主义观点,把马克思主义哲学理解为经济决定论;第二,他们从总体上持一种社会的达尔文主义的社会进化论观点,把社会历史发展简单地作为一个线性历史发展过程,因而拒斥社会革命的可能性。① 前文(第二章第一节)已讲到了列宁对他们的实证主义、诡辩论和折中主义的方法论的批判,此处就不再展开赘述。

值得补充说明的一点是,列宁曾经在 1908 年写的《唯物主义和经验批判主义》中提出过关于哲学的党性问题。他在文中写道:"最新的哲学像在两千年前一样,也是有党性的。唯物主义和唯心主义按实质来说,是两个斗争着的党派,而这种实质被冒牌学者的新名词或愚蠢的无党性所掩盖。"②列宁所说的"最新的哲学"即马克思主义哲学,哲学的党性不仅有哲学的党派性,即它属于唯心主义还是唯物主义哪个基本派别的问题,还有哲学的阶级性,即它代表哪个阶级、为哪个阶级或阶层服务的问题。所有的修正主义者、机会主义者们最大的问题其实就是没有坚持哲学的党性原则,他们不是忘记了就是故意歪曲了马克思列宁主义的唯物辩证法,因此,要与他们作斗争首先就必须正确地理解和掌握它,充分地利用好这个理论的武器。列宁的《帝国主义论》正是通过运用这个武器打败了其他各种各样的帝国主义理论,占据了这个理论研究的制高点。

三、各国无产阶级革命的理论基础

列宁《帝国主义论》的辩证法是他提出俄国十月革命的理论依据即"一国胜利论"的理论前提、理论基础。不管是俄国的社会主义革命还是建设时期,总有一些批评家跳出来反对,理由是马克思和恩格斯曾预言过,社会主义革命首先在资本主义最发达的国家发生,并且在几个国家同时取得胜利。马克思、恩格斯在 1846 年的《德意志意识形态》中说:"共产主义只有作为占统治地位的各民族'一下子'同时发生的行动,在经验上才是可能的,而这是以生产力的普遍发展和与此相联系的世界交往为前提的。"③恩格斯在 1847 年的《共产主义原理》中说:"这种革命能不能

---

① 李西祥:《马克思历史辩证法研究——历史唯物主义的辩证法阐释》,中国社会科学出版社 2012 年版,第 223 页。
② 《列宁全集》第 26 卷,人民出版社 2017 年版,第 355、375 页。
③ 《马克思恩格斯文集》第 1 卷,人民出版社 2009 年版,第 538—539 页。

第七章　列宁的帝国主义理论

单独在一个国家发生？答：不能。……共产主义革命将不是仅仅一个国家的革命，而是将在一切文明国家里，至少在英国、美国、法国、德国同时发生的革命，在这些国家的每一个国家中，共产主义革命发展得较快或较慢，要看这个国家是否有较发达的工业，较多的财富和比较大量的生产力。"①在《共产党宣言》中，马克思和恩格斯写道："联合的行动，至少是各文明国家的联合的行动，是无产阶级获得解放的首要条件之一。"②也就是说，在马克思和恩格斯看来，共产主义作为一项全人类的共同的事业，必须是在各国同时胜利的基础上才能最终实现的。这就是马克思恩格斯提出的"同时胜利论"，并且，他们还强调了革命首先将在英、法、德等成熟的资本主义国家爆发。

按照马克思恩格斯"同时胜利论"的观点，在俄国这个资本主义发展相对落后的国家当然就不可能率先进行社会主义革命，即使是取得了革命的成功，也没有进入社会主义、取得共产主义胜利的条件和基础。考茨基的"早产论"就是以这个为依据的。普列汉诺夫也认为，当这个国家的资本主义还没有达到阻碍其生产力发展的高级阶段时，那么号召人民去推翻它就是"荒谬的"。③ 他对列宁提出的把俄国革命从资产阶级革命转变为无产阶级社会主义革命的观点强烈质疑。普列汉诺夫提出，进行社会主义革命并建立社会主义制度必须具备其所需的经济条件和阶级基础。他说："并不是在任何特定的时候都能按照社会主义原则来改造社会的。社会主义制度至少要以两个必不可少的条件为前提：(一) 生产力 (所谓技术) 高度发展。(二) 国内劳动居民具有极高的觉悟水平。在不具备这两个必要条件的地方，根本谈不上组织社会主义生产方式……"④考茨基和普列汉诺夫等人既没有正确理解马克思和恩格斯所提出的"同时胜利论"的含义，也不懂得不平衡发展的辩证法，不懂得社会形态更替的必然性与人的主体能动选择性之间的关系。

马克思和恩格斯的"同时胜利论"是就社会革命而言的，列宁提出的

---

① 《马克思恩格斯文集》第 1 卷，人民出版社 2009 年版，第 687 页。
② 《马克思恩格斯文集》第 2 卷，人民出版社 2009 年版，第 50 页。
③ ［俄］普列汉诺夫：《在祖国的一年》，王荫庭、杨永译，生活·读书·新知三联书店 1980 年版，第 24 页。
④ ［俄］普列汉诺夫：《在祖国的一年》，王荫庭、杨永译，生活·读书·新知三联书店 1980 年版，第 121 页。

"一国胜利论"是就政治革命而言,二者并不矛盾。"马克思、恩格斯坚持的是无产阶级社会革命的'各国同时胜利论',他们并不否认无产阶级政治革命可以在一国内首先取得胜利。列宁提出的是无产阶级政治革命的'一国首先胜利论',而他始终认为社会主义的最终胜利即建成完全的社会主义社会必须是'各国同时胜利'。"①共产主义事业是一项全人类的共同事业,资产阶级决不会甘心轻易地退出历史的舞台,只有在全世界范围内消灭资本主义私有制,实现彻底的社会革命,才能取得共产主义的最终胜利,这就是"同时胜利"。它不排除和否定一国无产阶级首先夺取政权的可能性。恩格斯在《共产主义原理》中已经表达了不同国家因不同发展情况共产主义革命有快有慢的看法。《共产党宣言》一方面说无产阶级要获得解放就必须采取联合行动,另一方面又强调,"如果不就内容而就形式来说,无产阶级反对资产阶级的斗争首先是一国范围内的斗争。每一个国家的无产阶级当然首先应该打倒本国的资产阶级"。②

总之,列宁的"一国胜利论"和马克思恩格斯的"同时胜利论"并不是矛盾对立的,而是相互一致、相互统一的。它们分别是共产主义最后取得胜利的两个不同阶段:首先是在每个个别的国家取得政治革命的胜利,建立无产阶级的政权,发展社会生产力,创造社会主义所需的一切条件,建成社会主义社会的基础;然后,在世界各国无产阶级的共同努力下,建成完全的社会主义社会,最终将二者统一于共产主义的胜利实现。列宁"一国胜利论"的提出为俄国十月革命的胜利奠定了理论基础,极大地增强了世界社会主义必胜的信心,也为我们中国特色社会主义道路增强了自信。20世纪90年代初苏联和东欧的解体并不代表列宁"一国胜利论"的失败,恰恰相反,社会主义在苏东所遭遇的挫折是戈尔巴乔夫等领导人背离马克思列宁主义的基本原则、背离科学社会主义的一个结果。

列宁之所以能够提出"一国胜利论"的设想,关键在于他正确掌握并灵活运用马克思主义辩证法对其所处的时代和环境做出了正确的分析。

---

① 杨贵颖、李心华:《"同时胜利论"与"一国胜利论"比较研究》,中国社会科学出版社2017年版,第7页。
② 马克思说:"任何真正的哲学都是自己时代的精神上的精华,因此,必然会出现这样的时代:那时哲学不仅在内部通过自己的内容,而且在外部通过自己的表现,同自己时代的现实世界接触并相互作用。"参见《马克思恩格斯文集》第2卷,人民出版社2009年版,第43页。

列宁《帝国主义论》的辩证法就是这一观点的理论前提和基础,它也成为后来包括中国在内的其他落后国家和民族无产阶级革命的理论基础。《马克思主义辩证法史列宁主义阶段》一书中讲道,"列宁的社会主义革命理论具有深刻的辩证性质。它完全建立在科学地分析新的历史时代的本质的基础上,完全建立在认识这个时代的决定性矛盾、主要倾向和世界革命过程的规律性的基础上。在列宁的社会主义革命理论中,唯物辩证法显示出作为革命实践改变世界的强大的理论武器的实质。"①

四、正确认识当代资本主义的理论指南

马克思认为,所有真正的哲学都是自己"时代的精神上的精华",每个时代的哲学总是在内部以其理论内容表现自己,在外部以这个时代的现实世界表现自己。② 列宁《帝国主义论》的辩证法是19世纪末20世纪初时代精神的精华,它在内部通过列宁的帝国主义理论表现出来,在外部与帝国主义现实世界接触并相互作用,通过这一辩证法思想,列宁正确地认清了时代的特点,并积极顺应时代的要求,推动了历史的发展。这个时代是不是已经过去了?我们的答案是否定的。当前的资本主义世界虽然发生了很多的变化,但其本质并未改变。列宁《帝国主义论》中的某些具体观点可能过时了,比如,他在嘲笑考茨基的"超帝国主义"论时,说它跟"超农业论"一样荒唐。③ 在科技更加发达的今天,在实验室里生产食物的"超农业"已经不再是一件荒唐的事情了。但必须承认的是,资本主义的基本矛盾并没有变,帝国主义的时代并没有结束,列宁帝国主义研究的科学方法论和一般原则决不会过时。今天,我们依然需要"回到列宁",运用马克思列宁主义的理论和方法来认清我们所处的历史时代,指导我们的实践活动。列宁《帝国主义论》中的辩证法就是我们正确认识当代资本主义的理论指南。

首先,要围绕"垄断资本"这一核心概念对当代资本主义做辩证的分析。马克思《资本论》的核心概念是"资本",列宁《帝国主义论》的核心概念是"垄断资本"。他们都抓住了资本主义的本质,都是从资本主义最普

---

① [苏]格·阿·库尔萨诺夫主编:《马克思主义辩证法史列宁主义阶段》,王贵秀译,人民出版社1987年版,第2页。
② 《马克思恩格斯全集》第1卷,人民出版社1995年版,第220页。
③ 《列宁全集》第27卷,人民出版社2017年版,第406页。

遍现象中抽象出来最核心的东西,开展对资本主义的政治经学批判的,都认为资本主义的一切现象都无不跟这一经济基础有千丝万缕的联系。但是,也因此,很多人批评他们的理论是经济决定论。被誉为美国国际政治学界的"第一位大师"的汉斯·摩根索把马克思主义的帝国主义理论也归为"关于帝国主义的经济理论"。"马克思主义的帝国主义理论基于作为全部马克思主义思想基础的一种信念:所有政治现象都是经济力量的反映。因此,帝国主义这一政治现象是它赖以滋生的经济制度即资本主义的产物。"① 他认为帝国主义的政治不是由经济决定的,"帝国主义并不是由经济学、资本家或是其他什么东西所决定的。我们现在将要看到,资本家本身并不是帝国主义者。根据经济理论尤其是'妖魔'论,资本家利用政府作为其煽动帝国主义政策的工具。然而,对那些被引用来支持经济解释的历史事例详加调查就会发现,在大多数情况下,政治家与资本家之间实际存在的关系正好相反。帝国主义一般是由政府构想的,而资本家却要响应政府号召支持这些政策。所以历史例证表明,政治优先于经济"。② 这样,他把帝国主义的经济跟政治分开来。按照他的说法,是政治家决定资本家。把资本主义社会的资本家和资产阶级政府里的政治家做如此区分无疑是荒唐可笑的。他把帝国主义看成"寻求权力的斗争",并认为"帝国主义"一词被滥用了:"并不是所有旨在增加一国权力的外交政策都必然是帝国主义的表现","并不是所有旨在维护既存帝国的外交政策都是帝国主义"③。他所理解的列宁的帝国主义概念还停留在类似于古代帝国的概念上,而这一概念早在霍布斯那里就已经被扫进历史的垃圾堆里了。

其次,要辩证地看待当前两种不同制度的并存和斗争。苏联第一个社会主义国家的成立宣布了一个新的世界社会体系的诞生,世界格局因此发生了深刻的变化。列宁说:"俄国无产阶级革命之后,这个革命在国际范围内取得了出乎资产阶级和庸人们意料的若干胜利之后,全世界现

---

① [美]汉斯·摩根索:《国家间政治:权力斗争与和平》,徐昕、郝望、李保平译,北京大学出版社 2012 年版,第 83 页。
② [美]汉斯·摩根索:《国家间政治:权力斗争与和平》,徐昕、郝望、李保平译,北京大学出版社 2012 年版,第 87 页。
③ [美]汉斯·摩根索:《国家间政治:权力斗争与和平》,徐昕、郝望、李保平译,北京大学出版社 2012 年版,第 80 页。

第七章 列宁的帝国主义理论

在已经变了样,各处的资产阶级也都变了样。资产阶级被'布尔什维主义'吓坏了,对它恨得咬牙切齿,正因为如此,资产阶级一方面在加速事态的发展,另一方面把注意力集中在用暴力镇压布尔什维主义上,因而削弱了自己在其他许多方面的阵地。"① 整个世界被划分为资本主义和社会主义两个相互对立的体系,世界矛盾更加复杂化。但是这两个社会体系的相互作用总的来说是世界经济的内部矛盾,是既有对立又有统一的。列宁在晚年时主张既要以斗争形式,也要以包括"争论""竞赛"等和平的形式来解决两个现存的社会体系之间的矛盾。他在1920年俄共(布)莫斯科省代表会议上的讲话中指出,社会主义要彻底战胜资本主义,既要承担起革命的任务,推翻剥削者并捍卫好无产阶级政权,还要承担起建设的任务,建立社会主义的经济关系,要以"榜样的力量"来证明社会主义比资本主义优越。② 但是20世纪80年代末的苏东解体事件让人们对社会主义道路充满了怀疑。一些资产阶级学者欢呼"历史终结了"。美国的曼纽尔·卡斯特在《千年终结》一书写道:"苏维埃共产主义终结、中国共产主义仓促适应全球资本主义之后,只剩下更精明、更刻薄的新品种资本主义将触角延伸到全球各地。"③ 习近平总书记回应说,中国特色社会主义既坚持了科学社会主义的基本原则,又根据时代条件赋予其鲜明的中国特色,它是社会主义,不是别的什么主义。④ 两种不同制度在经济、科技、意识形态等各种领域的斗争依然存在。"我们要深刻认识资本主义社会的自我调节能力,充分估计到西方发达国家在经济科技军事方面长期占据优势的客观现实,认真做好两种社会制度长期合作和斗争的各方面准备。"⑤

最后,要用历史和空间的辩证法看当代资本主义的持存。罗森塔尔在《列宁帝国主义理论中的辩证法》中说:"对列宁来说,辩证方法并不是

---

① 《列宁全集》第39卷,人民出版社2017年版,第79页。
② 列宁说:"为了彻底战胜资本主义,第一,必须战胜剥削者和捍卫住被剥削者的政权,这是用革命力量来推翻剥削者的任务。第二,担负起建设任务,就是建立新的经济关系,树立怎样做这件事情的榜样。实现社会主义变革任务的这两个方面是分不开的,这使我们的革命不同于以往的一切革命,以往的革命有破坏这一面就够了。"参见《列宁全集》第40卷,人民出版社2017年版,第28页。
③ [美]曼纽尔·卡斯特:《千年终结》,夏铸九等译,社会科学文献出版社2006年版,第2页。
④ 习近平:《关于坚持和发展中国特色社会主义的几个问题》,《求是》2019年第7期。
⑤ 《十八大以来重要文献选编》(上),中央文献出版社2014年版,第117页。

把研究的各种技术和方法加在一起,它是一种世界观,或准确些说,是马克思主义世界观的一个极其重要的组成部分。它能使人们正确地认识现实,了解其最普遍、最本质的发展规律,从而为观察现实,对现实进行科学分析指出准确的科学的方向。"①领会和掌握了列宁《帝国主义论》中的辩证法,我们就能正确地看待当今资本主义的新变化。随着第二次世界大战以后资本主义的快速发展,尤其是在20世纪苏东解体之后,列宁的帝国主义理论受到了众多的质疑。很多人认为列宁大大低估了垄断资本主义的自我调节能力和发展潜力,过于乐观地预估了无产阶级革命的发展形势。当代资本主义的快速发展似乎与列宁帝国主义理论中关于帝国主义的腐朽性、垂死性的论断完全相反。其实,马克思和恩格斯在《共产党宣言》中提出"两个必然"的同时,又提出了"两个决不会"。②同样,列宁在《帝国主义论》中指出了帝国主义的腐朽性和垂死性的同时,还指出它也有迅速发展的可能性,提出了资本主义发展的"两种趋势":"如果以为这一腐朽趋势排除了资本主义的迅速发展,那就错了。不,在帝国主义时代,某些工业部门,某些资产阶级阶层,某些国家,不同程度地时而表现出这种趋势,时而又表现出那种趋势。"③社会历史的发展绝不是呈直线运动的,社会主义的最终胜利不可能一蹴而就。尤其是随着科技的进步、消费社会的到来,资本努力向自然地理以外的空间布局,为资本主义的持存换取了更多的时间。然而,青山遮不住,毕竟东流去。习近平指出:"事实一再告诉我们,马克思恩格斯关于资本主义社会基本矛盾的分析没有过时,关于资本主义必然消亡、社会主义必然胜利的历史唯物主义观点也没有过时。这是社会历史发展不可逆转的总趋势,但道路是曲折的。资本主义最终消亡、社会主义最终胜利,必然是一个很长的历史过程。"④

---

① [苏]马·莫·罗森塔尔:《列宁帝国主义理论中的辩证法》,周秀凤、赵国顺等译,河南人民出版社1992年版,第419页。
② 在《〈政治经济学批判〉序言》中,马克思写道:"无论哪一个社会形态,在它所能容纳的全部生产力发挥出来以前,是决不会灭亡的;而新的更高的生产关系,在它的物质存在条件在旧社会的胎胞里成熟以前,是决不会出现的。"参见《马克思恩格斯文集》第2卷,人民出版社2009年版,第592页。
③ 《列宁全集》第27卷,人民出版社2017年版,第436页。
④ 《十八大以来重要文献选编》(上),中央文献出版社2014年版,第117页。

第三节　列宁帝国主义理论的研究方法

列宁的帝国主义理论并非完全独创，而是"综合创新"。"它既是对马克思主义理论的继承同时又吸取了非马克思主义的合理成分，是在基本继承霍布森的'资本扩张本质论'、希法亭的'金融资本垄断论'，部分借鉴卢森堡的'积累规律论'，全盘否定考茨基的'超帝国主义论'的基础上完成的。"[①]列宁之所以能超越同时代的研究者，提出科学的马克思主义帝国主义理论，除了立足于当时资本主义社会政治经济的发展变化事实、科学吸取前人的资本主义研究成果，最主要原因在于他深刻研究并准确把握了马克思主义的研究方法——唯物辩证法。列宁正是运用了这一科学方法才实现了帝国主义理论的彻底升华。

一、对马克思主义辩证法的运用性发展：唯物辩证法与实践辩证法的统一

列宁对唯物辩证法的运用首先体现在他对帝国主义的全面分析，而不是片面、孤立、静止地看待当时资本主义的新情况新变化，不是抽象地讨论帝国主义问题。"马克思的辩证法是最新的科学进化论，它正是不容许对事物作孤立的即片面的、歪曲的考察。"[②]列宁在《辩证法的要素》中一再强调要用普遍联系的观点看问题，强调对客观事物的总体把握。"(1)观察的客观性(不是实例，不是枝节之论，而是自在之物本身)。(2)这个事物对其他事物的多种多样的关系的全部总和。……(8)每个事物(现象等等)的关系不仅是多种多样的，并且是一般的、普遍的。每个事物(现象、过程等等)是和其他的每个事物联系着的。"[③]列宁在全面、具体地研究了美国、英国、德国、法国、日本等多个帝国主义国家的政治、经济、文化、军事各方面社会情况后得出他的科学判断：资本主义已经发展到垄断阶段——帝国主义阶段。而以考茨基为代表的机会主义者总是

---

① 张一兵主编，刘怀玉、刘维春、陈培永著，《资本主义理解史(第3卷)：苏俄马克思主义的资本主义观》，江苏人民出版社2009年版，第161页。
② 《列宁选集》第2卷，人民出版社1972年版，第642页。
③ 《列宁选集》第2卷，人民出版社1972年版，第607页。

割裂事物之间的联系,以偏概全,只是孤立地看到某些个别事例,从而掩盖和粉饰了其本来面目。比如,"聪明绝顶的考茨基为了安定工人,使他们同投到资产阶级方面去的社会沙文主义者调和,就把一条链子上的这一环节同另一环节割开,把今天所有大国为了'安定'中国(请回忆一下对义和团起义的镇压)而结成的和平的(而且是超帝国主义的,甚至是超而又超的帝国主义的)联盟,同明天的、非和平的冲突割开,而这种非和平的冲突,又准备着后天'和平的'总联盟来瓜分譬如说土耳其,如此等等。考茨基不提帝国主义和平时期同帝国主义战争时期之间的活生生的联系,而把僵死的抽象概念献给工人,是为了使工人同他们那些僵死的领袖调和"。[①]

列宁把唯物辩证法称为"马克思主义有决定意义的东西",看作马克思主义的"精髓""活的灵魂"和"根本理论基础"。"他(马克思)用德国古典哲学中的成果,特别是用使费尔巴哈唯物主义哲学能得以产生的黑格尔体系的成果丰富了哲学。这些成果中最重要的就是辩证法,即最完整深刻而无片面性弊病的关于发展的学说,这种学说认为反映永恒发展的物质的人类认识是相对的。"[②]《辩证法的要素》强调的第二个主要方面即是要坚持用发展的观点看问题。"(3)这个事物(或现象)的发展、它自身的运动、它自身的生命。"事物的发展是其自身运动和生命的表现,发展是源于事物的内在矛盾。"(4)这个事物中的内在矛盾的倾向(和方面)。""(6)这些对立面、矛盾的趋向等等的斗争或展开。"[③]

列宁正是运用唯物辩证法的发展观分析得出第一次世界大战是帝国主义性质的战争,是"垂死的、衰老的、腐朽的资产阶级为瓜分世界和奴役'弱小'民族的斗争"。而像普列汉诺夫这样的社会沙文主义者总是离开事物的内部矛盾运动去理解事物的发展。"普列汉诺夫抓住德国社会民主党刊物上的一句话:德国人自己在战前就承认奥地利和德国是祸首——这就够了。至于俄国社会党人屡次揭穿沙皇对加里西亚、阿尔明尼亚等地的侵略计划,普列汉诺夫却只字不提。哪怕是最近三十年的经济史和外交史,他也一点不打算涉及,而这段历史确凿地证明,侵占殖

---

① 《列宁选集》第2卷,人民出版社1972年版,第838页。
② 《列宁选集》第2卷,人民出版社1972年版,第442页。
③ 《列宁选集》第2卷,人民出版社1972年版,第607页。

第七章　列宁的帝国主义理论

地,掠夺别国的领土,排挤更有成绩的竞争者并使其破产,正是目前交战列强集团双方政策的主要轴心。"①列宁说,连"祸首"论这样如此陈腐庸俗的见解,普列汉诺夫也非要狡猾地用"辩证法"来粉饰一番,"在用诡辩术偷换辩证法这一崇高的事业中,普列汉诺夫创了新纪录。诡辩家抓住'论据'之中的一个,而黑格尔就正确地说过,人们完全可以替世上的一切找出'论据'。辩证法要求从发展中去全面研究某个社会现象,要求把外部的表面东西归于基本的动力,归结为生产力的发展和阶级斗争"。②因此,列宁认为,相对于考茨基较为精细的、迁就调和而又花言巧语的沙文主义,普列汉诺夫只是笨拙的沙文主义。普列汉诺夫这种笨拙的模仿,是一种暴露的外因论。而列宁是从事物的内部矛盾、从生产力和阶级斗争这种社会发展的根本原因来分析资本主义的发展变化,从而科学阐明了帝国主义战争的实质、帝国主义的本质特征及其发展趋势。

关于辩证法的发展学说,列宁在1913年写作的《卡尔·马克思》一文中就曾指出:"发展似乎是重复以往的阶段,但那是另一种重复,是在更高基础上的重复(否定之否定),发展是按所谓螺旋式而不是按直线式进行的;发展是飞跃式的、剧变的、革命的;'渐进过程的中断';量到质的转化;对某一物体,或在某一现象范围内或某个社会内部发生作用的各种力量和趋势的矛盾或冲突造成发展的内因;每一种现象的一切方面(而历史不断揭示出新的方面),都是相互依存的,彼此有极其密切而不可分割的联系,形成统一的、有规律的世界运动过程——这就是辩证法这一内容更丰富的(比通常的)发展学说的几个特点。"③出于推动俄国无产阶级革命的需要,列宁特别注重事物"向对立面的转化",强调在事物发展过程中人的能动性作用,强调辩证法的批判性和革命性。而此前的列宁,尤其是青年列宁,在反对民粹主义的斗争中主要站在历史辩证法的客体向度,与普列汉诺夫等人一样强调资本主义在俄国发生、发展的必然性。在1914年至1915年研究黑格尔哲学和辩证法学说以后,列宁真正地从历史辩证法的客体向度转向了以一定客观现实条件为前提的主体向度。通过学习研究,列宁最终"在客观的实践辩证法的基础上,将

---

① 《列宁选集》第2卷,人民出版社1972年版,第625页。
② 《列宁选集》第2卷,人民出版社1972年版,第624页。
③ 《列宁选集》第2卷,人民出版社1972年版,第584页。

同一的主观辩证法、认识论和辩证逻辑学统一起来",张一兵教授说,"在这一点上,列宁也达及了马克思恩格斯不曾触到的理论高度"。[①] "列宁恰恰也是在这种对实践辩证法革命能动性的深刻理解中,找到了马克思哲学思想中最关键的逻辑支撑点,并由此确认了十月革命的现实合法性:俄国的布尔什维克和无产阶级'决心以自己的行为来改变世界'!……可以说,他在黑格尔—马克思这里找到了十月革命实践的能动的辩证法指南!"[②] 就这一点而言,列宁的帝国主义理论是其日后所提出的国家与革命的理论的基础和前提。

二、对马克思主义辩证法的创新性发展:空间化批判方法论视野

通过前文论述可以看出,列宁帝国主义理论的历史科学本质表现为一种历史语境中的唯物辩证法与能动的、革命的、实践辩证法的统一,如果说,这还只是对马克思主义辩证法的继承与发展的话,那么在笔者看来,列宁在帝国主义理论中所体现出的一种空间化批判方法论视野则是对马克思主义辩证法的理论创新。从某种意义上说,列宁预示了一种全新的不平衡发展的历史空间辩证法发展方向,将马克思的历史辩证法推向了一个新的高度。

应当说明的一点是,马克思曾经指出过资本主义社会发展中的不平衡性。在《〈政治经济学批判〉导言》中,马克思讲道:"在一切社会形式中都有一种一定的生产决定其他一切生产的地位和影响,因而它的关系也决定其他一切关系的地位与影响。这是一种普照的光,它掩盖了一切其他的色彩,改变着它们的特点。这是一种特殊的以太,它决定着它里面显露出来的一切存在的比重。""因此,把经济范畴按它们在历史上起作用的先后次序来排列是不行的,错误的。它们的次序倒是由它们在现代资本主义中的相互关系所决定的……问题不在于各种经济关系在不同社会形式的相继更替的序列中在历史上占有什么地位,更不在于它们在'观念上'……的顺序,而在于它们在现代资本主义内部的结构。""在土

---

① 张一兵:《回到列宁——关于"哲学笔记"的一种后文本学解读》,江苏人民出版社2008年版,第362页。
② 张一兵:《回到列宁——关于"哲学笔记"的一种后文本学解读》,江苏人民出版社2008年版,第343页。

地所有制处于支配地位的社会形式中,自然联系还占优势。在资本处于支配地位的社会形式中,社会、历史的创造的因素占优势。……资本是资本主义的支配一切的经济权力。它必须成为起点又成为终点。"①马克思在以后的著作中,尤其在对资本主义生产总过程做出辩证历史揭示的《资本论》中深入具体地描述了这种不平衡发展的特点。比如他强调在资本主义生产过程中,使用价值对交换价值特别是对剩余价值的从属,必要劳动时间与日常生活时间对于剩余劳动时间的从属,活劳动即具体劳动对抽象劳动物化劳动的从属,人们日常消费活动对资本主义生产总过程的从属,甚至于人口生产对资本主义剩余价值生产的从属等等。由此看来,马克思已经在某种程度上揭示了现代社会特殊的不平衡发展的历史辩证法本质。他说:"进步这个概念决不能在通常的抽象意义上去理解",因为"真正困难而重要之点"在于如何理解"实际社会关系本身内部的不平衡发展",他还提醒自己这是"应该经常提到而不该忘记的"要点之一。②

刘怀玉教授指出:"不平衡发展不仅是一种历史辩证法,而且是一种空间辩证法。"③不过,在空间生产理论崛起之前,马克思尽管关注并论述了资本主义的不平衡地理现象,但由于受传统的历史和时间性叙事偏好的影响,尚未明确将空间作为一种系统化的叙事视角,也未能挑明不平衡地理发展是资本主义总体稳定和实现幸存的空间机制。"这种历史普遍性和必然性的叙事逻辑及其时间性叙事偏好,在揭示历史规律、预测历史发展趋势上具有独特的优势,但对偶然性、空间视角和资本主义幸存逻辑的压抑,造成了对资本主义活力的估计不足,特别是对资本主义通过不平衡和不平衡地理发展(地理扩张、地理转移、空间重组等)实现幸存的机制重视不够。这不仅在挑战历史唯物主义的叙事逻辑和模式,更直逼马克思主义对资本主义历史命运的认识。特别是当帝国主义表明资本主义不可能在全球建立起单一的生产方式,而且它还必将再生产出前资本主义生产方式及其相应的空间形态以实现自己幸存的时候,马克思的历史认识论就更受到了多方面挑战""马克思关于资本主义发

---

① 《马克思恩格斯选集》第2卷,人民出版社1995年版,第24—25页。
② 《马克思恩格斯选集》第2卷,人民出版社1995年版,第27—28页。
③ 刘怀玉:《不平衡发展的"现在"历史空间辩证法》,《学习与探索》2011年第6期。

展普遍化和均衡化的假设压抑了不平衡发展这个对于资本主义发展和幸存而言生死攸关的问题"。①

美国哥伦比亚大学和纽约城市大学地理学教授尼尔·史密斯的《不平衡发展:自然、资本与空间的生产》一书中指出,马克思、卢森堡与列宁均有空间的生产与不平衡发展理论。但其始作俑者严格地说并不是马克思,而是列宁。列宁在继承马克思关于资本主义生产和扩大再生产、关于资本积累、关于剩余价值的实现形式等理论的基础上,同时吸收和借鉴了霍布森、希法亭、卢森堡等人的理论成果,提出了他的关于资本积累与发展不平衡理论,认为资本主义由于其不可克服的矛盾而必然导致发展的过程、结构与政治经济地理布局上的不平衡性,资本主义的不平衡发展引发了帝国主义之间争夺殖民地的战争。"因为在资本主义制度下,瓜分势力范围、利益和殖民地等等,除了以瓜分者的实力,也就是以整个经济、金融、军事等等的实力为根据外,不可能设想有其他的根据。而这些瓜分者实力的变化又各不相同,因为在资本主义制度下,各个企业、各个托拉斯、各个工业部门、各个国家的发展不可能是平衡的。如果拿半个世纪以前德国的资本主义实力同当时英国的实力相比,那时德国还小得可怜;日本同俄国相比,也是如此。是否"可以设想"一二十年之后,帝国主义大国的实力对比依然没有变化呢?绝对不可以。"②

与马克思所生活的年代相比,列宁时代资本主义的发展的一个显著特点是资本在地理空间的扩张。列宁非常敏锐地抓住了这一点。在《帝国主义论》中,他写道:"建筑铁路似乎是一种普通的、自然的、民主的、文化的、传播文明的事业。在那些由于粉饰资本主义奴隶制而得到报酬的资产阶级教授看来,在小资产阶级庸人看来,建筑铁路就是这么一回事。实际上,资本主义的线索象千丝万缕的密网,把这种事业同整个生产资料私有制连结在一起,把这种建筑事业变成对 10 亿人(殖民地加半殖民地),即占世界人口半数以上的附属国人民,以及对"文明"国家资本的雇佣奴隶进行压迫的工具。"③"铁路是资本主义工业最主要的部门即煤炭工业和钢铁工业的结果,是世界贸易和资产阶级民主文明发展的结果和

---

① 付清松:《不平衡发展:从马克思到尼尔·史密斯》,人民出版社 2015 年版,第 65、54 页。
② 《列宁选集》第 2 卷,人民出版社 1972 年版,第 837 页。
③ 《列宁选集》第 2 卷,人民出版社 1972 年版,第 733 页。

第七章 列宁的帝国主义理论

最显著的标志。本书前几章说明了铁路是怎样同大生产,同垄断组织,同辛迪加、卡特尔、托拉斯、银行,同金融寡头联系在一起的。铁路网的分布,这种分布的不平衡,铁路网发展的不平衡,是全世界现代资本主义即垄断资本主义造成的结果。这种结果表明,只要生产资料私有制还存在,在上述这样的经济基础上,帝国主义战争是绝对不可避免的。"列宁认为,不平衡发展正是垄断资本主义造成的结果,而帝国主义战争又是资本主义国家发展不平衡的结果。俄国是当时帝国主义链条中最薄弱的环节,社会主义可能首先在这个环节突破。"经济和政治发展的不平衡是资本主义的绝对规律。由此就应得出结论:社会主义可能首先在少数甚至在单独一个资本主义国家内获得胜利。"①

综上所述,列宁帝国主义理论的历史科学本质表现为一种历史语境中的唯物辩证法,能动的、革命的、实践辩证法与不平衡发展的空间辩证法的统一。列宁的资本主义在地域空间上的不平衡发展理论为其国家革命学说的提出打下了坚实的理论基础,列宁的一国胜利理论是对马克思关于社会主义革命同时在最发达的几个资本主义国家发生学说的一种突破,列宁能根据社会条件的变化和资本主义发展的新情况及时发展马克思的国家学说和革命理论,在更大程度上是对马克思的继承和创新。

当然,我们必须清楚,受限于当时资本主义发展状况的历史背景,列宁的空间化批判方法论视野更多地集中于一种自然地理意义上的地域空间,因为当时的帝国主义的扩张首先表现为通过一种简单、粗暴的方式——战争——达到的有形的领土扩张。而今天的帝国主义扩张主要表现为通过一种较为"文明"的资本的渗透,达到市场的力量的扩张和对无形的财产的拥有。因此,对于当代资本主义的新情况,我们要用一种以空间化地解构资本不平衡发展逻辑为己任的历史空间辩证法去分析和批判。

---

① 《列宁选集》第 2 卷,人民出版社 1972 年版,第 709 页。

第八章　斯大林的资本主义总危机理论

列宁去世以后,斯大林承担起了领导苏联社会主义建设的重任,他在很大程度上延续并发展了列宁的实践做法和理论主张。在实践方面,斯大林上台后延续了列宁的新经济政策,为苏联社会主义政治经济制度的确立和巩固做出了巨大贡献。在斯大林的领导下,苏联通过三个"五年计划"的实施,基本建成了以重工业为中心的国家工业化、农业集体化为特点的社会主义经济制度,这种高度集中的计划经济体制在苏联国民经济的恢复期和战争时期发挥过重要作用,但也存在很多缺陷和隐患。在理论方面,斯大林继承和发展了列宁的帝国主义理论、一国胜利论、无产阶级革命论等理论,提出了资本主义总危机理论、一国建成社会主义理论、世界革命论等理论主张。这些理论主张是斯大林根据社会历史发展出现的新情况、新特点做出的新理解、新判断,在一定程度上丰富和发展了马克思列宁主义,但也有一些错误和不足之处。

第一节　资本主义总危机理论的形成背景

斯大林资本主义总危机理论是斯大林根据当时资本主义的现实发展,对列宁帝国主义理论的补充和发展,虽然存在不少瑕疵,但也在很大程度上真实地反映了第一次世界大战以后资本主义世界的发展状况。可以说,这一理论的形成具有一定的必然性、合理性。它也获得了包括共产国际很多理论家的广泛认同,对世界共产主义运动、民族解放运动产生了重要影响。斯大林资本主义总危机理论的提出,既有其理论背景,又有其现实背景。资本主义总危机的直接理论来源是马克思恩格斯的资本主义危机论、列宁的帝国主义论,是对当时流行的资本主义稳定论的反驳和否定。总危机论提出的现实依据是资本主义世界经济危机和两次世界大战的爆发。

一、资本主义总危机理论形成的理论背景

斯大林资本主义总危机理论形成的理论背景至少有以下三点:一是对马克思恩格斯资本主义危机论的继承和发展;二是对列宁资本主义"崩溃论"的阐释和说明;三是对"稳定的""有组织的"资本主义论的批判和反驳。

斯大林资本主义总危机理论是马克思列宁主义关于垄断资本主义的学说的重要组成部分,其最终论点与马克思恩格斯关于资本主义必然灭亡和列宁关于帝国主义的垂死性的观点是一致的。马克思恩格斯认为,资本主义社会的生产资料私有制与社会化大生产之间的矛盾必然导致生产过剩的经济危机。因为这一资本主义基本矛盾的存在,它必然产生以下两个无解的问题:第一,个别企业生产的有组织性与资本主义社会化大生产的无政府状态之间的矛盾;第二,资本主义生产无限扩大的趋势与无产阶级有支付能力的需求相对缩小之间的矛盾。当这两大难题发展到一定程度,就会导致生产相对过剩和经济危机的爆发。经济危机从一个国家蔓延至整个资本主义世界,形成资本主义总危机。马克思恩格斯的很多著作中表达出了资本主义总危机的观点。比如,马克思在《资本论》第一卷第二版跋中写道:"使实际的资产者最深切地感到资本主义社会充满矛盾的运动的,是现代工业所经历的周期循环的变动,而这种变动的顶点就是普遍危机。"[①]在《资本论》第三卷第三十章,恩格斯写道:"我曾在别的地方(《资本论》英文版序言,笔者注)指出,自上一次大规模的普遍危机爆发以来,在这方面已经发生了转变。周期过程的急性形式和向来十年一次的周期,看来让位给比较短暂的稍微的营业好转和比较持久的不振这样一种在不同的工业国在不同的时间发生的比较慢性的延缓的交替。但这里也许只是周期持续时间的延长……;现在我们不又是处在一个空前激烈的新的世界性的崩溃的准备时期吗?""在普

---

① 《马克思恩格斯文集》第5卷,人民出版社2009年版,第23页。郭大力和王亚南1963年版的译本,将"普遍危机"译成"全面的危机"。

第八章　斯大林的资本主义总危机理论

遍危机的时刻,支付差额对每个国家来说,至少对每个商业发达的国家来说,都是逆差,不过,这种情况,总是像排炮一样,按着支付的序列,先后在这些国家里发生;……这时就会清楚地看到,这一切国家同时出口过剩(也就是生产过剩)和进口过剩(也就是贸易过剩),物价在一切国家上涨,信用在一切国家过度膨胀。接着就在一切国家发生同样的总崩溃。"①马恩所说的"普遍危机"指的就是资本主义世界的总危机,是资本主义经济危机的深化、全面化,它表现在生产过剩、贸易过剩、通货膨胀、信用危机等各个方面。资本主义的总危机势必导致资本主义世界的"总崩溃"。由此可见,马克思和恩格斯已经预见到资本主义总危机这个历史上的大时代的来临了。

因为历史条件的限制,马克思恩格斯只能根据他们对社会发展规律的认识指出资本主义发展的主要方向,他们不可能完全准确地描述出资本主义总危机时代的具体状况。到了列宁时代,资本主义已经由自由竞争发展到垄断阶段,即帝国主义阶段。列宁认为:"资本帝国主义时代是成熟的,而且过度成熟的资本主义时代,这时的资本主义已面临崩溃的前夜,已成熟到要让位给社会主义的地步了。"②列宁的逻辑是,资本主义不平衡发展规律加剧了帝国主义矛盾,导致帝国主义战争和资本主义的总危机,引发世界无产阶级革命,终结资产阶级统治。在资本主义政治经济不平衡发展规律作用下,帝国主义之间的矛盾日益激化,帝国主义的战争不可避免。列宁在1917年《远方来信》中说道,世界帝国主义大战"一方面能大大加速世界历史的进程,另一方面则能引起空前严重的世界危机,经济的、政治的、民族的和国际的危机"③。"在战争造成的全世界的经济破坏的基础上,世界革命危机日益发展,这个危机不管会经过多么长久而艰苦的周折,最后必将以无产阶级革命和这一革命的胜利而告终""应当说帝国主义是过渡的资本主义,或者更确切些说,是垂死的资本主义。"④列宁帝国主义理论的最终结论就是,帝国主义是垂死的资本主义,是资本主义的最高阶段。

列宁早在1899年对考茨基《土地问题》一书的书评中就引用了"资本

---

① 《马克思恩格斯文集》第7卷,人民出版社2009年版,第554、557页。
② 《列宁全集》第27卷,人民出版社2017年版,第118页。
③ 《列宁全集》第29卷,人民出版社2017年版,第11页。
④ 《列宁全集》第27卷,人民出版社2017年版,第327、437页。

主义总危机"一词。考茨基在该书中分析了农村经济发展的历史趋势问题,提出农业中的资本主义发展已成事实,强调要用马克思的理论来研究土地问题。列宁高度评价了考茨基的这一著作,认为它"是《资本论》第 3 卷以后最出色的一本经济学著作",他对考茨基所阐述的资本主义农业发展特征及资本主义经济制度历史暂时性说法予以了肯定,列宁写道:"考茨基说,乐观主义的经济学家认为欧洲农业的这些变化能够使它免于危机,那是估计错了,因为危机在日益扩大,只能以整个资本主义总危机而告终。当然,绝对不能以此为根据,说什么农业会毁灭,但是农业的保守性已经永远消失;它处在不断改造的状态中,处在以资本主义生产方式为特点的状态中"。① 此时的考茨基在反对伯恩施坦修正主义、捍卫马克思主义的斗争中发挥了重要作用。伯恩施坦在 1898 年《崩溃论和殖民政策》一文中公然指责马克思关于资本主义必然"崩溃"的理论,提出"和平长入社会主义"的主张。包括考茨基、希法亭、卢森堡在内的第二国际的很多马克思主义理论家都对伯恩施坦的观点进行了批判,他们的论战对列宁、斯大林帝国主义理论的形成和发展具有重要的影响作用。

伯恩施坦质疑和反对马克思的资本主义"崩溃"论有其一定的历史背景,这一背景其实与帝国主义即垄断资本主义的形成密切相关。19 世纪六七十年代开始的第二次工业革命极大地推动了社会生产力的发展,加速了资本主义的生产集中,出现了"卡特尔""辛迪加""托拉斯"等各种垄断组织。从现实表面看来,资本主义经济迅猛发展,呈现"欣欣向荣"的景象,而且,资本主义的生产因为垄断组织的形成好像变得越来越有计划了。由此,伯恩施坦推断说,马克思的经济危机理论已经不成立了,资本主义的"崩溃论"也就不能成立了,"因为后者是以前者为基础的",②是时候抛弃马克思的暴力革命论了,"和平长入社会主义"成为可能。"随着经济发展的迈进,一般说来我们将根本不再遇到一向的那种营业危机,并且必须抛弃一切把它当成巨大社会变革的前导的那种冥想。"③我们在上文讲到考茨基、希法亭等人对此进行了反驳。希法亭在《金融

---

① 《列宁全集》第 4 卷,人民出版社 2017 年版,第 77、82 页。
② 《机会主义、修正主义资料选编》编译组:《第二国际修正主义者关于帝国主义的谬论》,生活·读书·新知三联书店 1976 年版,第 44 页。
③ [德]爱德华·伯恩施坦:《伯恩施坦文选》,殷叙彝编,人民出版社 2008 年版,第 65 页。

第八章 斯大林的资本主义总危机理论

资本》中指出,卡特尔等垄断组织并不能消灭经济危机,而是相反,它们只会让各产业的比例失调更加严重,导致"普遍的危机"。希法亭说:"期望个别的卡特尔就可以消除危机,仅仅是显示出对危机的原因和资本主义的制度结构的无知。"①希法亭早期对"卡特尔消灭危机"的反驳是正确的,但他缺乏马克思主义理论的一贯性,在希法亭晚期,尤其是在20世纪20年代以后,资本主义进入一个相对稳定的时期,出现了虚假的繁荣,他由此提出了"有组织的"资本主义谬论,否定资本帝国主义灭亡的历史必然性,背离了马克思主义。希法亭说:"具有决定意义的是,我们目前正处在这样的资本主义阶段,在这一阶段中资本主义纯粹由盲目的市场规律所统治的自由竞争时代基本上被克服了,我们达到了资本主义对经济的组织化,也就是从各种力量的自由比赛的经济达到了有组织的经济。"②他认为,"有组织的"资本主义时代到来了,这意味着可以用有计划的社会主义原则代替自由竞争的资本主义原则,资本主义可以以一种民主的改良的方式走向社会主义,这就否定了无产阶级革命的必然性、必要性。希法亭"有组织的"资本主义观点在第二国际产生了很大的影响,考茨基、布哈林等一批重要的重要理论家都在一定程度上认可这种说法,认为资本主义进入了"相对稳定"的时期。这也就是斯大林提出资本主义总危机理论的一个重要背景——为了捍卫马克思关于资本主义的经济危机理论及资本主义必然灭亡的理论,就必须破解"有组织的"资本主义理论幻象。

二、资本主义总危机理论形成的现实背景

斯大林资本主义总危机理论形成的最主要的现实背景或者说时代背景是,帝国主义列强为转移国内矛盾和危机发动的两次世界大战,以及由此引发的世界无产阶级革命和民族解放运动。资本主义在19世纪中期以后随着科技革命、电力时代的到来取得了飞速的发展,但这种发展是极不平衡的,它引发了帝国主义为了瓜分和重新瓜分世界发动的战争。除了帝国主义各列强之间的矛盾,还有帝国主义内部资产阶级与无

---

① [德]希法亭:《金融资本》,李琼译,华夏出版社2013年版,第339页。
② 《机会主义、修正主义资料选编》编译组:《第二国际修正主义者关于帝国主义的谬论》,生活·读书·新知三联书店1976年版,第221页。

产阶级的矛盾,以及帝国主义的殖民地、半殖民地与宗主国之间的矛盾,这三大矛盾决定了当时的时代特征就是战争与革命。这个时代的资本主义国家在经济、政治、殖民体系等各方面的危机都达到了空前激化的程度,概括而言就是一个资本主义总危机的时期。

首先,资本主义的周期性经济危机愈演愈烈。从1825年开始,英国爆发第一次经济危机,到19世纪五十年代,发达资本主义国家每隔十年左右就会爆发一次周期性的经济危机。1857年美国爆发的金融危机蔓延至欧洲很多资本主义国家,是第一次具有世界性的经济危机,危机导致美国整个银行系统瘫痪,大批金融公司和工业企业纷纷倒闭,英国的经济发展也因危机的影响而遭受重创。此后,世界经济危机的爆发逐渐常态化,到第二次世界大战爆发前,发生的世界经济危机总共有十多次。1929年至1933年爆发的世界经济危机更是猛烈,这五年期间整个西方世界工业生产下降1/3,贸易额减少2/3,美、英、德、法四个国家共有30多万家企业倒闭,3000多万工人失业,这是资本主义的"大萧条"时期,西方主要资本主义国家直到1937年工业生产还没有完全恢复到1929年的水平。也就在1937年,新的一轮世界经济危机又开始了。资本家们想尽了各种办法要竭力摆脱经济危机,但只要资本主义制度还在,"结果不是摆脱危机,而是加深了危机,积累了引起更加剧烈的新危机的新前提"。①

其次,资本主义政治危机愈发严重。在斯大林时期,引起资本主义政治危机的国内因素是不断激化的阶级矛盾,国外因素是俄国十月革命胜利所产生的示范作用。每一次经济危机都会导致大量工人失业,资本主义国家国内矛盾在不断激化,资产阶级政权岌岌可危。斯大林说:"持久的经济危机的结果是资本主义国家内部和它们彼此之间的政治状况的空前尖锐化。"②1923年德国的经济危机引发政治危机,"当时德国国内展开了声势浩大的群众革命运动,工人开始大批地从社会民主党转到共产党方面来。在萨克森和图林吉亚成立了工人政府,在汉堡发生了武装起义"。③ 在十月革命的影响下,工人阶级的思想觉悟大大提高,各地风卷云涌的工人运动引发了资产阶级恐慌,他们撕掉了"自由民主"的假面

---

① 《斯大林选集》下卷,人民出版社1979年版,第269页。
② 《斯大林全集》第13卷,人民出版社1956年版,第258页。
③ 《斯大林选集》上卷,人民出版社1979年版,第641页。

具,对内实行恐怖专政,对外发动侵略战争,法西斯主义在一些国家泛滥起来,终于导致第二次世界大战的爆发。当然,帝国主义发动的战争并不能消除它们的政治危机,恰恰相反,战争在无意中促进了无产阶级革命以及民族解放运动的到来,这不过是"资本家在拆自己的台脚"[①]。

最后,帝国主义殖民体系陷于崩溃。列宁指出,第一次世界大战就是帝国主义列强重新瓜分世界的战争,战争严重削弱了帝国主义国家的力量,促进了许多民族独立国家的形成和殖民地人民的觉醒,尤其是俄国十月革命的胜利,大大增强了各国无产阶级寻求独立解放的信心。在第二次世界大战的民族独立浪潮中,有十多个国家走上了社会主义的道路,形成了以苏联为首的社会主义阵营,共同抵御和反抗资本主义的侵略掠夺。列宁说:"东方许多国家,如印度、中国等等,正是由于最近这次帝国主义战争的影响而完全被抛出了自己的常轨。……这些国家已经卷入了不能不引起整个世界资本主义危机的发展漩涡。"[②]殖民地和附属国是帝国主义发展最重要的资源来源,殖民体系的瓦解更加削弱了帝国主义的力量,加深了资本主义的总危机。

第二节　资本主义总危机理论的主要内容

斯大林关于国际政治有三大核心理论,分别是资本主义总危机理论、帝国主义战争理论和世界革命理论,其中,资本主义总危机理论位居三大理论之首。斯大林的逻辑是,资本主义的内外矛盾引发资本主义经济危机和帝国主义战争,形成资本主义总危机,总危机反过来进一步加深了经济危机和帝国主义的矛盾,引发新的战争,导致世界革命,最终在战争与世界革命中消灭资本主义。

一、资本主义总危机的根源

资本主义危机的产生原因有很多,其中,帝国主义的三大主要矛盾是资本主义总危机的主要根源。资本主义的基本矛盾决定了经济危机

---

① 《斯大林选集》下卷,人民出版社1979年版,第269页。
② 《列宁选集》第4卷,人民出版社1972年版,第709页。

的产生,经济危机的集聚和爆发引起资本主义的普遍危机,为了转移国内危机,帝国主义选择了战争,帝国主义战争既是资本主义总危机形成的根源之一,同时也是总危机的结果。

首先,资本主义一切危机的总根源在于资本主义自身无法克服的基本矛盾。社会化大生产和资本主义私有制之间的矛盾是造成资本主义生产过剩,引发资本主义经济危机的根本原因,只要资本主义制度还存在,它就不可避免会产生经济危机。在帝国主义时代即垄断资本主义时代,这一基本矛盾继续运动和发展,不断推动着资本主义走向灭亡。斯大林在1924年《论列宁主义基础》一文中指出,"帝国主义使资本主义的矛盾达到极端,达到顶点,接着就是革命的开始",所以列宁把帝国主义叫作"垂死的资本主义"。他在该文中总结了帝国主义的三个最重要的矛盾:第一个矛盾是劳动和资本之间的矛盾。第二个矛盾是各金融集团之间以及帝国主义列强之间为争夺原料产地、争夺别国领土而发生的矛盾。第三个矛盾是为数极少的占统治地位的"文明"民族和世界上十多亿殖民地和附属国人民之间的矛盾。① 这些矛盾共同作用,促成资本主义世界经济危机,同时,世界经济危机反过来又使得世界资本主义所具有的各种矛盾更加暴露和尖锐化。

其次,经济危机是引发资本主义总危机的直接原因。前文讲到,资本主义的世界经济危机愈演愈烈,在自由资本主义阶段,危机大约每隔10年左右爆发一次,到了垄断资本主义阶段,危机每隔7年左右就爆发,危机持续的时间越来越长、破坏力越来越大。经济危机使得市场销售停滞,商品相对过剩,导致大量工厂倒闭,企业破产,工人失业,引发资本主义政治危机、社会危机的连锁反应,最后形成资本主义的总危机。斯大林曾讲道:"如果一种经济制度竟不知道怎样来处置自己生产出来的'多余'产品,而在群众普遍遭到贫困、失业、饥饿和破产的时候却不得不把它们焚毁掉,那么这种经济制度本身就给自己宣判了死刑。"②资本主义总危机的起点是经济危机,终点就是资本主义制度的灭亡。

最后,帝国主义战争既是资本主义总危机的根源,也是其必然结果。1938年的《联共(布)党史简明教程》中写道:"战争本是资本主义总危机

---

① 《斯大林选集》上卷,人民出版社1979年版,第186、187页。
② 《斯大林全集》第12卷,人民出版社1955年版,第282页。

的反应,而战争本身又加剧了这个危机,削弱了世界资本主义。"①在1946年《在莫斯科市斯大林选区选举前的选民大会上的演说》中,斯大林又讲道:"资本主义世界经济体系第一次危机的结果引起了第一次世界大战,而第二次危机的结果就引起了第二次世界大战。"②列宁的帝国主义理论表明,在垄断资本主义阶段帝国主义战争不可避免。由于不平衡发展规律的作用,后起的帝国主义国家在变得比老牌帝国主义国家更加强大以后,必然要求重新瓜分世界,从而掀起争夺殖民地的世界性战争。帝国主义战争给人民带来巨大的灾难,必然会遭到各国人民的反抗,对资产阶级的统治造成威胁。苏维埃社会主义国家就是在第一次世界大战中诞生的。同时,帝国主义国家之间的战争也给被压迫民族国家的民族解放运动提供了契机。战争后期是帝国主义力量最虚弱的时期,二战以后众多民族国家独立的历史表明,帝国主义一旦发动战争,就意味着民族解放运动的开始,意味着帝国主义殖民体系的危机。

二、资本主义总危机的内涵与特征

在第一次世界大战爆发以后,斯大林就提出了"总危机"的概念。他在1917年《告彼得格勒全体劳动者、全体工人和士兵书》中说道:"战争还在进行,使总危机日益加剧,把国家引向彻底的崩溃。……而战争正是造成国内总危机的主要原因。"③斯大林认为,帝国主义战争从欧洲变成全世界的,总危机也从一个国家内部蔓延至其他资本主义国家,演变成世界性的资本主义总危机。斯大林在1927年莫斯科召开的联共(布)第十五次代表大会上所做的政治报告中对世界资本主义危机的增长和苏联的外部状况进行了分析,他说:"如果可以认为1920年至1921年在各资本主义国家发生的引起内部紊乱和外部关系破裂的暂时的战后经济危机已经过去,并接着来了一个局部稳定时期,那么,由于十月革命胜利和苏联脱离世界资本主义体系而形成的资本主义的总的和根本的危机不仅没有过去,反而日益加深,使世界资本主义生存的基础本身发生动摇。"④1929年资本主义世界经济危机的大爆发表明,斯大林的这个判

---

① 《联共(布)党史简明教程》,人民出版社1975年版,第129页。
② 《斯大林选集》下卷,人民出版社1979年版,第489页。
③ 《斯大林全集》第3卷,人民出版社1955年版,第129页。
④ 《斯大林全集》第10卷,人民出版社1954年版,第243页。

断是完全正确的。

在1929年大危机爆发后,斯大林在1930年联共(布)第十六次代表大会上对资本主义总危机做了定义性的说明。斯大林指出,这次经济危机有以下几个特点:第一,它是**生产过剩**的危机;第二,它是战后第一次带有**普遍性**的**世界**经济危机;第三,危机的发展是**不平衡**的,它袭击各国的时间和程度各不相同。接着,斯大林又指出,目前的危机不只是一般生产过剩的危机,不能把它"看作过去的危机的简单重复","目前的危机因为有许多特殊情况而更加复杂和深刻",这些"特殊情况"包括:第一,危机特别沉重地打击了资本主义的主要国家,危机的影响范围更广,更加尖锐化;第二,各主要资本主义国家的工业危机和各农业国的农业危机同时发生,而且互相交织在一起,使整个经济危机深刻化;第三,垄断资本主义很难消除危机;第四,资本主义总危机早在"一战"时期就爆发了,它促进了经济危机的到来,目前的经济危机就是在资本主义总危机的基础上发展起来的。[①] 这些事实表明,资本主义社会已经进入了全面的危机中,现在的危机比以前更加复杂、更加深刻,资本主义更加腐朽,资本主义制度岌岌可危。

1929年至1933年的资本主义世界经济大危机使得资本主义国家的经济、政治和军事矛盾不断激化,催生了纳粹主义和军国主义,导致第二次世界大战的爆发。斯大林在战后对资本主义的状况以及苏联社会主义建设重新做了分析和总结,他在1952年《苏联社会主义经济问题》中对"资本主义总危机"的概念进行了阐释。斯大林写道:"世界资本主义的总危机是否仅仅是政治危机或仅仅是经济危机呢?二者都不是。它是世界资本主义体系的总危机,是既包括经济、也包括政治的全面危机。"[②] 在斯大林指导下撰写的苏联《政治经济学教科书》也是这样定义的:"资本主义总危机是整个世界资本主义体系的全面危机,其特征是战争和革命,是垂死的资本主义和成长的社会主义之间的斗争。资本主义总危机包括资本主义的一切方面,既包括经济,也包括政治。"[③] 由此可见,斯大林所说的资本主义总危机也就是马克思所说的"普遍危机""全面危机",

---

① 参见《联共(布)中央委员会向第十六次代表大会的政治报告》,《斯大林全集》第12卷,人民出版社1955年版,第207—324页。
② 《斯大林选集》下卷,人民出版社1979年版,第582页。
③ 苏联科学院经济研究所编:《政治经济学教科书》,人民出版社1955年中文版,第283页。

从本质上而言,就是资本主义制度面临大崩溃的危机,其结论就是列宁所说的帝国主义是"垂死的"资本主义。

总而言之,斯大林认为,资本主义总危机具有以下三大主要特点:第一,它不是单指某一个资本主义国家的总危机,而是具有**普遍性**的资本主义世界总危机;第二,它不是单指资本主义经济领域的总危机,而是包括经济危机、政治危机、社会危机等各种危机的**全面性**的总危机;第三,它不是一时的现象,而是会发生在垄断资本主义阶段各个历史时期的总危机,它有一个不断继续、发展和深化的过程,呈现出一定的**阶段性**。

三、资本主义总危机的阶段

斯大林认为,资本主义总危机是从第一次世界大战期间开始的。他在《苏联社会主义经济问题》中指出,世界资本主义体系总危机已经历了两个阶段:"世界资本主义体系的总危机,是在第一次世界大战时期,特别是在苏联脱离资本主义体系之后开始的。这是总危机的第一阶段。在第二次世界大战时期,特别是在欧洲和亚洲的各人民民主国家脱离资本主义体系之后,展开了总危机的第二阶段。"①在总危机的第一阶段,俄国十月革命的胜利开创了无产阶级革命的新时代,极大地鼓舞了被剥削、被压迫民族反抗帝国主义的斗志,削弱了资本主义的统治力量。资本主义世界经济大危机和第二次世界大战的爆发加深了资本主义的总危机,在总危机的第二阶段,帝国主义的殖民体系逐渐被瓦解,形成了与资本主义相对立的社会主义阵营。"一方面是世界资本主义经济体系的瓦解日益加剧,另一方面是脱离资本主义的国家——苏联、中国和其他人民民主国家的经济实力日益增长。"②学术界根据斯大林在联共(布)十六次代表大会上的报告总结了这一阶段资本主义总危机的特点:第一,世界分裂成资本主义和社会主义两个相互对立的体系;第二,帝国主义殖民体系的危机;第三,资本主义市场斗争尖锐化、复杂化;第四,危机造成千百万失业大军,资本主义企业经常开工不足。③

斯大林于1953年逝世,但他的资本主义总危机理论的影响一直都

---

① 《斯大林选集》下卷,人民出版社1979年版,第581页。
② 《斯大林选集》下卷,人民出版社1979年版,第582页。
③ 参见阿拉吉列夫,珍:《资本主义总危机的本质和根本特点》,《世界经济文汇》1958年第5期;熊性美、谷书堂:《资本主义总危机的形成与发展》,《历史教学》1955年第5期。

在，苏共此后的领导人基本上都在这一理论问题上保持一致，认为资本主义总危机在不断加深，这是一个资本主义走向全面崩溃的时代。"现今时代是以人类从资本主义向社会主义过渡为主要内容的时代，是两种对立的社会体系斗争、社会主义革命和民族解放革命、帝国主义崩溃、殖民制度废除、越来越多的民族走上社会主义道路、社会主义和共产主义在全世界范围内取得胜利的时代。"①苏共认为，到20世纪50年代末，资本主义的殖民体系得以瓦解，世界力量对比发生了有利于社会主义的变化，资本主义总危机进入了第三阶段。比如，瓦尔加在《二十世纪的资本主义》一书中指出，随着社会主义力量的不断壮大，资本主义总危机已经发展到了一个新的阶段，二十世纪将会是"资本主义存在的最后的世纪"。"就我们的观点来看，上述的一切，都是社会主义体系不可避免地成为当代发展的决定性力量和过渡到资本主义总危机新的（第三）阶段的一些最重要的原因。"②由伊诺泽姆采夫主编的《现代垄断资本主义政治经济学》一书也讲到，两大体系已形成的力量平衡发生了有利于社会主义方面的变化，"因此从五十年代的后半期起，在和平时期的条件下开始了资本主义总危机的新阶段——第三阶段"。③

2023年1月30日，久加诺夫在俄罗斯—24台电视讲话中说，资本主义的系统性总危机已经全面爆发。他说20世纪爆发了两次资本主义的系统性总危机，并都以世界大战的形式而结束，现在这样的总危机再次全面爆发，意即总危机的第三次爆发。"第一次是伟大的十月社会主义革命将我们从第一次世界大战的泥沼中拯救了出来，而第二次则是我们自己赢得了第二次世界大战中的伟大胜利……当前的冲突是由美国主导的资本主义全球化主义者的根本立场所造成的，他们这样做的目的是尽可能维护和保持旧有的生产关系而维系他们的统治……"久加诺夫大概也想表达现在是资本主义总危机的第三阶段的意思，但他所讲的总危机与斯大林资本主义总危机的含义又存在一定的偏差。久加诺夫说的

---

① 〔苏〕阿·马·鲁缅采夫主编：《科学共产主义词典》，中国人民大学出版社1984年中文版，第352页。
② 〔苏〕瓦尔加：《二十世纪的资本主义》，沈永、金作善译，生活·读书·新知三联书店1962年版，第321、127页。
③ 〔苏〕H. H. 伊诺泽姆采夫等主编：《现代垄断资本主义政治经济学》，杨庆发等译校，上海译文出版社1978年版，第31页。

是**资本主义的系统性总危机**的爆发,而不是说**资本主义总危机**全面爆发。资本主义总危机并不会像经济危机一样以周期性的形式一次又一次地爆发,而是以阶段性的形式伴随垄断资本主义整个过程,它的爆发是一次性的。资本主义总危机爆发之日就是资本主义制度灭亡之时。资本主义总危机有一个不断深化的长期过程,在这个过程中,它有时激化有时又有所缓和。斯大林所说的"两个阶段"就是以资本主义总危机激化的严重性表现为标志来划分的。纵观当前世界形势,国家之间、地区之间战争冲突不断,世界经济受疫情、战争等因素影响萎靡不振,主要资本主义国家深陷金融危机、债务危机的漩涡,通胀率、失业率高居不下,工人罢工运动此起彼伏。资本主义危机的严重性确实达到了一个新的高度,所以久加诺夫才会有第三次总危机全面爆发(资本主义总危机的第三阶段)的说法。关于资本主义总危机第三阶段的划分当然还有待商榷,但资本主义总危机一直在不断深化是毋庸置疑的事实。

第三节 资本主义总危机理论的理论价值与方法论危机

资本主义总危机论是斯大林认识资本主义、观察帝国主义国际政治的理论武器,是其制定对外政策的理论依据,它对共产国际以及其他被压迫民族国家革命策略的制定都产生了深刻的影响。资本主义总危机理论的大部分观点都是正确的,比较客观地反映了斯大林时期资本主义世界的真实状况,但也存在一些缺陷和错误,尤其是在他理论研究中所蕴含的方法论危机,成为后来马克思主义在俄国发展的重要阻力。

一、资本主义总危机理论的理论价值

资本主义总危机理论是斯大林世界革命论、一国建成社会主义论等理论的基石,对当时的国际政治产生了重要影响,具有非常重要的理论价值。首先,斯大林资本主义总危机理论是以马克思资本主义危机理论和列宁帝国主义理论为依据的,是对马克思主义的资本主义观的丰富和发展。马克思和恩格斯发现了人类社会发展的基本规律,对资本主义社会政治经济做了深刻的揭露和批判,预见了资本主义的最终命运。但是,他们所生活的年代还是资本主义的壮年时期,他们所看到的资本主

义矛盾和危机才刚刚开始显山露水。列宁生活在帝国主义时代,他对帝国主义的本质及其特征做了科学的揭示,指出了帝国主义的寄生性、腐朽性和垂死性。斯大林提出的资本主义总危机理论正是对马克思、恩格斯和列宁这些思想的论证和说明。

其次,斯大林资本主义总危机理论为人们全面认识资本主义的危机形式及其未来发展趋势提供了重要参考,是共产国际、苏联以及其他一些社会主义国家评判国际形势、制定外交政策的重要理论依据。在1928年召开的共产国际第六次代表大会上,布哈林根据斯大林对共产国际和世界国际形势的判断,提出了"第三时期"理论。共产国际此后就从"第三时期"的特点出发,制定相应的革命策略。另外,斯大林在二战结束后在资本主义总危机论的基础上还提出了"两个阵营、两个市场"理论,认为社会主义阵营和市场的存在会加深资本主义总危机,激化资本主义矛盾。为了转移矛盾和危机,帝国主义势必发动新的战争,因此,苏联应当积极发展社会主义经济建设和军事建设。为了对抗帝国主义新的战争,苏共确立了优先发展重工业和积极防御的战略方针。新中国成立后,苏共从经济、科技、教育、军事等各个方面对中国进行了大量援助,大大增强了社会主义阵营的力量。

最后,斯大林资本主义总危机理论坚定了世界各国无产阶级以及被压迫民族国家反抗资本主义统治的决心,增强了世界人民战胜帝国主义的信心。马克思和恩格斯得出了"两个必然"的结论,列宁指出了帝国主义是资本主义的最高阶段,但对于资本主义究竟在何时、以何种状态走向崩溃,在他们所生活的年代还不可能就此进行详细说明。到斯大林时代,整个世界经过两次世界大战以后发生了翻天覆地的变化,资本主义一统天下的局面一去不复返了,未来的时代必将是无产阶级的,是属于世界人民的。斯大林资本主义总危机理论不仅激励了他那个时代的无产阶级革命者和深受资本主义剥削压迫的殖民地国家,而且还会对现在以及未来为消灭资本主义制度而奋斗的人民群众产生重要的激励和鼓舞作用。

当然,因为受到当时社会历史条件的限制,资本主义总危机理论不可避免地存在一些缺陷和不足。比如,斯大林过于强调资本主义总危机激化时对资本主义所产生的摧毁性力量,眼光过于集中在资本主义危机的表面现象,对资本主义的自我调节能力估计不足,过于乐观地预判了

第八章　斯大林的资本主义总危机理论

世界革命的发展形势。斯大林依据资本主义总危机理论提出"两个阵营和两个市场"观点,强调与资本主义的对抗,追求重工业和军事工业的发展,导致苏联经济结构畸形,国民经济比例失调。尤其是苏共自斯大林时期开始,大搞个人崇拜,对马列主义采取教条主义的态度,不顾资本主义发展中出现的新情况、新问题,以一种僵化和绝对化的思维去看待资本主义的矛盾和危机,得出了一些背离资本主义发展现实的结论。尽管斯大林的资本主义总危机理论在对资本主义发展形势的判断上存在一些绝对化固定化的缺陷,但总的说来,斯大林是以马克思主义的立场、观点和方法去分析资本主义的。"斯大林毫无疑问是马克思列宁主义的继承者、坚持者、运用者和发展者。"①斯大林资本主义总危机理论丰富和发展了马克思关于资本主义的危机理论,它对于我们在新的历史条件下坚持和发展马列主义,正确认识资本主义的危机形式及其发展趋势,坚定共产主义信仰,增强社会主义信心等,都具有重要的理论意义。

二、资本主义总危机理论的方法论危机

斯大林资本主义总危机理论是在马克思的危机理论和列宁帝国主义理论的基础上提出来的,是对他们观点和结论的理论上进一步的说明,斯大林对资本主义总危机的特征的描述基本上比较客观地反映了当时资本主义的真实状况。但是,斯大林资本主义总危机理论的局限与不足也是客观存在的。这些不足跟斯大林在方法论上没有完全做到按照马克思主义的唯物辩证法原则去观察资本主义世界有关,尤其是在斯大林逝世以后,苏共在坚持和运用这一理论的过程中,表现出严重脱离马克思主义唯物辩证法的教条化倾向。

第一,斯大林资本主义总危机理论没有足够重视事物运动发展的辩证法,在理论的研究和发展过程中存在僵化、教条化的倾向。斯大林虽然提出了资本主义总危机的阶段性特征,指出资本主义的灭亡存在一个矛盾和危机不断积累、深化的过程,但是,他更多地关注到的是资本主义总危机在激化、尖锐化时的表现,忽视了资产阶级缓解矛盾和危机的能力,低估了资本主义总危机的长期性和复杂性。布哈林依据资本主义总危机理论,在共产国际第六次代表大会上提出了"第三时期"的理论。布

---

① 王伟光:《正确认识斯大林　科学评价斯大林(下)》,《世界社会主义研究》2022年第7期。

哈林认为1918年至1923年是"一战"后世界形势发展的"第一时期",是"尖锐的革命危机时期";"第二时期"从1923年至1928年,是"资本主义生产力恢复的时期";1928年以后是"第三时期",是"资本主义改造时期",也是社会主义力量增长和资本主义内部矛盾发展最迅速的时期。[①] 1929年资本主义世界大危机爆发后,他们更加坚信资本主义总危机在激化,帝国主义即将面临大崩溃。据此,共产国际制定了一些具有"左"倾色彩的战略策略,给包括中国革命在内的国际共产主义运动造成很大伤害。

第二,斯大林资本主义总危机理论没有完全按照马克思主义的量变质变规律对资本主义发展过程做辩证分析。在资本主义总危机的第一和第二阶段,资本主义的矛盾和危机确实都发展到了新的高度,整个资本主义世界发生了重大变化,但它只是资本主义的部分质变,而不是根本性变化。资本主义总危机有一个量变的积累过程,资本主义的腐朽和灭亡是一个从量变到质变的复杂过程。马克思恩格斯虽然得出了"两个必然"的结论,但他们同时还提出了"两个决不会"的论断,指出资本主义"在它所能容纳的全部生产力发挥出来以前,是决不会灭亡的;而新的更高的生产关系,在它的物质存在条件在旧社会的胎胞里成熟以前,是决不会出现的。"[②] 列宁在《帝国主义是资本主义的最高阶段》中提出帝国主义是腐朽的、垂死的资本主义,是资本主义的最高阶段,但他并不是以一种僵化不变的眼光看待资本主义的发展。他在后来《修改党纲的材料》等文章中还有很多对帝国主义的补充分析,他说:"帝国主义是衰朽的但还没有完全衰朽的资本主义,是垂死的但还没有死亡的资本主义。"[③] 列宁认为,因为各种综合因素的结果,帝国主义完全可能还会持存一个较长的时期。斯大林认识到了资本主义的崩溃是一个矛盾和危机不断深化、最终全面爆发的过程,但因过于心切地想要推进世界革命的进程,在与布哈林等共产国际理论家的相互影响下,产生了资本主义总危机已经行将到达顶点的幻觉,对资本主义的新发展、新情况产生了一些误判。

第三,斯大林资本主义总危机理论过于强调矛盾辩证法中的对立斗

---

① 《布哈林文选》下册,东方出版社1988年版,第367—369页。
② 《马克思恩格斯选集》第2卷,人民出版社1972年版,第3页。
③ 《列宁全集》第29卷,人民出版社2017年版,第479页。

第八章 斯大林的资本主义总危机理论

争。斯大林所生活的年代是革命与战争的时代。自苏联第一个社会主义国家诞生以后,两种不同制度的对抗成为这个时代的一个重要特征。斯大林在资本主义总危机理论的基础上提出"两个阵营和两个市场"观点,强化了二者的对抗性。但马克思主义辩证法告诉我们,矛盾即对立统一。社会主义的生存要靠斗争,但社会主义的发展还必须建立在积极利用资本主义的一切有益成果基础之上,还必须与资本主义建立必要的联系。列宁说:"社会主义共和国不同世界发生联系是不能生存下去的,在目前的情况下应当把自己的生存同资本主义的关系联系起来。"[1]列宁从苏联实际出发,提出了两制"和平共处"的思想,提出要积极利用资本主义的文明成果发展社会主义经济。"我们的目的只有一个,就是要在资本主义包围中利用资本家对利润的贪婪和托拉斯之间的敌对关系,为社会主义共和国的生存创造条件。"[2]斯大林也曾认识到社会主义国家必须与周围世界产生联系,他说:"以为社会主义经济是一种绝对闭关自守、绝对不依赖周围各国国民经济的东西,这就是愚蠢之至。"[3]特别是在第二次世界大战中,苏联和美、英、法等资本主义国家结成反法西斯同盟,甚至在战后,斯大林还表示苏联在相互尊重基础上的合作愿望,"两种不同的制度既然在战时能够合作,在和平时期为什么又不能合作呢?"[4]但是,因为意识形态的差别,因为斗争的需要,对于资本主义有益成果的利用以及与资本主义的合作并没有真正得到重视。在冷战时期,两个阵营的对抗,苏美的军备竞赛,是使得苏联经济畸形发展的重要原因。这与资本主义总危机理论过于强调矛盾和斗争的一面直接相关。日本共产党在1985年11月召开的第十七次党代表大会上,把"资本主义总危机"等用语从《党纲》和党代表大会的文件中删除了。他们的理由是,"资本主义总危机"的用语容易助长人们在观察资本主义世界形势时,放大矛盾和危机的严重性。这种做法未免过于敏感,但资本主义总危机的说法确实容易让人形成对资本主义现状的误判。当然,我们必须看到斯大林资本主义总危机理论所形成的历史条件,理解其所处的时代背景,全面、辩证地看待这一理论的价值贡献。

---

[1] 《列宁全集》第41卷,人民出版社2017年版,第167页。
[2] 《列宁全集》第41卷,人民出版社2017年版,第167页。
[3] 《斯大林全集》第9卷,人民出版社1954年版,第118页。
[4] 《斯大林文选》(下),人民出版社1962年版,第491页。

下篇

当代帝国主义理论

第二次世界大战以后,世界政治经济格局发生了重大变化。亚洲、非洲、拉丁美洲很多长期遭受帝国主义剥削和压迫的国家掀起了民族解放运动的浪潮。中国、朝鲜、越南、古巴以及东欧的许多国家纷纷走上了社会主义道路,包括自称为某种特殊类型的社会主义国家,世界上先后出现的社会主义国家有 50 多个。被帝国主义直接统治的殖民地国家越来越少。到 20 世纪 80 年代中期,总共有 130 多个国家宣告独立,原有的帝国主义殖民体系土崩瓦解了。但是,在政治上取得了独立的落后国家和民族并没有摆脱帝国主义在经济上的剥削和掠夺。传统的"殖民占领型的帝国主义"被新型的"全球控制型帝国主义"所取代,对于帝国主义的理论研究不管是在内容上还是方法上也都相应地有了一些新的变化和转向。

第九章 "垄断资本"理论

保罗·巴兰(Paul Baran,1910—1964)与保罗·斯威齐(Paul Sweezy, 1910—2004)都是美国当代著名的马克思主义经济学家。二人合著的《垄断资本》(1966)一书是垄断资本学派(又称"每月评论"学派)的奠基之作,被认为是战后西方最重要的马克思主义经济学著作之一,是美国马克思主义政治经济学中"最有影响力的一本书"。巴兰和斯威齐的"垄断资本"理论上承马克思恩格斯的资本理论和列宁的帝国主义理论,下启包括哈里·马格多夫(Harry Magdoff)和近些年已成为"每月评论"中流砥柱的约翰·贝拉米·福斯特(John Bellamy Foster)等在内的一批美国激进经济学家的资本主义理论观,在当代帝国主义理论中占有重要地位。

巴兰1910年生于乌克兰,曾在莫斯科大学学习经济学,1932年获柏林大学哲学博士学位;1939年巴兰移居美国,在哈佛大学攻读经济学研究生,与斯威齐结识;1948年以后巴兰一直在斯坦福大学从事教学和研究工作。巴兰的著作除了与斯威齐合作的《垄断资本》以外,还有早在1957年就发表的另外一部重要经济学作品《增长的政治经济学》,在这本书中巴兰提出了"垄断资本"理论的核心概念"经济剩余",并对不发达国家的经济发展状况进行了考察和分析,指出它们摆脱不发达的根本出路在于实行社会主义。

斯威齐1910年生于美国,1937年在哈佛大学经济学博士毕业,曾师从著名经济学家熊彼特(Joseph Schumpeter),全面而系统地学习了西方主流经济学。1949年斯威齐创办了著名的左翼杂志《每月评论》,并担任该杂志编辑直至逝世。斯威齐的代表作除了《垄断资本》以外,还有《资本主义发展论:马克思主义政治经济学原理》(1942)、《作为历史的现在》(1953)、《论向社会主义过渡》(1972)、《繁荣的终结》(与哈里·马格多夫合著,1981)、《革命后的社会》(1982)、《马克思主义四讲》(1982)、《〈共产党宣言〉在当代》(1998)等。斯威齐立志于创立"严肃的和真正的北美牌马克思主义",始终坚持从马克思主义的立场去分析和批判现代资本主义,探索资本主义向社会主义的过渡,为马克思主义政治经济学理论在美洲的传播做出了杰出贡献。

第一节 "垄断资本"理论的基础性概念:经济剩余

巴兰与斯威齐合著的《垄断资本》中的内容基本反映了二者对垄断资本主义即帝国主义的主要观点,其核心思想主要是以"经济剩余"为线索,分析研究垄断资本主义的经济运行规律及其发展趋势。要了解"垄断资本"理论,首先必须把握"经济剩余"概念的内涵,并注意它们与马克思的资本理论和剩余价值学说之间的联系与区别。

一、"经济剩余"的概念内涵

"经济剩余"概念最早是巴兰在《增长的政治经济学》一书中提出来的,这本书虽说是巴兰的个人著作,但其中也包含了斯威齐的观点和见解。巴兰在该书第一版序言中写道:"几乎本书中所有的论点,我们都在一起讨论过。我很难说哪部分思想是他的,哪部分思想是我自己的。"[①]因此,该书也可以看作巴兰与斯威齐共同提出"垄断资本"理论之前的奠基之作。至于为什么要提出"经济剩余"的概念,巴兰和斯威齐在《垄断资本》未出版的一章中曾经有过说明。首先,他们认为资本主义在他们所生活的年代已经发生了重大变化,自由竞争的资本主义已经成为"过去式"了,资产阶级的经济学没能提供理解垄断资本主义的方法,根本无法解决垄断资本主义所提出的问题;其次,当时出现的很多经济学派,包括数学学派、凯恩斯学派等,各种观点极为复杂,经济学已经日益沦落为一个"越来越倒退的经济社会秩序辩护的学科";最后,马克思主义经济学虽然提供了分析当代公司制度整体运动规律的理论基础,但它的分析

---

① [美]保罗·巴兰:《增长的政治经济学》,蔡中兴、杨宇光译,商务印书馆2017年版,第一版序言第4页。

"归根到底依然是停留在竞争经济这个假设上"。马克思的剩余价值理论提供了"理解全部资本主义生产的钥匙",但是,它只能打开理解自由竞争资本主义的大门,如果认为也能打开理解垄断资本主义运动规律这扇更为复杂的大门,那纯属"奇迹","为了实现后一目标,它需要一些改进"①。他们认为马克思的"剩余价值"概念在垄断资本主义制度下"不再是恰当的了",因为垄断公司的崛起和工资水平的历史性上升,尤其是垄断资本主义中销售努力与生产努力的融合,对于资产阶级经济学和马克思主义经济学来说都是一个"崭新的现象",他们希望"术语的更换,将有助于实现理论见解的必要转变"②。

巴兰和斯威齐给"经济剩余"下了一个最简短的定义:"就是一个社会所产生的产品与生产它的成本之间的差额"③。它不仅包括全部财产收入(利润、利息、地租等),还包括商业买卖过程中的浪费、某些其他广告费用、金融与法律服务部门从业人员的报酬,以及由政府吸收的剩余等。巴兰对经济剩余做了三个不同概念上的区分,分别是实际经济剩余、潜在经济剩余和计划经济剩余。**实际经济剩余**是指"社会当前实际劳动产品与社会当前实际消费之间的差额","具体体现在该时期社会财富所增加的各种资产:生产性工具设备,库存,对外结余和黄金存量"④。与马克思的剩余价值相比,实际经济剩余只包含了总产值较小的部分:马克思的剩余价值概念包含了"介于净总产值和实际劳动收入之间的全部差额";而实际经济剩余仅是指积累起来的剩余价值部分,它不包括资产阶级的消费、政府的行政和军事支出等。**潜在经济剩余**是指"在一定的自然条件和技术条件下,利用可获得的生产资源可能产生出来的产品和被认为是必须消费品之间的差额",它与实际经济剩余的差别主要表现在以下四个方面:一是社会的过度消费(主要是高收入阶层);二是社会中由于非生产性工人的存在而损失的产品;三是由于现存的生产机制

---

① 参见[美]保罗·巴兰,保罗·斯威齐:《关于垄断资本的一些理论含义——〈垄断资本〉未出版的一章》,张雪琴译,《经济纵横》2022年第3期。
② [美]保罗·巴兰,保罗·斯威齐:《垄断资本:论美国的经济和社会秩序》,南开大学政治经济学系译,商务印书馆1977年版,第15页。
③ [美]保罗·巴兰,保罗·斯威齐:《垄断资本:论美国的经济和社会秩序》,南开大学政治经济学系译,商务印书馆1977年版,第14—15页。
④ [美]保罗·巴兰:《增长的政治经济学》,蔡中兴、杨宇光译,商务印书馆2017年版,第112—113页。

结构不合理,不节约而失去的产品;四是主要由于资本主义生产的无政府状态以及有效需求不足而导致工人失业所未能体现的产品。① 潜在经济剩余与马克思剩余价值的区别在于,它不包括资本家的必要消费和被认为是必要的政府行政开支等剩余价值部分,但它包括剩余价值概念所未包含的因生产资源的未充分利用或利用不当所损失的那部分产值。资本主义的实际经济剩余与潜在经济剩余之间的巨大差异体现了资本主义制度的浪费和不合理性,**计划经济剩余**则是社会主义制度下的综合经济计划体制的范畴,它指的是"在一定历史时期的自然和技术条件下,有计划地'最佳'利用一切可以获得的生产资源所可能得到的社会最佳产值为一方和所选定的'最佳'消费值为另一方之间的差额"②。所谓"最佳"的含义是指,"它们体现着一种为理性和科学所主导的社会主义的精密决策",它意味着资源利用的合理化,"其产值不是由个别企业家或公司的互不协调的决策所确定的偶然产物,而是由表达全社会在任何特定时间所想达到的生产、消费、积累和投资愿望的合理化计划所确定。"③

经济剩余是巴兰经济理论,也是他与斯威齐的垄断资本理论的核心概念,是他们"理解资本主义运行的一般原理的关键"。巴兰运用这一概念分析了垄断资本主义和社会主义经济的运行规律,并以此为基础对发达与不发达经济问题进行了独到的分析和解释。很多学者认为,经济剩余理论是对马克思主义经济学说在垄断资本主义时代的补充和发展,它也是后来一些新马克思主义思想的重要理论来源。

二、经济剩余的增长与吸收

巴兰和斯威齐认为,对垄断资本主义的研究和对竞争资本主义的研究一样,必须从价格机构的运用开始。二者在价格机制上的区别在于,竞争资本主义中的个人企业家是被动的"价格的接受者",而垄断资本主义中的大公司是"价格的决定者",这样就使得垄断者的利润达到最大限

---

① [美]保罗·巴兰:《增长的政治经济学》,蔡中兴、杨宇光译,商务印书馆2017年版,第114页。
② [美]保罗·巴兰:《增长的政治经济学》,蔡中兴、杨宇光译,商务印书馆2017年版,第133页。
③ [美]保罗·巴兰:《增长的政治经济学》,蔡中兴、杨宇光译,商务印书馆2017年版,第134页。

度的价格和产量。同时,垄断资本的形成使得资本主义的生产变得相对有序,在一定程度上避免了由于过度竞争和生产过剩而带来的利润率下降。换言之,资本家的联合使垄断资本主义能够维持一个相对稳定的利润率水平,利润总额不论是在绝对数量上还是在国民产值所占的份额上都在不断增长。"如果我们暂时使利润总额同社会的经济剩余相等,我们就可以把剩余随着这个制度的发展而在绝对数上和相对数上增长的倾向表述为垄断资本主义的一个规律。"①这个规律即"剩余增长规律"。马克思关于利润率下降趋势的规律是自由竞争制度下的理论研究成果,而现在的"资本主义经济已经经历了一个根本的变化",与之相比较,剩余增长规律反映了资本主义由自由竞争发展到垄断阶段的经济结构的改变。②

除了垄断价格所带来的经济剩余的增长之外,还有两个因素决定了经济剩余的产生和增长。一是垄断竞争使生产成本下降,企业利润提高,形成经济剩余的增长。"在垄断资本主义下,由于巨型公司价格政策和成本政策的性质,有一种强大的趋势,即剩余在绝对数上和作为总产品的份额均在增长。"③也就是说,垄断资本主义下经济剩余的增长除了来源于垄断的价格政策,还有垄断集团的成本政策。生产成本低的企业在市场争夺中总是处于有利地位,因此,它们会不断通过技术革新等各种手段竭力降低成本,提高所得利润。巴兰和斯威齐认为,如果寡头垄断成功地获得了与理论上的垄断价格非常接近的近似值,并成功地降低了成本,那么"剩余必定具有强大的、持久不断的增长趋势"④。二是从短期来看,在一定的价格和成本下,开工率的变动也会对经济剩余的增长形成影响。巴兰和斯威齐指出,开工率与利润之间存在着密切关系:如果一个公司的生产能力是在一定成本和价格之下提供最大限度利润的

---

① [美]保罗·巴兰,保罗·斯威齐:《垄断资本:论美国的经济和社会秩序》,南开大学政治经济学系译,商务印书馆1977年版,第73页。
② 对于马克思关于利润率下降趋势的规律,斯威齐曾经在《资本主义发展论》的第六章专门提出了批评,参见保罗·斯威齐:《资本主义发展论:马克思主义政治经济学原理》,陈观烈、秦亚男译,商务印书馆2009年版,第135—144页。
③ [美]保罗·巴兰,保罗·斯威齐:《垄断资本:论美国的经济和社会秩序》,南开大学政治经济学系译,商务印书馆1977年版,第80页。
④ [美]保罗·巴兰,保罗·斯威齐:《垄断资本:论美国的经济和社会秩序》,南开大学政治经济学系译,商务印书馆1977年版,第69页。

产量,那么,当开工率降低时,利润也必然降低;当开工率上升,产量增加,使得单位产品分摊的管理费用降低,在产品价格及其可变成本不变的情况下,单位产品的利润就会增长,经济剩余也相应增加。①

在垄断资本主义条件下,经济剩余不断增长,这些剩余只有被吸收和利用,社会再生产才能继续顺利进行。现在的关键问题是资本主义能否提供为吸收日益增长的剩余所需的出路。巴兰和斯威齐认为,经济剩余的吸收有以下几种方式:第一,它可以被消费掉;第二,它可以用来投资;第三,它可以被浪费掉。②

首先,从消费来看,社会消费一直是在增长的,但它在收入中所占的比率有下降的趋势。斯威齐在《资本主义发展论》中发展了马克思关于资本主义消费不足的思想。他在该书中提出并论证了资本主义的一种固有趋势,即"消费品生产能力的扩大快于消费品需求的增长"。斯威齐指出,资本家为了攫取尽可能多的利润,会把尽可能大的一部分利润加以积累,并提高投资在积累中的比重。因此,资本主义社会的积累率和资本有机构成会不断提高,消费增长率(即消费增加额对消费总额的比率)同生产资料增长率(即投资对生产资料的比率)比较起来是下降的,这是"资本家的特有行为方式所产生的一个必然结果"③。

其次,从投资来看,它确实可以吸收大量经济剩余,但同时又会造成生产更多剩余的生产能力,从而使剩余的吸收更加困难。巴兰和斯威齐区分了两种不同的投资:"内源的"和"外源的"投资。内源的投资,即"投资导向从这个制度的内部机构产生的出路",会导致经济的生产能力比它的产量增加得更快,形成更多的剩余。外源的投资,即"不随这个制度的正常运转所产生的需求因素为转移的全部投资",在经济学文献中居于突出地位的有三种:(1)用于满足人口增长所产生的需要的投资;(2)用于新生产方法和新产品上的投资;(3)国外投资。④ 巴兰和斯威齐认

---

① [美]保罗·巴兰,保罗·斯威齐:《垄断资本:论美国的经济和社会秩序》,南开大学政治经济学系译,商务印书馆1977年版,第83页。
② [美]保罗·巴兰,保罗·斯威齐:《垄断资本:论美国的经济和社会秩序》,南开大学政治经济学系译,商务印书馆1977年版,第80页。
③ [美]保罗·斯威齐:《资本主义发展论:马克思主义政治经济学原理》,陈观烈、秦亚男译,商务印书馆2009年版,第232页。
④ [美]保罗·巴兰,保罗·斯威齐:《垄断资本:论美国的经济和社会秩序》,南开大学政治经济学系译,商务印书馆1977年版,第89页。

为,这三者对剩余的吸收都是有限的。人口高速增长的结果"很可能是失业水平的提高而不是持久的投资景气"①;在垄断资本主义条件下,新技术取代旧技术的速度甚至比以前更慢。"从垄断资本家的观点来看,当采用新技术会增加他的生产能力时(假定需求不变),他通常就避免采用。在他的现有设备需要实行更新以前,他宁愿等待,而不去安装新的设备。"②为了短期内的利润,资本家甚至会阻止新技术的开发和新产品的投资。对于国外投资,巴兰和斯威齐认为,资本的贪婪本性注定了它不可能成为国内形成的剩余的出路,相反,"它是把海外形成的剩余转移到投资国的最有效的手段。在这种情况下,那就自然很明显:国外投资使剩余吸收问题更为严重,而不是有助于它的解决"。③

最后,经济剩余的吸收的唯一方法就是浪费。垄断资本主义的浪费主要包括两种方式:一是销售努力;二是政府支出。销售努力自古代就以各种形式出现过,在垄断资本主义时代发展成为资本主义制度的"决定性神经中枢之一",成为吸收经济剩余的重要途径之一。它主要包括"广告,产品形状和包装的多样化,'人为的商品陈旧',模型改变,信贷计划,如此等等"④的各种促进销售的新方式。其中,广告是销售努力采取的最重要的形式。巴兰和斯威齐指出,"广告是垄断资本主义本身的产物,是价格竞争衰落的必然的副产品,它象巨型公司本身一样,构成了这个制度的组成部分""广告在经济上的重要性,主要不在于它促使消费者的支出在不同的商品上进行再分配,而在于它对有效总需求的大小,从而对收入和就业水平的影响"。⑤ 广告努力不仅直接影响收入产生和剩余吸收,还间接地影响到投资和社会总收入在消费与储蓄之间的划分(即凯恩斯主义者所称的消费偏向),"它既是一种抵销垄断资本主义的

---

① [美]保罗·巴兰,保罗·斯威齐:《垄断资本:论美国的经济和社会秩序》,南开大学政治经济学系译,商务印书馆1977年版,第90页。
② [美]保罗·巴兰,保罗·斯威齐:《垄断资本:论美国的经济和社会秩序》,南开大学政治经济学系译,商务印书馆1977年版,第94页。
③ [美]保罗·巴兰,保罗·斯威齐:《垄断资本:论美国的经济和社会秩序》,南开大学政治经济学系译,商务印书馆1977年版,第105页。
④ [美]保罗·巴兰,保罗·斯威齐:《垄断资本:论美国的经济和社会秩序》,南开大学政治经济学系译,商务印书馆1977年版,第113页。
⑤ [美]保罗·巴兰,保罗·斯威齐:《垄断资本:论美国的经济和社会秩序》,南开大学政治经济学系译,商务印书馆1977年版,第119、121页。

停滞趋势的力量,同时又表明它是著名的'美国生活方式'的总设计师"。①

政府支出包括民用支出和军事支出。巴兰和斯威齐认为,政府支出吸收了大量剩余,推动了生产的发展,但是,它受到垄断资本主义社会性质的严格限制,随着资本主义的发展,表现得越来越不合理,具有巨大的破坏性。资本主义的政治制度表面上是民主政治,实质上是富豪政治,政府的一切所作所为无非都是为有钱的寡头统治集团服务的。军事支出的增加更是支援了帝国主义战争,催生了军国主义,给世界人民带来了灾难和危机。而且,军事支出的效力还受到来自经济和军事方面的限制,因为现代战争的新技术减少了军事支出刺激经济的力量,资本主义强国之间的军备竞赛不仅没有合理的军事目的,而且还减少了国家在全面战争中获得生存的机会,所以,"继续扩大军事预算从严格的意义上说是不合理的:它同军事机构所要达到的目的本身相违背"。② 总之,不管在民用支出领域还是军事支出领域,垄断资本主义对于如何合理有效地吸收经济剩余都是"找不到答案的"。

第二节 垄断资本主义的危害及其发展趋势

在垄断资本主义时代,经济剩余不断产生和增长,而垄断资本主义制度却不能为这些剩余提供消费和投资的有效出路,吸收经济剩余的最终方法就是浪费。一边是资本主义经济剩余的浪费,另一边却是广大人民群众的日益贫困,二者的矛盾充分表现出了资本主义制度的不合理性。垄断资本具体有哪些危害?垄断资本主义将走向何处?社会主义的计划经济剩余有哪些优势?这些才是巴兰和斯威齐最终想要探讨的问题。

---

① [美]保罗·巴兰,保罗·斯威齐:《垄断资本:论美国的经济和社会秩序》,南开大学政治经济学系译,商务印书馆1977年版,第124页。
② [美]保罗·巴兰,保罗·斯威齐:《垄断资本:论美国的经济和社会秩序》,南开大学政治经济学系译,商务印书馆1977年版,第203页。

第九章 "垄断资本"理论

一、垄断资本主义的危害性

巴兰和斯威齐通过对经济剩余的增长及其吸收过程的探讨,基本抓住和掌握了垄断资本主义的经济运行规律,进而,他们对垄断资本的危害及其发展趋势做了进一步研究,揭露了垄断资本主义制度的不合理性。垄断资本主义制度危害性具体表现为:第一,在经济上,它造成市场生产停滞、经济萧条,人民生活贫困;第二,在政治上,它表明了资产阶级民主政治的虚伪性,它提供了催生军国主义、法西斯主义的土壤,是帝国主义战争的根源;第三,它是不发达国家和地区落后的根源、发展的羁绊。

(一)经济上的危害

巴兰在《增长的政治经济学》第二章提出经济剩余概念之后,在接下来的第三、第四章就分析了由经济剩余所带来的垄断资本主义制度下的停滞与运动。巴兰指出,在垄断资本主义阶段,利润率均衡的机制只有在经济体制中强烈压缩的竞争部门才起作用,在那里的利润率是很低的,可用于投资的利润相对较小,这使得资本家倾向于减少总投资量,"因此,在任何既定情况下,投资量总是小于在充分就业条件下产生的经济剩余量,它最终导致就业不足和停滞,或生产过剩"[①]。巴兰和斯威齐揭示了垄断资本主义制度的自相矛盾之处:它所产生的经济剩余越来越多,可是又不能为消化和吸收这些剩余提供出路。"既然不能吸收的剩余就不会被生产出来,所以垄断资本主义的正常状态就是停滞。"[②] 斯威齐在《资本主义发展论》的第三篇也曾专门对资本主义的危机和萧条进行详细分析和探讨,他批判了俄国经济学家杜冈·巴拉诺夫斯基的比例失调论,对马克思危机理论中的消费不足论做了进一步发挥,再次论证了马克思的这一思想观点:危机和停滞是资本主义条件下的"正常状态"。

资本主义一边积累着财富,一边又在生产着贫困。这个贫困不仅是

---

① [美]保罗·巴兰:《增长的政治经济学》,蔡中兴、杨宇光译,商务印书馆2017年版,第178页。
② [美]保罗·巴兰,保罗·斯威齐:《垄断资本:论美国的经济和社会秩序》,南开大学政治经济学系译,商务印书馆1977年版,第105-106页。

指工人因失业而带来的物质上的贫困,还包括他们在精神文化生活中的贫困。在资本主义社会制度下,"在许多人,酒是唯一的安慰;在某些人,自杀是走投无路的一种逃避方法""这就是这样一种社会的无可逃避的命运:这种社会没有信仰,没有道德——没有能力为它的成员们提供一种途径,为着从人的角度来看是有兴趣的和有价值的目标去利用他们的精力"。① 巴兰和斯威齐感叹说,当工人们工作的折磨换来的是非工作时间的空虚、沉闷和麻木,当工作日和工作周的尽头是厌烦这块不毛的沙漠之地时,这个社会制度究竟还保留有什么样的合理性呢?②

(二)政治上的危害

斯威齐通过《资本主义发展论》中对资本主义危机和萧条的分析,从三个方面总结了垄断资本主义,即帝国主义对资本主义社会内部冲突的影响:第一,帝国主义国家内部阶级斗争加剧;第二,帝国主义国家权力和国家职能增强;第三,帝国主义的扩张本性决定了战争是帝国主义的内在要求。③ 与经济剩余和资本主义危机一起增长的是,工人阶级反抗斗争的增长。面对工人阶级的反抗,资产阶级有两个基本的办法:镇压和让步。斯威齐说,这两个办法看起来是矛盾的,但实际上是相辅相成的,在不同时期二者往往是混合或交替使用的,但它们都需要扩大国家的权力和职能。而与国家权力增大、国家经济职能范围扩张同时发生的是,议会制度效能的减退。④ 议会制度的没落也就意味着资本主义民主政治的衰败,意味着极权主义、法西斯主义形成的可能性的增长。

在帝国主义时代,除了帝国主义国家内部矛盾和斗争加剧之外,帝国主义国家外部的斗争和对抗也在增加。斯威齐归结了帝国主义国际对抗的三大主要因素:民族主义、军国主义和种族主义。斯威齐指出,在被压迫的民族中,民族主义和军国主义是为实现国内的统一和自由服务的,而在发达国家中,它们的性质已经发生了变化,"变成了敌对的资本

---

① [美]保罗·巴兰,保罗·斯威齐:《垄断资本:论美国的经济和社会秩序》,南开大学政治经济学系译,商务印书馆1977年版,第338、333页。
② [美]保罗·巴兰,保罗·斯威齐:《垄断资本:论美国的经济和社会秩序》,南开大学政治经济学系译,商务印书馆1977年版,第328页。
③ 于阳阳:《斯威齐及其理论贡献》,《中共四川省委党校学报》2015年第1期。
④ [美]保罗·斯威齐:《资本主义发展论:马克思主义政治经济学原理》,陈观烈、秦亚男译,商务印书馆2009年版,第389—391页。

家集团进行世界战争的武器"①。军国主义在所有帝国主义国家中的地位越来越重要,表现在:第一,它在重要的军火生产工业中助长了一群享有特殊利益的垄断者,正因为如此,这部分人带头主张侵略性对外政策;第二,由于军事开支起着消费支出的经济作用,所以从整个经济的机能来看,限制军事开支的数额正变得越来越危险;第三,军国主义为整个资本家阶级提供了新增的有利的资本投资的机会,军火生产会进一步扩充,军国主义在资本主义大有扩张之势。斯威齐引用罗莎·卢森堡的话说:"军国主义已经从资本主义发展的原动力变成了资本主义的病态。"②

斯威齐在分析民族主义和军国主义在帝国主义国家的变化发展基础上,进一步分析了种族主义、法西斯主义与帝国主义的关系。他写道:"和民族主义与军国主义的变质一起出现的,是一种为帝国主义扩张政策辩护的新的、伪科学的理论,即种族优越论。"③种族优越论的用途,对内是通过挑起种族对立,把人们的注意力从阶级斗争上转移开去;对外则是为征战作辩护。"二战"时期法西斯主义的形成与帝国主义国家民族主义、种族主义的流行密不可分。斯威齐指出,法西斯主义的兴起有其特定历史条件,这些历史条件的产生,是由于重新分割世界的帝国主义战争冲击着发达资本主义国家的经济、社会结构。法西斯主义并不是资本主义发展过程中不可避免的一个阶段。"法西斯主义只是在资本主义的结构已经严重破坏,但还没有被推翻的局面中产生的""一个被一场重新分割世界的帝国主义战争弄得经济、社会结构严重瓦解的国家,由于不能取得社会主义革命的胜利,可能进入一个以资本主义生产关系为基础的阶级均衡时期。在这样的条件下,资本主义矛盾的加剧,便引起一种不能用常规的帝国主义扩张的办法来加以'解决'的严重的内部危机。这可以说就是法西斯主义生根和发芽的土壤"。④

斯威齐在《资本主义发展论》中重申了列宁关于帝国主义战争不可

---

① [美]保罗·斯威齐:《资本主义发展论:马克思主义政治经济学原理》,陈观烈、秦亚男译,商务印书馆 2009 年版,第 379 页。
② [美]保罗·斯威齐:《资本主义发展论:马克思主义政治经济学原理》,陈观烈、秦亚男译,商务印书馆 2009 年版,第 380—381 页。
③ [美]保罗·斯威齐:《资本主义发展论:马克思主义政治经济学原理》,陈观烈、秦亚男译,商务印书馆 2009 年版,第 381 页。
④ [美]保罗·斯威齐:《资本主义发展论:马克思主义政治经济学原理》,陈观烈、秦亚男译,商务印书馆 2009 年版,第 422、405 页。

避免性的观点。他解释说,重新分割之所以不可避免,是因为资本主义的本性就是扩张,而且,由于资本主义不平衡发展规律的作用,后起的帝国主义国家必然要挑战老牌帝国主义国家,要求对世界进行重新分割,它只能用武力来加以实现。斯威齐对两次世界大战进行了具体分析,他认为第一次世界大战是帝国主义重新分割世界的战争;"二战"和"一战"不同:"二战"不是单纯的帝国主义之间重新分割世界的斗争,它是三个不相同的战争。这三个战争只是在军事上合并在一起,而且合并得并不彻底,它们分别为:一是1914—1918年德、意、日与英、美之间重新分割世界的战争;二是以德国为一方和以苏联为一方的资本主义与社会主义之间的战争;三是中国对日本的反对帝国主义的民族独立战争。斯威齐说,这场战争具有三位一体的性质,它"把作为一种世界经济体系的帝国主义扩张极限,乃至其继续存在的极限,都尽可能突出地暴露出来了"。"一战"还只是纯粹帝国主义之间的相互对抗,而现在,反帝斗争成为"冲突形式的总体中一个重要组成部分"。①

巴兰认为,因为霸权国家的存在,"一个帝国主义国家凌驾于其他所有帝国主义国家之上的优势使得它们爆发战争越来越困难",再加上原子武器对于人类整体文明毁灭的风险等原因,大规模战争发生的概率在下降,帝国主义列强直接参与战争的可能性在减小,它们可能更多地会以一种变相的代理人战争的形式出现。垄断资本的负责任的政治家"愈加倾向于宁愿选择'冷战'而不愿选择'热战',宁愿选择较小的警察行动而不愿选择全面战争,宁愿选择危险的气氛而不愿选择危险本身"。② 从2022年爆发的俄乌战争来看,巴兰的这一论断无疑是极具前瞻性的。巴兰同时还指出,随着军备支出的加强和增长,武器的贮存越大越复杂,军事机构变得越大越持久,以军事实力作交涉基础的引诱也就越大。对于较小和较弱国家,帝国主义列强如果觉得需要的话就会以武力支持它们,所以,"战争之火自动点燃的危险和意外爆发战争的威胁会长久存

---

① [美]保罗·斯威齐:《资本主义发展论:马克思主义政治经济学原理》,陈观烈、秦亚男译,商务印书馆2009年版,第396页。
② [美]保罗·巴兰:《增长的政治经济学》,蔡中兴、杨宇光译,商务印书馆2017年版,第226、230页。

在"。①

(三)不发达国家落后的根源

从上文斯威齐对"二战"性质的分析可以看出,他是把帝国主义扩张放在整个世界经济体系中加以考察的,这是他对帝国主义研究的一个重要贡献。斯威齐在《资本主义发展论》中对列宁的帝国主义定义做了一些修正,他认为帝国主义的特点表现为:第一,几个发达的资本主义国家,在工业品的世界市场上居于竞争的地位;第二,垄断资本是资本的统治形式;第三,积累过程的种种矛盾已经成熟,以致资本输出成为世界经济关系的一个显著特点;第四,世界市场中有着严重的对抗,不是导致你死我活的竞争,便是导致国际的垄断组合;第五,主要的资本主义列强(及其卫星国)对世界上"未被人占领"的地区进行领土的分割。② 斯威齐解释说他在这里把列宁关于帝国主义的五大特征当中关于"金融资本"的第二条删除了,是因为"垄断资本"概念已经包含了金融资本。斯威齐的这个定义与列宁的相比较,它更强调了帝国主义在世界经济体系中的重要作用。斯威齐甚至已经触及了后来依附理论的一个核心概念:"中心—外围(宗主国—卫星国)",提出了发达与不发达国家的问题。

在巴兰和斯威齐合著《垄断资本》之前,巴兰在《增长的政治经济学》中就已经比较详细地探讨了不发达的问题,论证了不发达国家在现存世界体系中根本不可能有资本主义的发展前途。巴兰从经济剩余概念出发,考察了不发达国家经济剩余的积累和转移,指出不发达国家根本无法获得增长所需的必要动力,因为它们的经济剩余绝大部分都被商人、实业家、外国企业和国家政府这四类非农部门掌握着,这些剩余或者被奢侈地消费掉,或者被用来维持政府机构和军事组织,或者被输出到外国。在这些国家缺乏生产性投资,它们的生产一直处于低水平状态,即使被置于广泛地与先进的西方科学相接触之中,它们也摆脱不了最绝望的落后处境。

在《垄断资本》中,巴兰和斯威齐批评了马克思把注意力过分集中于

---

① [美]保罗·巴兰:《增长的政治经济学》,蔡中兴、杨宇光译,商务印书馆 2017 年版,第 230—231 页。
② [美]保罗·斯威齐:《资本主义发展论:马克思主义政治经济学原理》,陈观烈、秦亚男译,商务印书馆 2009 年版,第 377 页。

发达的资本主义国家,而未能把他的理论模型扩充到既包括资本主义世界的发达部分,也包括不发达部分。他们认为,马克思对比较不发达国家的一些论述只适用于从来没有陷入、或是逃避了比较发达国家的统治的少数几个国家,这些国家可能效仿发达国家摆脱不发达。今天的日本、加拿大、澳大利亚、新西兰以及西欧的大多数国家,它们可以设想能够追随美国的脚步。而对于资本主义世界的其余地区,许多的殖民地、新殖民地和半殖民地,他们注定要停留在不发达的和悲惨的落后状况中。[①] 巴兰和斯威齐在该书最后一章从不等价交换的角度分析了资本主义制度的不合理性。他们指出,等价交换是人类意识进化中向前推进的重大一步,然而在资本主义的生存期间,等价交换作为经济和社会组织的合理原则垮台了。"等价交换的合理性是特殊的资本主义的合理性,到了某一个发展阶段,它就变得同作为基础的生产力和生产关系不相适应了。"垄断资本主义阶段的等价交换原则已经转化为"合理经济组织的促进者的对立物",变成了"在潜在的丰富之中维持稀少的一种公式"。[②] 继而,巴兰和斯威齐指出,不发达国家落后的一个重要原因就在于它们和发达国家的不平等交换。"在最发达的资本主义国家,有一部分人口生活在极端贫困之中,而在不发达的国家,数以亿计的人遭受疾病和饥饿,这就是因为没有一种机构,来实现他们所能生产的东西和他们如此迫切需要的东西之间的交换。"[③]他们的这一思想在后来法国经济学家阿吉里·伊曼纽尔(Arghiyi Emmanuel)的《不平等交换:对帝国主义贸易的研究》(1969)一书中得到了充分的体现。伊曼纽尔通过对"中心—外围"结构的国际贸易的分析,从工资率的差别指出了发达与不发达两极形成的主要原因是"不平等交换",资本主义就是通过不等价交换而进行剥削的一种世界体系。

---

① [美]保罗·巴兰,保罗·斯威齐:《垄断资本:论美国的经济和社会秩序》,南开大学政治经济学系译,商务印书馆1977年版,第17页。
② [美]保罗·巴兰,保罗·斯威齐:《垄断资本:论美国的经济和社会秩序》,南开大学政治经济学系译,商务印书馆1977年版,第316—317页。
③ [美]保罗·巴兰,保罗·斯威齐:《垄断资本:论美国的经济和社会秩序》,南开大学政治经济学系译,商务印书馆1977年版,第317页。

二、垄断资本主义的发展趋势

巴兰和斯威齐的逻辑是,资本主义的经济剩余具有不断增长的趋势,并且剩余不能被合理有效地吸收和利用,最终造成资本主义生产停滞,经济陷入长期萧条的沼泽,人民生活日益贫困化,国内阶级矛盾不断激化。同时,帝国主义对殖民地国家的长期剥削和掠夺最终也会遭到它们的反抗。在国内国外双重矛盾作用下,资本主义制度将随着世界革命的爆发而归于覆灭,社会主义计划剩余取代不合理的资本主义经济剩余。

斯威齐在《资本主义发展论》中讨论了帝国主义的发展极限问题。斯威齐指出,帝国主义制度给自己造成了两种类型的对立面:一是帝国主义国家内部的反对力量,即工人阶级、社会主义者;二是帝国主义国家外部的反对力量,即落后的殖民地国家的民族主义者。"帝国主义的第一个极限,是帝国主义的国内一面和国外一面相互起作用的结果""帝国主义的第二个极限是从大都市和殖民地的关系中产生的"。[①] 在这二者之间存在着一种"坚实的结盟基础",为了摆脱帝国主义世界经济日益增长的矛盾,两大反帝力量将联合起来,团结一致,为缔造社会主义世界经济而努力。在世界规模上,实质上就是帝国主义与社会主义的斗争,帝国主义日益加深的矛盾将导致它自身的没落,"而与此相伴随的则是社会主义的壮大"[②]。

在《资本主义发展论》的最后一章,斯威齐对资本主义的未来做了展望。斯威齐指出,资本主义为了排除其自身矛盾,被迫做出自由主义的改良,但是,因为资本主义的敌人是资本本身,所以只是在资本主义体系内部进行的改良是注定要失败的,世界资本主义必将走向没落。斯威齐认为,某一个单独的国家可能通过革命来实现从资本主义到社会主义的转变,但是,"从世界的观点看来,这个转变很可能拖得很久,很可能是渐

[①] [美]保罗·斯威齐:《资本主义发展论:马克思主义政治经济学原理》,陈观烈、秦亚男译,商务印书馆2009年版,第398页。
[②] [美]保罗·斯威齐:《资本主义发展论:马克思主义政治经济学原理》,陈观烈、秦亚男译,商务印书馆2009年版,第401页。

渐地转变,也可能要经历几个截然不同的阶段"。① 斯威齐并没有否定革命冲突的可能性,但他更倾向于认为社会主义的优越性能对资本主义产生一种吸引力,对帝国主义体系发生越来越大的瓦解作用,资本主义具有和平过渡到社会主义的可能性。当然,斯威齐的这一想法在后来的《垄断资本》中有所改变。

巴兰在《增长的政治经济学》一书中主要讨论了受发达资本主义国家剥削的不发达国家的未来发展问题。他认为,解决不发达国家问题的根本出路在于通过社会革命实行社会主义。但是,"对社会主义体制的胜利,他主要寄希望于发达的资本主义国家走向社会主义,认为建立在生产力高度发展基础上的社会主义体制才是社会历史发展的趋势"。②巴兰指出,落后国家社会主义革命的任务不只在于夺取政权,还要建立新的经济和社会秩序。"建立社会主义计划经济是不发达国家经济和社会进步的基本的、不可缺少的条件。"③革命的目的就在于以社会主义有计划的经济剩余取代资本主义的实际经济剩余。"作为有计划的经济剩余,它被限定在适应全社会所需要的范围内;作为有计划的经济剩余,它为全体人民所平均负担;作为有计划的经济剩余,它的使用是为了取得全社会的人力和物质资源的长期最佳发展。"④

在《垄断资本》中,巴兰和斯威齐基本上重申了《增长的政治经济学》中的很多观点。比如他们强调,对于落后的殖民地、半殖民地国家,"唯一的前进道路就是径直脱离资本主义制度"⑤。但是,他们在《垄断资本》中的观点比以前要稍微激进一些。他们在这一著作中指出,要推翻资本主义制度,只有靠世界革命。因为先进的垄断资本主义并不是孤立存在的,它们共同统治着和剥削着其他落后国家和地区,因此会遭遇不同程度的抵抗。"抵抗的最高形式是革命战争,目的在于脱离世界资本主义

---

① [美]保罗·斯威齐:《资本主义发展论:马克思主义政治经济学原理》,陈观烈、秦亚男译,商务印书馆2009年版,第430页。
② [美]保罗·巴兰:《增长的政治经济学》,蔡中兴、杨宇光译,商务印书馆2017年版,中译本序言第8页。
③ [美]保罗·巴兰:《增长的政治经济学》,蔡中兴、杨宇光译,商务印书馆2017年版,第374页。
④ [美]保罗·巴兰:《增长的政治经济学》,蔡中兴、杨宇光译,商务印书馆2017年版,第384页。
⑤ [美]保罗·巴兰,保罗·斯威齐:《垄断资本:论美国的经济和社会秩序》,南开大学政治经济学系译,商务印书馆1977年版,第17页。

体系,在社会主义的基础上进行社会的和经济的重建。"革命和重建也许需要经历很长一段时间,但他们对此充满信心。他们写道:"即使现在的抗议运动可能遭受失败或不免夭折,也没有理由永远一笔勾销在美国发生真正的革命运动的可能性。当世界革命扩大时,当社会主义国家用它们的榜样表明,可能利用人对自然力的支配,去建立一个能满足人类正当需要的合理社会时,越来越多的美国人必定会对他们现在视为当然的东西怀疑其存在的必要性。一旦大规模地发生这种事情,现行的不合理制度的最有力的支柱就将垮台,而重新创造的问题也将成为绝对的必要。"①

第三节 "垄断资本"理论的理论价值及其缺陷

巴兰和斯威齐提出的"垄断资本"理论在马克思主义经济学说史中占有重要地位,它对西方学术界特别是激进经济学派产生了重要影响。当然,这一理论也存在一些明显的缺陷和不足,而这些理论内容上的不足主要是由其理论研究所使用的方法论缺陷造成的。

一、"垄断资本"理论的理论价值

首先,巴兰和斯威齐对垄断资本主义经济运行规律的探讨为丰富和发展马克思主义经济理论提供了很多有益参考。巴兰和斯威齐认为马克思的剩余价值学说仅适用于自由竞争资本主义固然是不对的,但他们对垄断资本主义的分析基本上都是从马克思主义的立场和观点出发的。美国的马克思主义一度被教条主义所束缚,巴兰和斯威齐的研究是对这种教条主义的突破,他们把马克思主义遗产当作创造力的跳板,根据时代的发展对资本主义研究进行了相应拓展,促进了马克思主义经济思想话语体系的转化。"他们对历史唯物主义的解释并没有脱离其马克思主义的本质特征,而是随着历史的运动逐步发展,并因应了特定的社会经济背景。这种有节制的灵活性使他们的理论处于革命思想的前沿,并被

---

① [美]保罗·巴兰,保罗·斯威齐:《垄断资本:论美国的经济和社会秩序》,南开大学政治经济学系译,商务印书馆1977年版,第345页。

赋予了持久的政治重要性。"①巴兰和斯威齐的经济剩余理论被西方许多学者认为是对马克思主义经济理论的一个重大贡献,它是后来世界上各种新马克思主义思想诸如不等价交换理论、不发达与不平衡发展理论的重要来源。巴兰和斯威齐作为垄断资本学派的开创者,他们的思想对后来包括马格多夫、J. B. 福斯特等在内的一批西方激进经济学家产生了重要影响。

其次,巴兰和斯威齐讨论了帝国主义与军国主义和法西斯主义的关系,是对列宁关于帝国主义战争思想的丰富和发展。列宁的帝国主义理论从资本的扩张本性和资本主义不平衡发展规律说明了帝国主义战争的不可避免性。巴兰和斯威齐则是从剩余资本的吸收和利用说明了帝国主义国家军国主义增强的必然性,帝国主义对殖民地、半殖民地国家的剥削和压迫是导致民族主义、法西斯主义兴起的重要原因。巴兰与斯威齐是较早对法西斯主义与帝国主义关系进行研究分析的学者,后来的很多学者在他们的基础上对这一问题开展了进一步的研究,比如巴西经济学家特奥托尼奥·多斯桑托斯(Theotonio dos Santos)对拉丁美洲的法西斯主义进行了研究,提出了"依附性法西斯主义"概念,指出法西斯主义是一种针对帝国主义危机的反革命的政治解决方案,这是后话,此处就不再展开。

最后,巴兰和斯威齐对发达与不发达问题的探讨开启了不发达政治经济学研究的先河。巴兰《增长的政治经济学》的出版标志着马克思主义的依附理论的开端,他在其中分析了第三世界国家对发达资本主义国家的依附情况,阐明了帝国主义如何滥用和吸取不发达国家的经济剩余。二人在《垄断资本》中又从发达与不发达国家之间的不等价交换的角度阐明了垄断资本主义制度的不合理性。他们从整个世界经济体系出发去批判帝国主义的逻辑思维可以说上接罗莎·卢森堡,下启依附理论的重要代表安德烈·冈德·弗兰克(Andre Gunder Frank)和世界体系理论的重要代表伊曼纽尔·莫里斯·沃勒斯坦(Immanuel Maurice Wallerstein)。

总之,巴兰和斯威齐的"垄断资本"理论既承继了马克思、列宁关于

---

① [美]汤姆·迈耶尔:《两位马克思主义经济学家的思想片断——评〈垄断资本时代:巴兰与斯威齐通信选集〉》,张志超编译,《国外理论动态》2021年第1期。

资本主义、帝国主义的很多理论观点,又拓展了资本主义研究的领域范围,开启了垄断资本主义研究的新方向,在马克思主义的帝国主义理论发展史中,起着重要的承前启后作用。

二、"垄断资本"理论的缺陷及其方法论问题

(一)"垄断资本"理论的缺陷与不足

通过前文的分析和论述可以看出,巴兰和斯威齐的"垄断资本"理论虽然也是循着马克思资本理论和列宁帝国主义理论的观点去揭示资本主义的缺陷及其最终宿命的,但是他们的阐述路径与马、列存在很大差别,一些理论观点甚至背离了马克思主义的经济学说。其理论缺陷主要体现在以下几个方面。

其一,他们提出用"经济剩余"概念代替马克思"剩余价值"概念,用经济剩余增长规律代替利润率下降规律,这是对马克思主义基本理论的抛弃和背离。也正因此,他们对帝国主义的批判仅仅停留在对垄断、停滞等表层经验事实之上,注意力更多地聚集在流通和消费领域而非生产领域,因而也就无法从根本上揭示垄断资本主义的实质,无法清晰阐明垄断资本主义的基本矛盾和运动规律,无法科学说明社会主义必然代替资本主义的社会发展规律。

其二,他们对二战以后美国经济运行规律和扩张原因的分析不能令人信服。李灵燕和石高宏博士指出,"垄断资本"理论是建立在"竞争资本主义能同时最大化剩余的产生和吸收"这一假设基础上的,其预测不具有坚实性;他们忽视了对产业间的竞争和相互作用的分析,忽视了对日益加剧的国际竞争的分析,忽视了政府干预对稳固大公司垄断地位的作用,忽视了金融市场将经济剩余转移到其他有利可图的领域以及将未来利润资本化的作用。他们把美国在二战后一定时期的特殊表现当成垄断资本主义国家的本质性、持久性特征。[①]

其三,他们在论述资本主义向社会主义的转变时,对于无产阶级革命的立场不是十分坚定。"作者虽然正确地看到了国际范围内的阶级斗争,谈到不发达国家贫苦大众解放斗争的革命性,然而却错误地否定美

---

① 参见李灵燕,石高宏:《马克思主义垄断资本主义理论的当代发展研究》,《中共杭州市委党校学报》2015年第1期。

国无产阶级必将逐步觉醒,起来推翻资产阶级统治的革命性。"①巴兰和斯威齐对不发达国家问题的解决提出了通过世界革命摆脱垄断资本主义制度的设想,但是对欧美发达资本主义国家还存在着"和平过渡"的幻想。

（二）"垄断资本"理论的方法论缺陷

巴兰和斯威齐"垄断资本"理论上的不足主要源于其研究所使用的方法论缺陷。巴兰在《增长的政治经济学》一书中曾讲到他所使用的研究方法:"为了尽可能地便于我们的讨论,我就采用'比较静力学'中的方法,也就是说,将忽略各种经济状态之间的转变过程,只把这种状态视之为既成事实。"②虽然斯威齐在《资本主义发展论》中强调了马克思科学抽象法的重要性,提出要想揭示资本主义经济的运行机制必须借助于抽象法,但实际上他对马克思"从抽象上升到具体"研究方法的理解是有误的。"斯威齐所理解的抽象是与'经验的材料'相对的,是建立在对经验材料归纳总结基础之上的经验抽象。这与马克思所理解的抽象,是有着天壤之别的。"③斯威齐与巴兰一样,也是从经验的事实材料出发的。他们这种从静态事实出发的分析,"最多只能达到对客观事实的一种经验抽象,无法实现对垄断资本主义的内在本质的科学抽象"。潜在经济剩余不过是一个"不具有现实性的价值悬设",计划经济剩余也是一个"带有理想化色彩的范畴",他们对垄断资本主义的批判是建立在"应该与是"的逻辑之上的,"这种逻辑在方法论上是一种隐性的唯心史观"。④

巴兰和斯威齐自称,他们除了继承和使用了马克思的政治经济学方法以外,非常重视历史上马克思主义者与非马克思主义者的争论,以及当代西方经济学家对垄断资本主义的观察和分析,注意借鉴和参考他们的分析方法。比如,他们对经济剩余的增长与吸收的论述在很大程度上是参考了卢森堡对剩余价值实现的分析方法;巴兰对计划经济剩余的设

---

① [美]保罗·巴兰,保罗·斯威齐:《垄断资本:论美国的经济和社会秩序》,南开大学政治经济学系译,商务印书馆1977年版,译者的话第7页。
② [美]保罗·巴兰:《增长的政治经济学》,蔡中兴、杨宇光译,商务印书馆2017年版,第112页。
③ 孙乐强:《从历史本质论到历史运作论:"资本主义"的理解历程——保罗·斯威齐的〈资本主义发展论〉研究》,《湖南社会科学》2008年第5期。
④ 孙乐强:《垄断资本主义的政治经济学批判——巴兰和斯威齐的〈垄断资本〉解读》,《南京大学学报》(哲学·人文科学·社会科学版)2008年第6期。

想以及斯威齐消费不足理论的提出是受到了凯恩斯宏观调控理论和有效需求原理的启发;他们自认为垄断资本理论是对迈克尔·卡勒基(Michal Kalecki)和约瑟夫·斯坦德尔(Josef Steindl)思想的继续发展。巴兰和斯威齐在书中写道:"把微观理论和宏观理论重新结合起来的先导者是迈克尔·卡勒基,他不仅'独立地发现了(凯恩斯的)《通论》',而且还是第一个把他所称的'垄断程度'包括在他的综合的经济模型之中。在同一方向继续走出一大步的(这在很大程度上是受了卡勒基的影响),是约瑟夫·斯坦德尔在《美国资本主义的成熟与停滞》(1952)。任何熟悉卡勒基和斯坦德尔著作的人都很容易看出,本书作者得益于他们是非常之大的。"①由此可见,与其说他们采用的是马克思的方法与基本原理来解释垄断资本主义的运行,还不如说他们是综合运用了当代西方多个经济学家的观点和方法,对现代资本主义采取了马克思主义式的批判。在结论上他们与马克思、列宁或许有某些相同之处,但在研究方法上实际是迥然相异的,这也就决定了他们不可能科学地揭示垄断资本主义经济的运行规律。当然,不管他们是以何种方法论证垄断资本主义制度的不合理性,他们最终的结论也算是与马克思主义的理论"殊途同归"。从这一点来看,他们的研究也不失为对当代帝国主义进行政治经济学批判的一种有益尝试。

---

① [美]保罗·巴兰,保罗·斯威齐:《垄断资本:论美国的经济和社会秩序》,南开大学政治经济学系译,商务印书馆1977年版,第59页。

第十章　依附理论

第二次世界大战以后，整个世界发生了巨大的变化。在经济上，随着第三次工业革命的到来，资本主义获得了高速的发展。在政治上，一批落后的发展中国家获得了独立，传统的殖民型帝国主义消亡，整个世界形成了两极对立的格局：一极是以苏联和新中国为代表的社会主义体系，另一极是西方资本主义体系。1957年11月在莫斯科召开了社会主义国家共产党和工人党代表大会。大会通过的《和平宣言》中提出，帝国主义正在衰退，正在分崩离析，时代的主要内容是由俄国十月革命开始的由资本主义向社会主义的过渡。这个"过渡"时代究竟是一个什么样的时代？各人有各人不同的理解，但总的来说，肯定是区别于列宁所说的帝国主义时代。在这个条件和背景下，各种"新"帝国主义理论应运而生。因为太过繁杂，我们这里只选取在理论上，尤其是在方法论上与列宁帝国主义理论密切相关的依附论、世界体系论、后殖民论和新帝国主义论进行分析介绍。这些理论基本上阐明了这个"新"时代的帝国主义的特点，在方法上很大程度上是对马克思政治经济学批判方法和列宁帝国主义理论的辩证法的继承和发展，尤其是它们体现了马克思主义辩证法的当代空间化发展转向。

前文已经提到，马克思和恩格斯关于世界历史、世界市场等问题的论述中，已经蕴含了一种空间批判的方法论视野。马克思、恩格斯在《共产党宣言》中提出了"四个从属于"理论：资产阶级"使农村从属于城市"，"使未开化和半开化的国家从属于文明的国家，使农民的民族从属于资产阶级的民族，使东方从属于西方"。[①] 恩格斯早就指出，"英国是农业世

---

① 《马克思恩格斯文集》第2卷，人民出版社2009年版，第36页。

界的伟大的工业中心,是工业太阳,日益增多的生产谷物和棉花的卫星都围绕着它运转"。①"当时英国工厂主及其代言人即政治经济学家的下一个任务是,使所有其他国家都改奉自由贸易的教义,从而建立一个以英国为大工业中心的世界,所有其他国家都成为依附于它的农业区。"②恩格斯的"太阳""卫星"一说,应该就是后来依附论和世界体系论的"中心—外围"分析模式的理论源头。

依附论不是一个统一完整的、固定不变的理论体系,它的理论流派和代表人物很多,思想较为复杂。英国的安东尼·布鲁厄认为,依附论的基本原理主要有三:(1)(资本主义的)世界体系被划分为一个中心和一个外围(或同样意义的术语)。(2)外围的各种社会是"依附的",而中心的那些社会却并非如此。(3)依附性以某些有害的方式制约或扭曲了外围的发展。③ 其核心思想就是认为发展中国家与发达国家间存在一种依附关系,前者受后者的剥削和控制,属于外围国家,后者在世界经济中处于支配地位,是中心国家。因此有的学者也把这一理论称为"外围—中心论"。依附论大都运用了马克思主义的政治经济学研究方法,具体来说更主要的是运用了列宁《帝国主义论》中的辩证法(尤其是地理空间辩证法),对以拉丁美洲为主的发展中国家与西方发达国家之间的发展问题做了考察和研究。他们在继承和运用列宁《帝国主义论》的辩证法的同时,对它进行了丰富和发展。"依附理论并不是一个孤立的或独立的理论体系,而是被看作帝国主义理论的补充和有机组成部分,这一理论因此也被称为'新帝国主义理论'。"④依附论的形成大致经历了一个从古典依附理论到依附发展论,再到新依附论的发展过程。下面对这一理论的三种形态与《帝国主义论》的辩证法的关系进行简要介绍和分析,对于与该理论相关的诸如保罗·巴兰和保罗·斯威齐的不发达理论,伊曼纽尔的不等价交换理论,还有萨义德、斯皮瓦克、霍米·巴巴等人的后殖民理论就不做介绍了,它们基本是对依附论的进一步补充说明或继续

---

① 《马克思恩格斯文集》第1卷,人民出版社2009年版,第372—373页。
② 《马克思恩格斯文集》第4卷,人民出版社2009年版,第335页。
③ [英]安东尼·布鲁厄:《马克思主义的帝国主义理论》,陆俊译,重庆出版社2003年版,第197页。
④ [巴西]特奥托尼奥·多斯桑托斯:《帝国主义与依附》,毛金里等译,社会科学文献出版社1999年版,中译本序第1页。

发展。

第一节 古典依附论

　　一般而言,古典依附论在理论情绪上显得比较悲观,大多采用普遍归纳法单纯从经济的角度研究不发达国家所依附的外部情况,认为第三世界的国家在西方发达国家的控制和剥削之下始终处于不发达状态,即使有所发展,也是一种"不发达的发展"。他们把第三世界国家不发展的原因归于外部因素,是一种外因决定论。也因此,他们所主张的改变这种不平衡发展的主要策略是努力争取摆脱和打破资本主义的世界体系,具有比较激进的倾向。推动古典依附论的形成和发展的主要包括劳尔·普雷维什、安德烈·冈德·弗兰克、萨米尔·阿明等人。

　　普雷维什是阿根廷著名的经济学家,是公认的"发展中国家的理论代表"。他在1949年向联合国拉美经济委员会递交的一份题为《拉丁美洲的经济发展及其主要问题》的报告中,最先比较系统地提出了他的"中心—外围"理论。在其代表作《外围资本主义:危机与改造》中,他指出马克思的理论没有考虑外围问题。"外围没有进入这位伟大的资本主义批评家的智力视野之中""马克思的批判性考察只限于中心国家的,主要是英国这个中心的先进资本主义,并概略地描述了它的演变规律"。而列宁的研究提供了更多参考。"列宁所面临的问题是不同的:怎样在一个发展中的、工业化不充分的、大量劳动力很勉强地在农业中维持生存的国家建立社会主义。因此,他必须找到自己的道路,强制积累的道路。"① 普雷维什发挥了列宁不平衡发展的空间批判方法论,对中心国和外围国的社会经济结构上的差异做了详细分析和说明,指出了外围资本主义是"建立在不平等的基础上"。② 外围国家因为没有完善的工业体系,只能依赖出口初级产品来换取自己所需的工业品,造成外围国对中心国的依附关系。他认为改造外围资本主义的办法是,"实现社会主义和自由主

---

① [阿根廷]劳尔·普雷维什:《外围资本主义:危机与改造》,苏振兴、袁兴昌译,商务印书馆2015年版,第321、322页。
② [阿根廷]劳尔·普雷维什:《外围资本主义:危机与改造》,苏振兴、袁兴昌译,商务印书馆2015年版,第13页。

义之间的一种综合"。"社会主义是指资本积累速度和收入分配应当成为集体决策的目标,以纠正结构性差异。自由主义是指生产和消费的个人决策,但涉及诸如生态保护等重要问题,也必须通过集体决策来决定。"① 普雷维什提出发展中国家要联合起来,一起努力打破旧的世界经济秩序。普雷维什为倡导建立世界经济新秩序做出了积极的贡献。

弗兰克是依附论的重要奠基人之一。他提出了"不发达的发展"(Development of Underdevelopment) 的命题,这个词语成为分析第三世界发展问题和依附性问题的一个重要概念。他在20世纪六七十年代写作了一系列关于不发达和依附的论著,在80年代中期以后,开始转向世界历史和世界体系的研究。"弗兰克把不发达的起源归结为发达的资本主义宗主国的控制,归结为宗主国和不发达国家之间互相依存的关系,并把这种情况称之为存在着中心—外围的关系链。"② 弗兰克认为,在"中心—外围"的世界格局之下,处于外围的第三世界国家根本就没有自主发展的可能,即使它们有所发展,也只是一种"不发达的发展"。"这条关系链的实质是中心剥削外围,使剩余集中于中心,外围由于被剥夺了潜在的投资基金来源,其发展速度放慢了,从而陷于贫困。"③ 安东尼·布鲁厄指出,弗兰克的这个关系链和马克思主义的帝国主义理论之间存在着各种表面上的相似性。"列宁说过,金融资本'把它的网撒到'全世界,布哈林写道,'一些巩固的、有组织的经济实体'面对着农业的外围。然而,对布哈林和列宁来说,这是通过把权力和财富集中到中心而正在改变世界体系的国际化过程的一部分,但同时在外围发展了生产和造就了一个真正的无产阶级。"他指出,经典马克思主义者在这方面要比弗兰克和沃勒斯坦等人更高明一点。"在弗兰克和沃勒斯坦看到一种从本质上讲是静态的、延续了数个世纪的再分配系统的地方,经典马克思主义者看到了一种正在改变世界的发展过程""在经典马克思主义的观念中,资本主义从少数几个地方开始,从那时起,在资本国际化的过程中已经在地理上扩散开来,伴随着工业革命中几个关键性的转折点,已经经历了一系列阶段的演变,然后开始了大规模的资本(而不是商品)输出。相比之

---

① [阿根廷]劳尔·普雷维什:《外围资本主义:危机与改造》,苏振兴、袁兴昌译,商务印书馆2015年版,第328—329页。
② 蔡中兴:《当代帝国主义理论》,上海三联书店1992年版,第272页。
③ 蔡中兴:《当代帝国主义理论》,上海三联书店1992年版,第273页。

下,弗兰克和沃勒斯坦则认为,作为一种世界体系的资本主义是从 16 世纪开始的,而且从那时起本质上没有发生改变。经典马克思主义以动态的方法来看待资本主义,而他们的反对者则把它看作一种基本上是静态的剥削体系"。① 布鲁厄在此实际上是批评现代的帝国主义研究者在拾起列宁《帝国主义论》中的地理空间辩证法的同时,却丢了马克思的历史辩证法。布鲁厄认为弗兰克的论证总的来说是失败的。弗兰克对外因的过分关注后来也遭到了改良主义依附论即依附发展论的批评。但值得一提的是,弗兰克在《依附性积累与不发达》这部代表作中把世界资本积累和资本主义发展的过程划分为重商主义、工业资本主义和帝国主义三个阶段进行了专门研讨,并对亚、非、拉和阿拉伯世界生产方式的变化分别进行了分析,"试图通过对世界资本积累进程中依附性生产关系与交换关系的分析来说明不发达问题"②。在这本书里,我们可以很明显地发现,弗兰克既有历史的纵向逻辑,又有横向的地理空间逻辑。他对第三世界"不发达状态"的分析有助于我们了解和认识他们"不发达的发展"与"发展的不发达",并进而改变这种现实。

与弗兰克相比较而言,埃及经济学家阿明的理论更为系统。阿明在继承弗兰克"不发达的发展"思想的基础上,从不平等交换出发,提出了他的资本积累和不平衡发展的观点,分析了"中心—外围"国家之间的依附关系,最后提出了"脱钩"论的解决方法。阿明在《不平等的发展:论外围资本主义的社会形态》一书中提出了一个重要的命题:"当一个制度发展过快和新陈代谢时,这个进程首先不是从它的中心,而是从它的外围开始发生的。"③ 也就是说,社会主义革命将首先在落后的第三世界国家开始。这是对列宁"社会主义可能首先在帝国主义链条中的薄弱环节突破"的观点的继续。阿明认为,列宁的帝国主义理论对我们分析当前的现实是非常有益的,"当前的世界体系('帝国')并没有减少帝国主义的色彩,反而比过去更具帝国主义色彩"。④ 该书不仅对亚非拉第三世界国家

---

① [英]安东尼·布鲁厄:《马克思主义的帝国主义理论》,陆俊译,重庆出版社 2003 年版,第 170、18 页。
② [德]安德烈·冈德·弗兰克:《依附性积累与不发达》,高铦、高戈译,译林出版社 1999 年版,序言第 1 页。
③ [埃及]萨米尔·阿明:《不平等的发展:论外围资本主义的社会形态》,高铦译,商务印书馆出版 1990 年版,第 2 页。
④ [埃及]萨米尔·阿明:《帝国与大众》,段欣毅译,《国外理论动态》2007 年第 5 期。

的发展道路进行了剖析,而且与弗兰克的《依附性积累与不发达》一书一样,对中心与外围的整个资本主义世界做了历史的纵向和地域的横向描述,进一步运用和发挥了列宁《帝国主义论》中的辩证法。

第二节 依附发展论

根据悲观的古典依附论的说法,第三世界的经济剩余被处于中心的发达国家拿走了,外围国家的经济将陷于停滞不前,或是一种"不发达的发展"。然而,后来第三世界的一些国家,比如巴西、阿根廷、智利等国的发展,使得学者们重新思考他们的依附性理论。在这种背景下,费尔南多·卡多佐、恩佐·法勒托、皮特·埃文斯等人重新考察和分析了发达与不发达国家之间的关系,提出了以"和依附相联系的发展"即"依附性发展"(Dependent Development)为研究主题的依附发展论,从而进一步推进了依附理论的发展。

与古典依附论相比较,依附发展论在研究方法、研究重点、理论观点等方面都有很大不同,显示出比较明显的理论优势。在研究方法上,依附发展论以基于历史的结构分析法代替了古典依附论的抽象归纳法;在研究重点方面,依附发展论更注重对依附国家内部政治经济等多种因素的分析,而不是像古典依附论那样只是强调对发达与不发达国家的外部经济依附关系的考察;在理论观点方面,二者的最大分歧在于,古典依附论认为依附与发展相互对立、水火不容,不发达国家因为依附关系的存在丧失了发展的可能性,而依附发展论认为,依附与发展关系复杂,落后国家存在"依附性发展"的可能。①

巴西社会学家卡多佐的《拉美的依附性发展》是关于依附发展论的重要著作。卡多佐在该书中指出:"我们所提观点的新意并不在于要承认存在着外国统治这一显而易见的过程,而在于要了解这一统治的形式,并指出这种依附关系与过去的不同之处和对国家和阶级所产生的不

---

① 参见明星:《古典依附理论与依附发展理论比较研究——兼析经济全球化背景下依附发展理论的时代意义》,《广西教育学院学报》2004年第5期。

同效应。"①卡多佐采取了一种"历史—结构"的方法,对不发达与发达国家的具体依附情况做了历史的分析。他将拉美国家的依附状况分成"国家控制出口体系型"和"飞地经济型"两种形式,把它们按对外扩张时期、转型时期、国内市场巩固时期和市场国际化时期四个不同时期分别做了考察。他指出前两个时期是"欠发展与依附共存"的旧式依附,后两个时期是"发展与依附共存"的新型依附。实际上这还是一种历史与空间的辩证逻辑,不过他更注重对不发达国家整体结构的分析,而不是像古典依附论那样只是对国家间的依附关系做抽象的归纳。

关于不发达国家不发展的原因,古典依附论强调中心国家对外围国家的经济控制和剥削是第三世界不发达的起源,是一种外因论。卡多佐则指出,其原因主要在于包括政治方面的各种内部力量:"能够利用经济增长所带来的'新条件'或新机会来制定政策的恰恰正是内部政治经济因素……同样,内部力量也决定了经济体系'自发'变革的方向及其政治、社会影响的范围。"②他对依附情况中的政治斗争、阶级斗争、群体冲突的作用比较关注,更强调依附的内在结构,他认为这些内部因素比国外因素和经济因素更具有决定作用。

最后,依附发展论对依附的前景和态度与古典依附论不一样。古典依附论对外围国家的发展持悲观态度,因此甚至主张以暴力革命的方式打破资本主义的世界体系,显得比较激进。而依附发展论认为依附与发展可以共存,外围国家虽然在某些方面要依附于中心国家,但是,它们在依附的同时也可以通过本国政府的宏观干预等自身努力,取得一定程度的发展。总体而言,依附发展论对第三世界的发展并不那么悲观,因而显得比较温和,具有改良主义的倾向。

第三节 新依附论

新依附论也被称为正统主流依附理论,多斯桑托斯是这一理论的代

---

① [巴西]费尔南多·恩里克·卡多佐,恩佐·法勒托:《拉美的依附性及发展》,单楚译,世界知识出版社 2002 年版,第 170 页。
② [巴西]费尔南多·恩里克·卡多佐,恩佐·法勒托:《拉美的依附性及发展》,单楚译,世界知识出版社 2002 年版,第 26 页。

表。之所以把它归为第三阶段并称之为正统主流的依附理论,一个很大的原因是,多斯桑托斯所提出的关于依附的定义被大家普遍认可,他"首次对依附的概念、形式和结构等做了系统的阐释"①。多斯桑托斯的新依附论是对20世纪60至80年代拉美国家经济发展的一种完整描述和反映,他对依附理论的贡献主要体现在两个方面:第一,对依附概念的定义和解释。第二,对新依附形式的论述和分析。

首先,多斯桑托斯在其代表作《帝国主义与依附》一书中对依附的定义做了明确规定:"依附是这样一种状况,即一些国家的经济受制于它所依附的另一国经济的发展和扩张。"②他把依附看成一种限定性状况。所谓限定性状况就是,"决定着人们和举止的界限和可能性的状况"。依附的限定性状况就是"规定了这些国家可能的发展限度和方式"。③ 发达国家因为对依附国拥有政治、资本、科技、军事等各方面的优势,从而让它们得以对依附国强加条件进行限定和剥削。多斯桑托斯认为,依附的存在基础是国际分工。"这种国际分工使某些国家的工业获得发展,同时限制了另一些国家的工业发展,使后者受到由世界统治中心控制的增长条件的制约。"④我们在这里看到了马克思关于国际分工和世界市场的理论的影子。多斯桑托斯在研究帝国主义和依附问题时,完全是站在马克思列宁主义的立场。为《帝国主义与依附》中译本作序的袁兴昌学者指出,"作者运用马克思主义基本方法对跨国公司扩张和新的依附形式进行的分析,不仅在方法上而且在观点上发展了马克思主义,增强了马克思主义理论对新的历史现实的解释能力"。⑤

其次,多斯桑托斯《帝国主义与依附》的第二大理论贡献就是论述和分析了新的依附形式。他在该书中把依附分成了三种形态:(1)殖民地

---

① 刘维春:《列宁帝国主义论的再理解》,社会科学文献出版社2013年版,第211页。
② [巴西]特奥托尼奥·多斯桑托斯:《帝国主义与依附》,毛金里等译,社会科学文献出版社1999年版,第302页。
③ [巴西]特奥托尼奥·多斯桑托斯:《帝国主义与依附》,毛金里等译,社会科学文献出版社1999年版,第304页。
④ [巴西]特奥托尼奥·多斯桑托斯:《帝国主义与依附》,毛金里等译,社会科学文献出版社1999年版,第303页。
⑤ [巴西]特奥托尼奥·多斯桑托斯:《帝国主义与依附》,毛金里等译,社会科学文献出版社1999年版,中译本序第9页。

商业—出口依附;(2)金融—工业依附;(3)技术—工业依附。① 对于这三种依附形态各自的特点,他都进行了详细的分析。多斯桑托斯坚持以"历史—地理"的双重逻辑看待和研究依附问题,表明了他对列宁《帝国主义论》中的辩证法的继承和发展。

多斯桑托斯在书中公开肯定了列宁对依附论形成的历史贡献。他说,列宁不仅"清楚地揭示了打破一个落后国家的前资本主义关系和引入新的资本主义生产方式的过程,而且也为研究落后国家具体社会进程的特点提供了极好的方法论方面的准则"。多斯桑托斯特别指出,"列宁对殖民问题及边际现象研究的贡献在他的《帝国主义是资本主义的最高阶段》一书中表现得更为突出"。② 他认为,列宁的《帝国主义论》阐述出了帝国主义发展的不平衡性和联合性规律,而且列宁把它看作一种矛盾的过程而不是线性的过程。"最重要的在于从整体上把帝国主义看成促使盈余向最有活力的各中心转移的制度,这大大地加强了世界体系的循环和活动。一方面,世界范围内的市场统一使行为规范达到某种一致。另一方面,利用地区间巨大差异的可能,又导致突出发展某些部门而损害另一些部门。市场的统一和行为规范的一致既有利于资本流向最有活力的中心,又辩证地促使产生不平衡。"③从不平衡走向相对平衡,继而又产生出新的不平衡,这就是不平衡地理发展的"跷跷板运动"(The Seesaw Movement)。④ "这种跷跷板运动,同时创造着空间均衡和分异、繁荣与萧条、发达与不发达的景观。"⑤

---

① [巴西]特奥托尼奥·多斯桑托斯:《帝国主义与依附》,毛金里等译,社会科学文献出版社1999年版,第309—310页。
② [巴西]特奥托尼奥·多斯桑托斯:《帝国主义与依附》,毛金里等译,社会科学文献出版社1999年版第348页。
③ [巴西]特奥托尼奥·多斯桑托斯:《帝国主义与依附》,毛金里等译,社会科学文献出版社1999年版第27—28页。
④ Neil Smith, *Uneven Development: Nature Capital and the Production of Space*, Oxford: Basil Blackwell, 1990, p.198.
⑤ 付清松:《不平衡发展:从马克思到尼尔·史密斯》,人民出版社2015年版,第206页。

第十一章 世界体系理论

如果说依附论主要是从"中心—外围"这种民族国家间的个体差异性、不平衡性视角来研究当代帝国主义的话,那么,世界体系论则偏重于从统一性、全球性视角来研究当代帝国主义。世界体系论最重要的代表人物当属美国社会学家伊曼纽尔·莫里斯·沃勒斯坦(Immanuel Maurice Wallerstein),他耗费30多年心血写出了多卷本专著《现代世界体系》。在西方学术界的眼中,他是当代"新马克思主义"学者中的一个重要代表。世界体系论开创了当代资本主义理论研究的一种新范式。前文所讲的依附理论的很多代表人物也都具有一定的世界体系观,尤其是作为激进主义依附论代表的弗兰克,后期有明显的世界体系论转向,但他们都没有提出系统的世界体系论。世界体系论在核心概念、理论观点、理论方法上与依附论都有着很大的差别,是在依附论基础上的进一步发展。

第一节 世界体系理论的主要内容

沃勒斯坦提出的世界体系理论主要包括以下几个观点:第一,现代世界体系就是资本主义世界经济体系;第二,世界体系呈现"中心—半边缘—边缘"的结构特征;第三,世界体系的演变具有周期性;第四,世界体系的前景是社会主义。

一、现代世界体系是资本主义世界经济体系

世界体系是世界体系论的基础概念,是指由许多不同的要素组成的

社会体系,"它具有范围、结构、成员集团、合理规则和凝聚力"。① 世界体系是一个整体性经济单位,有其整体的发展与变化规律,并支配和制约着各个国家和地区的局部的发展与变化。现代世界作为一个整体所具有的现代特征以及各个地区卷入现代资本主义的方式和过程,特别是各个地区在现代世界所处的地位以及由此产生的各个局部社会的现代特征,都必须在这个体系中来理解。因此,沃勒斯坦认为,无论是发达还是不发达,都只是世界体系的发展与变化在各个组成部分上的具体反映。

沃勒斯坦进一步考察了世界资本主义体系及其发展、变化过程中的特征。他认为,在世界资本主义体系发展史中,出现过"世界帝国"和"世界经济体"两种完全不同的社会制度。"世界帝国"是一种具有政治制度的社会单位,它的特点是中央集权统治;"世界经济体"则是具有劳动分工和不同文化制度的单位,是一个没有权力中心的世界体系。前者依靠政治权力,以纳贡的形式从直接生产者手中掠夺经济剩余;后者则利用不平等交换机制把经济剩余从"边缘"转移到"中心"。由于当代世界体系中单一劳动分工、多种文化制度、经济剩余的转移是由资本主义造成的,因而当代世界体系就是资本主义体系。沃勒斯坦把"世界经济体"和资本主义看作同一硬币的正面和反面,是一种不可分割的现象,因此,他又把世界体系称为"资本主义世界经济体"。"这个世界经济体已经存在了500年而仍没有转变为一个世界帝国。这是现代世界体系的独特性——这种独特性就是其秘密的力量所在"。②

资本主义的世界经济构成了这样的一个历史体系:资本主义世界经济是一个基于对资本积累的追求、对价格水平的政治控制(资本、商品和劳动),随着时间阶段和地区(中心—外围)不断分化的基础之上的体系。经过几个世纪,这个体系已经发展和扩展到了整个地球。

资本主义世界经济体系的发展已经涉及了现代世界的一切主要的制度创新:阶级,种族—民族集团,家庭和国家。所有这些结构都滞后于资本主义而不是领先于它;所有这些都是它的结果而不是原因。资本主义世界经济自16世纪形成以来,经历了一个运用军事、政治、经济等手段成功地进行扩张的过程。这一过程具有三个主要特征:第一,以资本

---

① [美]沃勒斯坦:《现代世界体系》第1卷,罗荣渠等译,高等教育出版社1998年版,第460页。
② [美]沃勒斯坦:《现代世界体系》第1卷,罗荣渠等译,高等教育出版社1998年版,第462页。

积累不停顿运动的方式,以经济的对外扩张为手段,逐步地把亚、非、拉美都囊括进自己的范围。第二,以"中心"和"边缘"之间的不平等关系为建立的基础;这种不平等的经济关系既是发展中国家资本主义经济发展落后的根本原因,也是当代资本主义积累的重要手段。第三,这个体系经历了许多强制性的文化变革,如改信基督教,强加的欧洲语言和某些技术、习俗的教育,法律准则的变化。这些强制性的文化变革改变了发展中国家人们的价值观念和行为方式。

二、世界体系呈现"中心－半边缘－边缘"的结构特征

现代世界体系由三个结构性要件构成:中心地带、边缘地带和半边缘地带。资本主义中心地带不仅控制了有利的贸易通道,而且可以利用边缘地带提供的原材料和廉价劳动力生产高附加值产品(从现代早期的手工制品到今天的高科技),从而始终在世界市场占据垄断地位。边缘地带的地位刚好相反,它可以为资本主义世界经济提供廉价劳动力、原料和初级产品(主要是农产品、矿产品及劳动密集型产品)。半边缘地带介于这二者之间,这类国家既受中心国家控制,同时又可部分地控制边缘国家,如拉美一些经济强大的国家和欧洲的整个边缘地带,以及部分亚非国家。在沃勒斯坦看来,"半边缘地区是一个世界经济体不可缺少的结构性要素。这些地区所起的作用同帝国中各中间贸易集团能起的作用相似"。①

首先,在世界贸易中,"半边缘"的贸易对象是双方面的,它既可以对中心国家输出边缘国家的产品,也可以对边缘国家输出中心国家的产品,使经济体系内的经济趋于大体平衡。其次,在世界体系中,"半边缘"的存在是对中心和边缘之间对抗的一种缓冲,起着安全阀的作用。再次,随着世界体系内部科学技术、生态环境等因素的变化,某些半边缘国家可能上升为中心国家,但也可能衰退为边缘国家。然而,半边缘在世界体系的这种变化,不足以改变世界体系本身。

三、世界体系的演变具有周期性

沃勒斯坦认为,世界体系具有生命的周期性。劳动分工以及由此带

---

① [美]沃勒斯坦:《现代世界体系》第1卷,罗荣渠等译,高等教育出版社1998年版,第463页。

来的中心、边缘、半边缘是世界体系的空间表现,而周期是世界体系在时间方面的体现。正如沃勒斯坦自己所说的那样,在某种程度上我们关心长时段社会变化,我们的兴趣主要是较长的周期,即那些平均长度为50～60年的通常被称为康德拉季耶夫的周期,以及更长一些的、平均200～300年的长周期。①

世界经济周期问题一直是经济史学家探讨的热点问题。沃勒斯坦的世界体系论关心100年以上的长周期,主张从政治和经济的过程来解释资本主义经济周期。沃勒斯坦认为资本主义世界体系是一个停滞和扩张交替的过程,并认为停滞先于扩张。停滞为扩张提供了三个要素,第一要素是为资本集中提供了机会,第二要素是停滞过程中出现的阶段斗争以及由此引起的收入分配的变化使需求扩大,第三要素是在边缘地区产生了大批的低工资工人。在这个基础上,沃勒斯坦把康德拉季耶夫周期分为四个阶段:在第一阶段,高工资商品和低工资商品的生产急剧增长;第二阶段,低工资商品的需求开始低于低工资商品的供给,高工资商品供求相等;在第三阶段,高工资商品的需求低于高工资商品的供给,但是低工资商品的需求高于低工资商品的供给;第四阶段,高工资商品的下降幅度远高于低工资商品生产的下降,于是经济又回复到第一阶段。②

尽管资本主义世界体系在政治和经济上不断出现繁荣—平衡稳定—上升—衰退这样的周期,但这个体系有三种现象是呈不断加剧的趋势的:一是加入资本主义世界劳动分工区域的比例呈上升的趋势;二是在资本主义世界经济中主要依靠工资收入的劳动力的比例呈上升的趋势;三是以机器形式出现的资本的比例呈上升的趋势。

四、世界体系的前景是社会主义

沃勒斯坦认为,资本主义是一个完整的全球性体系,自资本主义诞生之日起,世界就只有一个体系运转,其他形式的政治体制都不过是资本主义这个体系的组成部分。在世界市场上,社会主义国家仍然要遵循资本主义世界经济的运行规律,它不可能摆脱世界资本主义体系成为独

---

① 参见王正毅:《边缘地带发展论》,上海人民出版社1997年版,第277页。
② 参见王正毅:《边缘地带发展论》,上海人民出版社1997年版,第277—278页。

立的体系。

在沃勒斯坦看来,可供边缘国家选择的道路有两条:一是全面否定世界资本主义体系的世界革命道路,即"反体系运动",一是在资本主义世界体系内部由边缘上升为中心的道路,即"追赶型"道路。沃勒斯坦把追赶型道路看作走西方现代化道路,认为这不仅不能削弱世界体系,反而会加强它;反体系运动的目标则是把资本主义世界体系转变为社会主义世界体系,它能够集中克服现存世界资本主义体系的某些弊端。国家在反体系运动中是既可以利用又能够受到限制的要素,我们不应该寻求发展某一个国家,我们应该力求改变这个作为整体的体系,这就得承认我们自己的国家既是这一转变的动因,又是这一转变的障碍。从长远的观点看问题,所有社会的民族运动都将构成一个整体,其结果都将是反体系的。反体系运动将成为民族解放运动和社会主义运动的发展趋势。[①]

因为世界资本主义体系在地理范围的扩张已经接近极限,随着资本主义危机的不断出现,势必要由一种具有更高生产效率和更合理的收入分配制度的新的世界体系取代,即一个社会主义世界政府。但是沃勒斯坦所说的社会主义世界政府并不是一些国家已经实行的制度形式。他指出,如果有人认为一个国家只要实行了产业国有化,并且信奉社会主义的思想,这个国家就脱离了资本主义世界体系,那就大错特错了;至于未来社会主义世界政府到底是一种什么形式,现在还难以预测,但是这一天肯定会到来。

第二节　世界体系理论评析

沃勒斯坦的世界体系论在国际学术界产生了很大的反响,它从世界体系层次分析世界发展的历史,探讨当代发达与不发达的关系问题,这无疑是具有积极意义的,是对经典现代化理论的重要补充。

---

① 参见张雷声:《寻求独立、平等与发展》,中国人民大学出版社1998年版,第199—201页。

一、世界体系论在探讨当代发达与不发达的关系问题研究上的创新

西方发展理论为维护垄断资本利益,借助西方发达国家早期发展的某些经验,运用西方发达资本主义国家的经济理论,从资本积累、计划化、经济增长等方面研究发展中国家的社会经济发展问题。这一理论注重对发展中国家的内部原因进行探讨,用发达国家的早期经验来规范不发达国家的现实状况。依附理论代表了发展中国家的民族利益,主张从发达国家对发展中国家的控制和剥削以及发展中国家对发达国家的依附中寻找不发达的原因,探寻发展中国家的社会发展道路。这两种理论虽然存在根本区别,但就分析方法而言,却有两个相似之处:一是都以国家为分析的基本单位,偏重于研究一国的发展,注重对不同国家不同发展状况之间关系的探讨,忽视整个资本主义世界体系的发展变化;二是都从世界资本主义体系内部诸国社会经济发展的现实出发,将其分为发达国家和不发达国家两个层次。沃勒斯坦从世界体系的新视角所做的分析,从根本上打破了西方经济发展理论和发展中国家依附理论的分析模式。

实际上,马克思也非常重视对发达和不发达关系的研究,并把世界历史作为探讨这一问题的出发点。他认为,现代社会的基本特征就在于狭窄的民族历史已经转变为广阔的世界历史,而造成这一转变的根本原因就是世界贸易和世界市场的产生,"各个相互影响的活动范围在这个发展进程中越是扩大,各民族的原始封闭状态由于日益完善的生产方式、交往以及因交往而自然形成的不同民族之间的分工消灭得越是彻底,历史也就越是成为世界历史"。[①] 世界历史的形成意味着世界体系的形成,只有从世界历史出发,才能正确认识和把握一个国家和民族在世界体系中所处的历史地位、发展方向和前进道路。沃勒斯坦的世界体系论吸收和运用了马克思的历史理论和方法,把世界历史作为研究发达和不发达问题的出发点,把国家、民族作为世界体系中的要素,强调了研究世界整体的重要性。在这个意义上,可以说世界体系论是沃勒斯坦对马克思主义的继承和发展。

---

① 《马克思恩格斯选集》第1卷,人民出版社1972年版,第88页。

二、半边缘概念的提出使世界体系论更接近于世界现实

世界体系论对世界资本主义体系的"中心—半边缘—边缘"结构的分析,对西方经济发展理论和依附理论的中心—边缘结构做了重要的补充和发展。事实证明:半边缘国家不仅确实在世界体系中存在,而且确实也在世界体系中起着非常重要的作用,离开半边缘国家,现行世界体系是不可理解的。20世纪70年代中期以后,世界资本主义体系中的美国在战后形成的经济、政治和军事等方面的优势逐渐衰退,其霸权地位开始动摇。西欧、日本已摆脱战后的经济困境,在新技术革命的浪潮中实现了经济起飞,已赶上、接近甚至在某些方面超过了美国。战后资本主义体系中由美国作为唯一中心的态势发生了变化,出现了美国、西欧、日本三足鼎立的局势。与此同时,发展中国家在经过近三十年的探索之后,社会经济有了一定程度的发展,一些发展中国家在人均国民收入、人均国民生产总值等主要经济指标方面,已经接近世界先进行列。一些发展中国家联合起来,组成合作性经济区域组织,反对发达国家的霸权地位,反对国际垄断资本的剥削和控制。世界资本主义体系内不发达的层位结构也发生了某些深刻的变化,如新兴工业化国家的涌现,石油输出国等区域经济组织的增长,以及最不发达国家的增多等。

三、世界体系论有力地抨击了西方中心主义

西方中心主义强调以西方国家为中心,其他国家和地区在世界体系中是无足轻重的,现代化就是西方化。尽管沃勒斯坦用边缘、半边缘范畴来表示发展中国家,但他还是比较公正地分析了发展中国家的现状,给予它们在世界体系中应有的地位,并以发展的眼光分析了它们在世界体系中的变化。同时,他也把对各个国家政治与经济的多样性、差异性的分析,纳入了对世界体系整体的分析、考察之中。在反对西方中心主义方面,如果说20世纪60年代中期以后兴起的依附论迈开了第一步,那么70年代末80年代初兴起的世界体系论则进一步使之完成。如果说依附论反对走西方的发展道路,反对照搬西方的发展模式,那么世界体系论则强调了发展中国家不能被动地只寻求自身的发展道路,应该从世界体系的角度来考察发达与不发达的关系。

世界体系论对资本主义体系的政治进程和思想文化演变提出了新

见解。不少西方学者,其中也包括一些鼎鼎大名的经济学家,都把西方经济发展的动力归结为产权私有制度和政府不加干预的自由市场竞争。沃勒斯坦以无可辩驳的历史来同这些经济学家争论,他指出,"现代世界体系的早期,即至少在16世纪初,并延续至18世纪,国家在欧洲世界经济体中起着经济中心的作用"。① 在资本主义历史进程的某些场合,资本主义的国家权力作用有所变化,然而不管怎样变化,我们看到的都是,在整个现代时期国家权力持续增长。资本主义世界经济体看来需要并促进了这一增强中央集权的过程。

沃勒斯坦对16、17世纪西方社会文化思潮的总体特征和趋势做出这样的概括:"延长的16世纪不只是一个通货膨胀的世纪,它还是一个结构上的革命时代,其中一个重要方面就是广大人民愿意接受新的激进思想。人文主义和宗教改革的思想使那些不顾一切要摆脱控制的人们具有了激烈的品质。17世纪则代表了一个平和与冷静的时代。古典主义,像专制主义一样,并不是一种现实的描绘,而是一种纲领——一种使政治和文化的首创精神回归到上层社会的纲领。"②他把社会和文化思潮趋势与经济和政治运动的走向紧密联系起来考察,清晰地揭示了经济、政治与文化的相互关系,基本上遵循了历史唯物主义的原则和方法。

当然,沃勒斯坦在对世界体系前景的分析中,把现今的社会主义纳入资本主义体系之中的做法无疑是错误的,在一定程度上既否定了列宁关于一国建成社会主义的思想,也否定了社会主义作为一种思想、一种制度的独立性。尽管20世纪80年代中后期以来,社会主义正经历着一种新的考验,但不可否认的是,社会主义仍然具有强大的生命力和感召力。在对社会主义生产关系特点的分析上,沃勒斯坦忽视了对社会主义生产方式建立的基础的分析,忽视了对实现社会主义生产方式的社会化生产手段的分析,因而导致社会主义世界体系成为一种脱离现实的虚无缥缈的空中楼阁。不过,瑕不掩瑜,沃勒斯坦的世界体系论仍不失为战后以来比较科学的、最富有创见的、能给人深刻启发的新思想和新方法。

---

① [美]沃勒斯坦:《现代世界体系》第1卷,罗荣渠等译,高等教育出版社1998年版,第173页。
② [美]沃勒斯坦:《现代世界体系》第2卷,吕丹等译,高等教育出版社1998年版,第34页。

第三节 世界体系理论的研究方法

关于沃勒斯坦世界体系论的理论方法,是我们需要关注的一个重点。沃勒斯坦的世界体系论在内容上继承并补充了马克思列宁主义的许多经济理论和观点,比如马克思的剥削理论、资本积累理论、劳动分工理论等等。在方法论上,沃勒斯坦表现出论证方法的多样性,他利用了马克思的政治经济学批判和阶级分析的方法、费尔南·布罗代尔动态的历史分析方法,尤其是继承并发挥了列宁《帝国主义论》中的历史(地理)空间辩证法。

其一,马克思政治经济学和阶级分析方法的运用。沃勒斯坦把现代世界体系看成一个由政治、经济、文化三个基本维度组合的复合体,其中,经济是整个体系的基础,是其他两个维度的决定性因素。他对社会生产力、生产关系、社会分工进行了重点研究,继承了马克思《资本论》的政治经济学批判方法,因此,安东尼·布鲁厄把沃勒斯坦的理论列入马克思主义的帝国主义理论中。布鲁厄还对沃勒斯坦著作中难以理解的阶级分析进行了解释:"在沃勒斯坦看来,'阶级分析'等于对特殊国家之内的'辛迪加集团'的利益分析,而且,假设我们考察这些集团'在世界经济中结构性的地位和利益','阶级分析'就是合理的。同时,阶级没有永久的现实,并不比'种族国家'具基本性。"[1]阿明也曾盛赞沃勒斯坦对马克思主义阶级理论进行了巧妙的补充。

其二,对布罗代尔历史分析法的借鉴和运用。沃勒斯坦深受法国年鉴派史学思想的影响,尤其是著名的"长时段"理论的提出者布罗代尔的影响。沃勒斯坦对现代化进程的研究就是布罗代尔"长时段"理论的运用。布罗代尔关于周期的观点对于沃勒斯坦关于历史时段和资本主义世界体系停滞和扩张的周期性看法有重要的启发。奇尔科特在《批判的范式:帝国主义政治经济学》中曾写道:"关于世界体系的理论,是受到法国历史学家费尔南·布劳代尔和他的著名著作《物质文明、经济和资本主义》(1979)的影响的……伊曼努尔·沃勒斯坦以布劳代尔为自己的楷

---

① [英]安东尼·布鲁厄:《马克思主义的帝国主义理论》,陆俊译,重庆出版社 2003 年版,第 180 页。

模开展活动,用核心地区、边缘地区以及半边缘地区这3个概念确定世界体系。因此,这3个范畴代表着3条走向资本主义影响下的发展道路。"[1]沃勒斯坦在"中心—边缘"之间插入"半边缘"的概念,这就完全打破了依附论"中心—外围"的静态分析。在沃勒斯坦的世界体系中,每个地区国家的位置是可变的,半边缘地区有可能下降为边缘地区,边缘也有可能上升为半边缘,这样,各地的发展以动态的辩证法表现出来。

其三,对列宁《帝国主义论》的内容和方法的继承与发展。在列宁《帝国主义论》中,列宁已经对帝国主义时代资本主义世界殖民体系和世界经济体系做了分析和批判。二战以后,殖民地国家纷纷走上独立自主的道路,标志着帝国主义殖民体系的崩溃,但是资本主义的世界经济体系并没有随之崩溃,反而得到了极大的扩张。崩溃的只是显性的殖民体系,资本主义世界经济体系作为一个隐性的殖民体系却大大加强。沃勒斯坦的《现代世界体系》就是要对这个世界经济体系做进一步的分析,并且在现代世界体系中加入了世界政治体系和世界文化体系,对它们也都做了一定的分析和说明。因此,从某种意义而言,《现代世界体系》就是对列宁《帝国主义论》在现代的一个续写和补充,至于他的续写是否正确合理,各人有自己不同的评判。在方法论上,沃勒斯坦也继承了列宁《帝国主义论》的历史批判和空间批判相结合的办法,既对资本主义世界体系的形成和发展做了历史分析,又充分运用了不平衡发展的空间辩证法对资本在全世界的流动和布局进行了批判和说明。世界体系论就是对资本的全球化以及由此而带来的世界各地的政治、经济、文化不平等的控诉和批判。

总的说来,虽然沃勒斯坦的世界体系论还存在很多缺陷与不足,比如,他主要是集中于中心区发展历史的讨论,对边缘和半边缘区的历史发展,尤其是社会主义国家的发展讨论有些不足。在有些地方对资本主义的批判也过于绝对。对现代世界体系的社会主义前景最后流于乌托邦式的幻想。但他为我们研究当代帝国主义的状况以及全球化视角下不发达国家的发展问题,提供了一种有启发性的视角,开创了一种新的研究范式。沃勒斯坦的世界体系论具有重大的理论与现实意义。

---

[1] [美]罗纳德·H.奇尔科特:《批判的范式:帝国主义政治经济学》,施扬译,社会科学文献出版社2001年版,导言第18—19页。

第十二章 文化帝国主义理论

"文化帝国主义"是一个整体性的概念,它贯穿多个学科领域,包括文学、政治学、社会学、历史学、传媒学、语言学等等。"文化帝国主义"有"意识形态帝国主义""传播帝国主义""媒体帝国主义""结构帝国主义""新殖民主义"等多种不同的称法。文化帝国主义的概念最早是在20世纪60年代提出来的,美国著名传播学者赫伯特·席勒(Herbert Schiller)在他1969年出版的《大众传媒和美利坚帝国》一书中就提出了"文化帝国主义"的命题。席勒认为,文化帝国主义包括"将一个社会带入现代世界体系的过程,以及社会统治阶层是如何被吸引、遭受压力、被强迫,有时甚至被收买,从而形成与这个体系的统治中心的价值观和结构相一致的,甚至是提升的社会制度的过程的总和"①。文化帝国主义的定义,简而言之就是,通过文化来控制他国的一种帝国主义形式。文化帝国主义理论的代表人物主要包括英国著名学者约翰·汤林森(John Tomlinson)以及被称为"后殖民主义三剑客"的巴勒斯坦人后裔、美国哥伦比亚大学教授爱德华·萨义德(Edward Said),印度人后裔佳亚特里·斯皮瓦克(Gayatri C. Spivak)和霍米·巴巴(Homi K. Bhabha)。以下我们就对最具代表性的汤林森和萨义德这二人的理论对文化帝国主义研究的贡献分别做一些具体的介绍和分析。

---

① [德]哈姆,[加]斯曼戴齐编:《论文化帝国主义:文化统治的政治经济学》,曹新宇、张樊英译,商务印书馆2015年版,第21页。

第一节　汤林森的文化帝国主义理论

约翰·汤林森是英国诺丁汉特伦特大学文化和社会学中心的负责人、利物浦大学全球化与边缘文化研究中心的学术顾问、教授,主要研究社会理论和文化交流等方面。汤林森的主要著作包括《文化帝国主义》(*Cultural Imperialism: A Critical Introduction*,1991)、《全球化与文化》(*Globalization and Culture*,1999)、《速度文化:立即性社会的来临》(*The Culture of Speed: The Coming of Immediacy*,2007)等。

一、汤林森对文化帝国主义的分析

汤林森的《文化帝国主义》是对文化帝国主义现象及其理论意义进行学术梳理和评判性介绍的一部专著。该书的主题是通过对 20 世纪 60 年代开始出现、在 90 年代又被人重提的"文化帝国主义"以及与此相关的"媒介帝国主义"等概念的剖析,对文化问题做出系统的理论分析,提出了自己对冷战后文化态势的见解。书中他首先探讨了文化帝国主义的定义。他认为,这是一个模糊、散漫的概念,必须经由其话语的过程才能得出其梗概,因为"文化帝国主义"是由"文化"和"帝国主义"这两个本身都很复杂的单词组成的。之前,学者们对文化帝国主义的界定大致有两种不同的说法,其一是强调经济权利服从于文化支配;另一种则强调文化权利服从于经济支配。在汤林森看来,这两种分析视角都比较可疑。如果人们要准确地界定文化帝国主义的含义,首先要界定"文化"与"帝国主义"的含义。其实,对于"帝国主义"和"文化"这两个概念,汤林森比较认可英国学者雷蒙·威廉斯的观点。威廉斯认为,所谓帝国主义现象,其一指源自英格兰殖民统治经验的政治体系,其二指马克思主义批判的现代资本主义经济体系。在《文化帝国主义》一书中,汤林森依据福柯的话语理论,采用话语分析的方法,把文化帝国主义理解为一个结构性的概念,并分为四个层次或途径来加以解剖和分析,得出"文化帝国主义"概念的梗概。这四个层次分别是:媒介帝国主义、民族国家话语、批判全球资本主义的话语和对现代性的批判。汤林森从对文化帝国主义的分析揭示出了文化殖民的内蕴、历史走向和文化宿命。由于媒介、

第十二章 文化帝国主义理论

民族国家、全球资本主义都和现代性有关,因此汤林森把对前三者的论述最后都整合在对现代性批判的架构之下。

在《文化帝国主义》一书中,汤林森指出,首先,"文化帝国主义"表现为文化交流的形式下实施不平等的文化霸权。具体来说,前殖民者往往采用官方的形式,利用在当地掌控的行政权力,从而强行用殖民者的语言代替当地的母语,由此培育一个当地的"比照集团",譬如印度的"受英国教育的阶级"将该集团的生活方式和价值观念作为标准或样板,让人们据此刻意模仿。其次,文化帝国主义是通过各种不同形式的文化交流,并通过经济和技术的交往,特别是各种消费品的输出,将西方发达国家所负载的价值密码和生活情趣推向世界,使西方模式的所谓"世界文化"在全球任意泛滥,因此这种文化交流实质上是不平等的,实际上是一种文化霸权。再次,文化帝国主义还表现为西方某些大国借助于各种形式的大众媒介大量传播西方日益膨胀的消费主义,鼓吹绝对的个性自由、攻击社会公德准则,凸显非理性和价值相对主义的后现代文化,引诱第三世界人们去追随仿效,从而消解他们对民族传统的认同。

作为"媒介帝国主义"的话语,汤林森认为,绝大多数关于帝国主义的论述,大都把媒介作为谈论的重点,也就是把电视、电影、收音机、印刷新闻媒介、广告,现在更有国际互联网等作为问题的核心,以这些媒介为中介,将意识形态扩散到他国,进而发生影响。但他指出,虽然文化帝国主义至关重要的方面,无不是通过媒介而将意识形态四处传播的,但媒介并不是现代文化的中心,它只是中性地、平等地扩散而不是把自己的意识形态强加于第三世界国家。在这里,汤林森着力解决三个问题:一是如何在政治、经济这个较为宽广的语境中,将文化领域做个具体的安顿;二是许许多多关于文化帝国主义的话语,可说是对于"阐释学的懵懂无知";三是在当代西方文化圈中媒介到底占据了什么地位?以美国的电视剧《豪门恩怨》为例,在20世纪80年代"风行九十余国……街头空无一人,但家庭用水量却又戏剧性地下降,原因只在这个电视剧的一出戏正在上演"。[①] 这就是美国文化帝国主义的主要表现,以操控意识形态的方式完成了大众对于美国文化的主动认同。《豪门恩怨》改变了不同国家观众的文化趣味和文化选择,因为在这部电视连续剧中,它传播了一

---

① 李昇平:《文化帝国主义话语中的悖论》,《理论探讨》2003年第4期。

种消费欲望,这种欲望的满足往往是以破坏他国文化的心理认同机制为基础的,但是可以给美国带来巨大的物质利益。从经济维度来看,《豪门恩怨》中的个人通过奋斗之后功成名就,以及在奋斗过程中的情感纠葛等情节体现了人人向往的物质需求和情感需求而广受关注。从政治效果来看,人们原有的文化认同在潜移默化的影响下逐渐消失。消费主义作为资本主义价值体系的核心要件,使大众作为消费主义的主体,在追求个人享受和满足物质欲望的过程中,放弃了传统道德的约束。

汤林森(Tomlinson,又译汤姆林森)在谈到文化帝国主义作为民族国家的话语时,对诸如"侵略""霸权"之类的军事术语用来描述文化的说法进行了质疑。他使用的是"影响"这个相对中性的词语。他意在倡导以全球性的历史的眼光来看待民族国家中的文化帝国主义。在这里汤林森尝试着罗列若干问题,以找出谈及文化帝国主义的常见方式,亦即说文化帝国主义是彼民族文化支配了此民族文化,并分为四个问题来解决:首先,所谓的民族文化,指涉的特殊内涵是什么?以联合国教科文组织为例,点出了这个问题在该组织论述文化支配时产生了哪些矛盾和暧昧之处。并评估了在现代众多民族国家之多元文化语境下,所谓一个民族文化遭受侵略又是什么意思。第二个问题是"民族认同感"起自什么样的意识形态-心理过程?它又有多繁复?民族认同是人们体验文化归属感的众多方法之一。既然"民族-国家"是最重要的政治经济单位,据此世界这个整体得以划分,那么各个民族认同在诞生、形成之际,经常涉及大量的"文化建构"工作。但是如果我们就因此而将民族认同当作纯粹意识形态建构则又大谬不然。第三个问题是必须将文化帝国主义的问题做一个概念化的位移,从时间轴和观点来审视,而不是像先前一样把它当作一个空间问题。汤林森认为论及文化帝国主义时,我们绝大部分倾向于从"空间"的概念加以检视。因此,容易流于从地理空间及共识现象来谈问题:仿佛是说,我们所处理的种种过程均匀散布于各个空间,但在时间上却"冻结了"。但一旦我们意识到了文化认同有时间面向,我们也就等于立即质疑了文化帝国主义这个概念。实际上,从文化的空间上看,除了极少数族裔单一的国家之外,民族国家在其疆域之内不存在现成的天下一统民族文化,在国家内部往往包含了各种类型的民族文化。汤林森认为民族文化只不过是想象力的产物,在漫长的国家历史中一直缺乏明确的主体。从文化的时间上来看,后人主观"想象"出来的传

第十二章 文化帝国主义理论

统文化也处于不断的变化之中。国家与国家之间、民族与民族之间的文化借鉴、文化共融、文化同化等现象一直存在,所以不存在所谓的纯粹的民族文化。最后一个问题是"诸如此类的话语如何看待支配这个现象"①。文化帝国主义推进了资本主义的现代性,其本质是极具支配意义的,也同人类谋求自身解放的利益背道而驰。

汤林森认为,批判全球资本主义的话语是进行现代性分析的关键。他的观点是资本主义文化的重点就是消费的行为过程与经验的商品化。他认为,资本主义是造成"同质"文化的力量,一切都追求国际性而全球皆同,资本主义文化的扩散,实质上就是消费主义文化的张扬,而这样的一种文化,会使所有的文化体验都卷入商品化的漩涡中。他进而对消费主义进行了辩护。汤林森指出:首先应先弄清楚,是资本主义文化的什么东西,让我们在预测其扩散寰宇时,判定其前景必然败坏?由于界定资本主义文化特征的方法很多,此处汤林森只就其中一个界定资本主义文化的取向提出讨论。"资本主义产生了消费文化",其间,所有的文化行动及经验都商品化了。对不少认为的资本主义扩张后,在"第三世界"的发展中国家,造成了"消费至上主义"再做检讨。最后提出批判西方的资本主义是一种"消费文化"的内涵。若认为资本主义的扩散是一种文化帝国主义的形式,其可能的理由是什么?②

探讨文化帝国主义的最后一个形式,乃是透过文化现代性的话语。这样的一个话语充满了似是而非与暧昧。"现代性"这个词相当暧昧,内涵捉摸不定。一般人通常只是将它用作指涉文化"现状"的概念,但社会及文化理论家则另有想法。他们的典型企图是将它当作(欧洲)历史上某个定点的某些根本性转变。文化帝国主义作为现代性的批判是《文化帝国主义》一书的重点。汤林森理论中的现代性,指涉的是全球发展过程中文化发展的主轴。他的基本理论立场就是:媒介、现代化发展、民族国家等都是现代社会的特性,同时也是现代性文化状况的决定性因素。文化帝国主义乃是现代性的一种扩散。在这里汤林森提出的问题是,如何批判现代性?这就是,资本主义与现代性有某种关联。虽说资本主义不是推动现代化建设的单一力量,但它确实以特殊的方式反映了现代性,也正因为如此,"种种支

---

① [英]汤林森:《文化帝国主义》,冯建三译,人民出版社1999年版,第135页。
② [英]汤林森:《文化帝国主义》,冯建三译,人民出版社1999年版,第197页。

配的结构"也才可以确认。通过探索这些社会结构,得以掘出根深蒂固的成套社会原则,发现资本主义作为全球经济文化体系的成功原因正在于这些原则的运行。在汤林森所论述的四个层次中,媒介帝国主义是焦点;民族国家的话语使文化帝国主义与实际生活结合起来;批判全球资本主义的话语从经济而不是政治角度界定并赋予了帝国主义的内涵;作为对现代性的批判,决定了全球文化发展因素所占据的支配性地位。从汤林森的分析我们不难看出,文化帝国主义作为一种文化霸权的重要表现形式,实际上是西方发达国家(尤其美国)凭借其强大的科技力量、媒介优势、文化工业、意识形态、管理方式对第三世界国家所实施的或隐性或显性的文化侵略和精神洗脑(这种情形在资本主义国家之间也存在,如美国对加拿大的文化控制,好莱坞对欧洲电影市场的主宰)。汤林森虽然采用了话语分析的方法,但是他并不赞同福柯的"话语权力"和葛兰西的霸权理论,同时也不赞成对文化进行意识形态分析的方法,就此而言,汤林森对文化帝国主义的话语分析其不足就显而易见了。

二、汤林森对文化全球化的分析

近些年来,文化全球化越来越成为国内外学者研究讨论的热点。有人认为,文化全球化是指一种共同的或单一的文化形式,对此,人们称之为文化同质论;也有人认为,文化全球化实际上是同质化和异质化同时进行的过程,或者是全球化与本土化的辩证并行;还有一种观点否认全球化的存在,这种观点以美国政治学家塞缪尔·亨廷顿为主要代表。他是全球化话语的重要批判者,为此,他提出了文明冲突论,以此论证世界历史的发展将强化文明之间的差异和冲突,美国及其西方盟友必须用区域化、欧美一体化来对抗,以捍卫和保护西方文明。[①] 而汤林森的《全球化与文化》一书对全球现代性的、模棱两可的"活生生的体验"进行了深入细致的分析。

汤林森首先分析了全球化进程和当代文化变迁之间的关系,进而把这种分析同有关社会的现代性和文化现代性的相关争论联系在了一起。"全球化处于现代文化的中心地位;文化实践处于全球化的中心地位。"[②]

---

① 参见陆扬、王毅:《大众文化与传媒》,上海三联书店2000年版。
② [英]约翰·汤姆林森:《全球化与文化》,郭英剑译,南京大学出版社2002年版,第1页。

第十二章 文化帝国主义理论

汤林森在《全球化与文化》中所要建构的就是这样一种相辅相成的关系。他认为,全球化带来了世界范围内的巨大转变,这种转型只有从文化的概念性词汇进行解析,才能得到合理的解释和理解。文化对全球化是至关重要的,因为它是复杂的联接整个进程的一个内在的方面;而全球化对文化又是至关重要的,它把文化体验的协商性引入联接的其他领域(政治、环境、经济)进行干预策略的中心地位。他提出,"全球化"简而言之,即"复杂的联接"。他指出现代生活的主要特征就是彼此相互关联的一种网络系统。所谓联接,实际上就是指人们体验到的一种全球空间的亲近感:也就是马克思在《1844年经济学哲学手稿》中所说的"时间导致了空间的湮灭",大卫·哈维把它称为"时空压缩",也就是一种距离的收缩感,是通过很明显的时间的缩减,可能是有形的,例如空中旅行;可能是再现性的,例如通过电子传媒传输信息和图像,从而跨越了时间。而联接如果从另一个侧面来看,则是通过跨越距离的社会关系的"延伸"这一概念,渐变到了空间亲近感的概念之中。在全球化的话语中,我们随处可见这种全球亲近感的隐喻。从马歇尔·麦克卢汉著名论断"地球村",到联合国最近发明的,用来形容正在出现的世界政治语境的词语"我们的全球邻居",都是这样的隐喻。

按照汤林森的观点,所谓被联接,实际上就意味着以非常特殊的方式变得日益密切了:由这些联接所产生的"亲近感"的体验,与某种无可争辩的、棘手的、持久的、在世界各个地方与人们之间存在的有形的距离并存,对此,无论是全球化的技术还是其社会转型都无法用魔法来驱逐他们。在一个全球化了的世界中,西班牙人与墨西哥人依然相互分离,相距5500英里,而联接的意思是说,我们现在可用不同的方式体验这种距离了。"我们把这些远距离的地方想象成是在日常中就可以涉足到达的地方,无论是通过通信技术或是大众传媒再现性地到达,还是相对花费一点时间(当然还要一笔钱)乘坐越洋飞机亲自达到,在今天看来,他们都不是遥不可及了。所以墨西哥市与马德里市之间,就不再意味着5500英里的距离,而是11个小时的飞行时间而已。"[①]说全球化,恐怕不能不提"现代性"这个让众多学人为之头疼的事。正如汤林森所说:"要讨论全球化,就不可避免地要讨论现代性的话语。"而现代性的概念包容

---

① [英]约翰·汤姆林森:《全球化与文化》,郭英剑译,南京大学出版社2002年版,第15页。

性特别强,已经深深地植入我们对现代化的自我理解之中,并且为我们提供了一个含蓄的语境。我们已经有了"西方的现代性""资本主义的现代性""后现代性"这样的概念。汤林森就是在现代性的历史语境中讨论全球化的问题的。① 他认为复杂的联接是前所未有的一个特殊时期,而全球化就是现代性的后果。在此,汤林森一方面提醒人们不要沉迷于现代性的理论范畴之中;另一方面他又认为,现代性依然是我们理解当今复杂的联接的一种绝对使人信服的方式,至少可以作为一个理论背景来加以研究。汤林森认为具有单一文化意味的全球文化的时期还远未到来。他认为非领土扩张化是我们目前全球化的文化状况。所谓非领土扩张化,在汤林森看来就是"无论从哪个方面来说,我们世俗的文化体验和我们的定位之间的联系都发生了转型。人们整个的空间体验改变了,把亲近感和距离感联合在了一起"。② 之所以探讨非领土扩张化,是因为这种文化体验的独特模式就存在于人们广泛的日常活动之中,并且在"削弱或是消解日常充满活力的文化和领土定位之间的联系"。汤林森指出:"我在非领土扩张化的概念中所竭力描述的,是某种类似普遍的文化状况的东西,虽全球化进程还有其他文化含义,但是我们所竭力主张的,我们在非领土扩张化的范畴之内所考虑的那些问题,实际上是很重要的核心问题,它影响到了世界上的大多数人,并且以激进的方式使他们的日常生活体验产生了转型。"③ 汤林森认为,在西方发达社会中的非领土扩张化并不是大多数特权群体才拥有的一种体验,它同样也包括了一般民众的体验。非领土扩张化并不是意味着地方性的终结,而是说发生了转型,人们进入了一个更为复杂的文化空间之中。对于大多数人来说,全球化的文化体验并不是有形移动、大幅度增长的问题,不是在空中飞行数千英里的问题,也不是"环球游览"和对西方国家及其异域文化产生了直接体验的问题。尽管日益增长的有形移动是作为整体的全球现代性文化一个很重要的方面,但公正而言,对大多数人来说,他们所感受到的全球化的影响,大多数时间并不是在旅行中,而是在足不出户的家里感受到的。④ 所以在这种非领土扩张化的文化体验中,全球化的传媒

---

① [英]约翰·汤姆林森:《全球化与文化》,郭英剑译,南京大学出版社2002年版,第19页。
② [英]约翰·汤姆林森:《全球化与文化》,郭英剑译,南京大学出版社2002年版,译序第10页。
③ [英]约翰·汤姆林森:《全球化与文化》,郭英剑译,南京大学出版社2002年版,第215页。
④ [英]约翰·汤姆林森:《全球化与文化》,郭英剑译,南京大学出版社2002年版,第221页。

与通信技术起了至关重要的作用。因此,汤林森探讨了传媒与通信技术是怎样把我们从毫无联系的地方性与我们文化的、实际上也就是存在主义的联系中提取出来的,而且从诸多方面来看,又是怎样使我们的生命世界向一个更为广大的世界开放的。也就是说,在此他探讨了传媒与通信技术的使用是怎样进行非领土扩张化的。它们是怎样把我们从毫无联系的地方性与我们文化的、实际上也就是存在主义的联系中提取出来的,而且从诸多方面看,又是怎样使我们的生命世界向一个更为广大的世界开放的。

《全球化与文化》最后讨论了世界主义的文化政治问题。汤林森认为,关于是否可能出现世界大同的现象,现在很难做出确定性结论。因为人类体验式因素的基础是"人类存在主义"的,包含"道德参与的本质及其可能的局限性",但也正是"这种复杂性把我们所有人跟世界上其他人的命运连接在了一起"。所以,"我们不知道,从地方定位的生命世界的角度看,将要支撑世界主义道德实践的道德想象的对策是不是很有效"。汤林森认为,没有什么能担保说,世界主义的团结一致一定会在全球性的不确定性中建立起来。但其可能性至少来自某些强有力的现代文化对策:一方面,非领土扩张化正在我们面前逐渐开放了世界;另一方面,在生活方式上,人们有着个人才能充分发挥的驱动力,而这种生活方式本身与驱动力结合起来,就是现代文化的对策。同时,如果这样来看问题的话,这种生活方式本身在向一个扩展了的相互关系"开放"着。[1]汤林森认为,全球文化的发展是一种世界主义的意向,一种趋势,人们的文化实践是连结地方性和全球性的纽带;全球性来自定位了的地方性,地方性通过非领土扩张化而总是具有全球性的后果。这是一种相当低调的朴素的世界主义。

第二节 萨义德的文化帝国主义理论

在当代西方的后殖民理论批评界和文化研究界,萨义德作为首屈一指的人物恐怕是无可否认的。萨义德的学术著述甚丰,主要包括:《康拉

---

[1] [英]约翰·汤姆林森:《全球化与文化》,郭英剑译,南京大学出版社2002年版,第207页。

德和自传小说》《开始:意图与方法》《东方主义》《巴勒斯坦问题》《关于伊斯兰》《最后的天国之后》《文化和帝国主义》《知识分子的表述》《流亡反思及其他论文》等。在这些著作中,我们可以清楚地看出他在自己的学术道路上所受到的前辈大师的影响:维科、弗洛伊德、卢卡奇、葛兰西、阿多诺、法农、福柯等。

萨义德的理论有着强烈的意识形态和政治批判色彩,其批判的锋芒直指西方的文化霸权主义和强权政治,其明显的理论基石就是"东方主义"。按照萨义德的定义,"东方主义不只是由文化、学术或机构被动地反映出来的一个政治主题或研究领域;它也并非只是由一些关于东方的文本所组成的结构庞大而又扩散的结合体;也并非只是反映并表现了某些企图制约'东方'世界的'西方'帝国主义的险恶阴谋……确实,我的确切论点是,东方主义是——但不只是表现了现代政治-知识文化的某个方面,而且它本身与其说与东方有关,倒不如说与'我们'的这个世界有关"。[①] 显然,按照萨义德的定义,"东方主义"至少包括这样两层含义:第一层含义指的是一种基于对东方与西方的本体论与认识论之差异的思维方式,在这方面,东西方在地理上分别居于地球的东西半球,在其他诸方面也处于长期的对立状态,其原因不外乎双方在政治上、经济上,乃至语言文化上存在着难以弥合的巨大差异。第二层含义则指处于强势地位的西方对处于弱势地位的东方长期以来的主宰、重构和话语权力压迫的方式,西方与东方的关系往往表现为纯粹的影响与被影响、制约与受制约、施与与接受的关系。但萨义德同时又指出,东方主义可以在三个领域里重合:长达4000年之久的欧亚文化关系史;自19世纪以来不断培养造就东方语言文化专家的学科;一代又一代的西方学者所形成的"东方"的"他者"的形象。由于习来已久的这种对东方的偏见,因而,在西方人眼中,东方人一方面有着"懒惰""愚昧"的习性,另一方面,东方本身又不无某种令人向往的"神秘"色彩。说到底,东方主义在本质上是西方试图制约东方而制造的一种政治教义,它作为西方人对东方的一种根深蒂固的认识体系,始终充当着欧美殖民主义的意识形态支柱。毫无疑问,萨义德的《东方主义》确实为我们的跨学科学术研究开辟了一个崭新的理论视野,即将研究的触角指向历来被西方主流学术界所忽视、并且故

---

① Edward W. Said, *Orientalism*, NewYork: Vintage, 1979, p.12.

第十二章 文化帝国主义理论

意边缘化了的一个领地:东方或第三世界。它在地理环境上与西方世界分别处于地球的两个部分,但这个"东方"并非仅指涉其地理位置,同时它本身还具有深刻的政治和文化内涵。作为东方人的后裔,萨义德无时无刻不缅怀历史上曾有过的那个令人神往的强大的东方盛世,并为那一时代的一去不复返而感伤和惆怅;另一方面,作为一位在西方高等学府身居高位的大学教授,他又为自己有资格以一个"他者"的身份来研究与自己有着千丝万缕关系的"东方"而不无某种优越感。出于对西方帝国主义霸权的痛恨和厌恶,萨义德首先将批判的触角直指西方帝国,而与其相比较,东方则是一个与之相距甚远的"他者",只是当西方进入衰落之时东方才偶尔被用来反观西方文化自身。因而,在这方面,萨义德的著作使西方主流学术界重新把目光转向东方,这便是他理论中的"反殖民主义"方面。

但萨义德的尝试还具有强烈的"非中心化"和"解构"的作用,实际上是后现代主义之后的"非边缘化"倾向的先声。众所周知,解构主义批评的一个重要策略就在于其从西方文化内部来冲击并削弱"逻各斯中心主义"。作为当时的美国解构主义阵营的一位重要成员,萨义德与"耶鲁学派"的不同之处恰在于'他利用自己得天独厚的优势'选取了一个新的批判视角:从"他者"(东方)的视角来批判习来已久的政治上和文化上的"欧洲中心主义"或"西方中心主义",或者说从边缘向中心运动,最后旨在消除所谓"中心"意识。应该说,这正是该书的积极意义所在。在这本书中,我们还可以清楚地看出他对东西方的不平等关系的深刻洞悉和强烈批判,这也预示了他后来对帝国主义和文化霸权主义的抨击。但解构主义的一个重要策略就在于其多元取向,在萨义德看来,西方人所建构的"东方主义"也并非铁板一块,而是有着多重含义和多重取向的,因此他归纳道:"曾经有过(现在依然有)语言学意义上的东方,有弗洛伊德主义的东方,斯本格勒主义的东方,达尔文主义的东方,种族主义的东方,等等。"①但是,正如不少东西方学者已经注意到的那样,萨义德所批判和建构的"东方"和"东方主义"也不无其局限性,这种局限性具体体现在地理上、文化上和文学上,这也使我们第三世界学者和批评家有了可据以进行质疑和重新思考的理论基点。

---

① Edward W. Said, *Orientalism*, New York: Vintage, 1979, p.22.

首先,我们应当指出"东方主义"的地理学局限。这一方面受制于萨义德本人的出身背景和知识学力之局限。众所周知,从地理上说来"东方"至少可以囊括幅员辽阔的亚洲、非洲和大洋洲地区,而在萨义德的书中,东方的地理学界线仅仅划到近东和中东的阿拉伯地区,而很少论及更为广大的东南亚地区和诸如中国、印度和日本这样一些重要的东方国家。这不能不说是该书的一大局限。其次,"东方"或"东方主义"也有着其意识形态和文化上的局限。就其意识形态和文化意义上而言,我们通常所说的"西方"观念或"西方"文化实际上指的是基于西欧和北美诸国流行的资产阶级价值准则之上的意识形态或文化观念,而与此相悖的则被笼统地称为"东方"的观念。由于其地理环境和意识形态方面的局限,萨义德的东方主义便毫无疑问地导致了他在比较文学研究方面的局限:他所讨论和引证的文本大都是英语文学作品,而较少涉及非英语的第三世界国家的文学,这不仅是他本人研究的局限,同时也是整个后殖民主义文化研究的历史局限。

《东方主义》一书的出版不仅奠定了萨义德本人的学术声誉和地位,同时也标志着他的后殖民理论体系建构的开始。之后,他虽然在其他场合曾对"东方主义"的内涵和外延做过一些补充和修正,但其理论核心并未有所突破。在他的重要论文集《世界,文本和批评家》中,萨义德更进一步发挥了福柯的后结构主义理论。在一篇同题论文中他探讨了文本的"世俗性"特征。针对以下偏激的观点,即言语存在于世间,而文本则外在于世间,仅仅朦胧地存在于批评家的头脑里,为批评家所任意使用,他提出了异议。同时他也不满足于当今的文学批评所过分强调的所谓阐释的"无限性"。他认为,这些批评家们往往容易割断文本与现实的关系。在他看来,就其深层意义而言,文本确实是"世俗"的:对它们的使用以及其本身所能达到的效果往往受制于这样一系列的因素——"所有权,权威,权力以及强力的施与"。毫无疑问,批评家是掌握一定的话语权的,因而批评家在写一篇批评论文时,便进入了与文本和读者的一系列关系之中。他的那篇论文也许站在文本和读者之间的立场,也许站在其中的某一方,只是因不同的批评家以及不同的批评语境而异。萨义德的回答显然是对后结构主义者排斥"非文本性"尝试的一个挑战,对消解结构主义甚至后结构主义批评的"文本中心"倾向有着不可忽视的作用,但他却在同时乞求于"强有力的"话语之作用。

第十二章　文化帝国主义理论

1993年出版的《文化和帝国主义》之所以能成为一部"国际范围内的畅销书",与当今的"后冷战"时期的政治、经济和文化等方面各种关系的急剧变化密切相关。这本巨著被读书界和评论界称为"对欧洲文化中根深蒂固的帝国主义的广泛、犀利的和极具可读性的描述"。它全面地审视了西方文化,从18世纪的作家简·奥斯汀,一直论到当今仍有争议的赛尔曼·卢希迪,从现代主义诗人叶芝,一直论到具有后现代特征的海湾战争中新闻媒体之作用,其间还透过后殖民主义的理论视角分析了显然具有后殖民性的英国作家吉卜林和康拉德的小说,以一个比较文学学者的身份对这一学科的局限进行反拨,直到在一个更为广阔的世界背景下全面描述帝国主义的文化侵略和殖民地反抗的历史等等。用他自己的话来说,在这本书中,"对人类学、历史学和地域研究方面所做的大量实质性探讨发展了我在《东方主义》一书中提出的论点,因为那些论点在该书中仅局限于中东地区"。① 而在后者中,作者的笔触则扫到了包括中国这样曾经的"半殖民地、半封建"国家在内的所有具有"后殖民性"的亚、非、拉和大洋洲地区。如果说《东方主义》所批判的主要是欧洲老牌殖民主义者的话,那么这本书的批判锋芒则直指美国。因为从1978年到1993年这段时间里,世界格局发生了戏剧性的变化:阿以冲突从剧烈到缓和;中国的改革开放成就令世人瞩目;苏联以及东欧社会主义阵营的解体确立了美国的世界霸主地位;再加之美国在海湾战争中的获胜则更是使之成为当今世界唯一的同时也是"最后一个超级大国"。在萨义德所专注的文化学术领域,也同样发生了巨大的变化:结构主义之后各种新理论的冲击致使批评理论突破了传统的学科界限,关于后现代主义的讨论越来越趋向全球化;而比较文学的兴趣东移则更是导致了一种以东西方文学的对话与交流为特色的新的国际比较文学研究格局的出现;后现代主义之后的后殖民主义大潮不断向中心运动,文化研究在一个全球范围内的转型期方兴未艾……这一切都使得比较文学研究者必须正视文化和文化本质问题。因此,萨义德的这本书可为当今的比较文学和文化研究者从一个新的视角和在一个更为广阔的世界语境之下来探讨本民族的文化本质提供有益的帮助。

---

① [美]爱德华·W·萨义德:《文化和帝国主义》,李琨译,生活·读书·新知三联书店2016年版,导言第11页。

在《文化和帝国主义》这本书中,萨义德分别对"文化"和"帝国主义"这两个频繁出现的概念做了界定。他指出,"'文化'具体指两样东西,第一是指所有这样一些实践,诸如描绘、交往和表现的艺术。它们都有着独立于经济、社会和政治等领域的相对自足性,而且常常以审美的形式存在。它们的一个主要目的就是给人以快乐"。① 第二,"而且几乎是十分微妙地,文化也是一个概念,它包括一种精致的、高级的成分,恰如马修·阿诺德早在 19 世纪 60 年代就描述的那样,是每一个社会中那些被认为是最优秀的东西的蓄积"。② 与之相对,另一个术语"'帝国主义'则指统治着远方领土的居主宰地位的宗主国中心的实践、理论和态度;作为帝国主义直接结果的'殖民主义'则是在远方的土地上从事殖民实践……而在我们这个时代,直截了当的殖民主义业已完结;正如我们所看到的那样,帝国主义仍然滞留在老地方,留在某种一般的文化领域里,同时也从事着具体的政治、意识形态、经济和社会活动"。③ 但反抗殖民主义的斗争却从来没有间断过,致使帝国主义不得不认识到,单凭大规模的武装入侵在当今时代已很难达到其效果,因而他们便变换手法,"通过文化刊物、旅行以及学术讲演等方式逐步地赢得后殖民地人民"。④ 因此,在后殖民时期,东西方的公开冲突也转变为一种隐晦的交流和对话,通过这一系列的交流和对话达到双方的互相渗透和互相影响。但在这种交流和对话中,弱势文化无疑会继续受到强势文化的主宰和重构,而对于这种新殖民主义的策略,萨义德并没有清醒的认识。

萨义德本人现在依然活跃于美国学术理论界,仍然是人们关注的中心。作为一位有着强烈社会责任感和使命感的知识分子,他认为,"知识分子并不是要登上一座山峰或讲坛以便站在高处做慷慨激昂的演讲,显然,你想在人们能很好地听你讲的地方说要说的话;同时,你也希望你的演讲表述得极好以便对不断发展着的社会进程产生影响,例如,对和平

---

① [美]爱德华·W·萨义德:《文化和帝国主义》,李琨译,生活·读书·新知三联书店 2016 年版,第 12 页。
② [美]爱德华·W·萨义德:《文化和帝国主义》,李琨译,生活·读书·新知三联书店 2016 年版,第 13 页。
③ [美]爱德华·W·萨义德:《文化和帝国主义》,李琨译,生活·读书·新知三联书店 2016 年版,第 8 页。
④ [美]爱德华·W·萨义德:《文化和帝国主义》,李琨译,生活·读书·新知三联书店 2016 年版,第 292 页。

和正义产生影响。不错,知识分子的声音是孤独的,但它能产生共鸣,因为它可以自由地与一场运动的现实、一个民族的愿望以及共同追求的理论密切相关"。① 因此,知识分子在当今社会的作用是不可轻视的。在他看来,知识分子有责任对当代文化的形成进行干预,并提出自己的批判性策略。他是这样说的,也是这样做的。

第三节　汤林森与萨义德文化帝国主义的方法论差异

在文化帝国主义问题上,汤林森和萨义德何以会有如此大的差异呢?这主要是因为两人采取的方法不同。汤林森主要采用的是解释学的方法。在讨论媒介帝国主义时,汤林森把"文化"置换成了解释学意义上的"文本",同时把文本解读的过程视为读者和文本的交互作用。文化文本的阅读者,一方面受到文化传统的制约,是有一定文化背景的解读者,不是一张白纸;另一方面,读者本身是主动的、有选择的,有自己的追求目标。同一个文本在不同的解读者那里会得到不同的解读。解读的过程是文本作者与读者的"视域融合"。正因为对读者在阅读过程中主体作用的强调,使得汤林森得出结论:并不存在所谓的"媒介帝国主义"。

解释学的另一个特点是把文本和文本的解读放在一个时间过程中,强调理解的开放性和生成性。在现代解释学看来,解释的任务不是也不可能还原作者的原意,而是要在理解的过程中实现读者与作者的"视域融合"。"正如没有一种我们误认为有的历史视域一样,也根本没有一种自为的现在视域。理解其实总是这样一些被误认为是独自存在的视域的融合过程。"②汤林森反对从空间的角度对文化做非此即彼的划分,他认为,绝对同质化的文化压根就不存在,任何文化要想谋求发展,都必须在与异质文化接触、交流的过程中吸纳有益于自己的成分。因此,指责帝国主义文化对第三世界文化带来了"毁灭性"的威胁是没有道理的,相反,正是所谓"帝国主义"文化的"入侵"为第三世界的文化带来了刺激与反应,并为其发展提供了机遇和可能。

---

① 王宁:《爱德华·赛义德和他的后殖民批评理论》,《南方文坛》2001年第4期。
② [德]伽达默尔:《哲学解释学》,夏镇平、宋建平译,上海译文出版社1994年版,第393页。

汤林森的分析看似圆满,其实不然。特别是他将"文化"置换为"文本"的做法,无异于偷梁换柱。众所周知,解释学意义上的"文本"作为文学,特别是哲学概念,意义相对狭窄,而"文化"的内涵显然要复杂得多。如果说解释学的"文本"概念一般不涉及政治、经济、军事、宗教、意识形态等与权力、压迫、斗争、反抗有着直接关联的领域的话,那么,这些领域却正是"文化"范畴中不可或缺的内容。与此相应,解释学意义上的"作者""读者"常常是抽象的单数概念。也就是说,当谈论某一个解释学事件时,我们总是在谈论某一个抽象的读者对某一个抽象的作者的某一个文本的解释,而文化交往中的"作者"和"读者"则常常是有着具体的国家、种族、性别、宗教、肤色等特征的"复数"概念。因此,在文化的"解读"中,"作者"和"读者"之间是否有解释学意义上的平等对话关系,就大可怀疑了。正如伊格尔顿所说:"诠释学无法面对意识形态这一问题——无法面对这一事实:人类历史的这一不间断的对话至少有半数时间乃是权势者对无权势者的独白;或者,即便它的确是'对话'时,对话双方——例如,男人和女人——也很少占据同等地位。"[1]

萨义德显然更多地注意到了"文化解释"中"读者"和"作者"之间的不平等关系,因而和汤林森不同,他更钟情于葛兰西的"文化霸权"理论和福柯的"权力话语"理论。葛兰西在分析资本主义霸权的特征时指出:资本主义霸权不仅体现在它通过政治经济的方式来剥夺其他民族、阶级和群体,同时,还表现在它通过对文化制度的大规模网络(如学校、教会、政党、报纸、传播媒介和民间社团)的控制来操纵整个社会,使其服膺于资产阶级意识形态。如果说前者是一种直接的"统治"关系的话,那么后者则是一种隐蔽的"认同"关系。正是通过这两种不同的方法,资产阶级得以保有了其"领导权"。福柯也认为,权力并不一定是以一种暴力的方式禁止人们做某种事情,事实上权力无处不在,同硬性权力相比,软性权力更为复杂。在福柯看来,权力是一种复杂的知识网络,监狱、精神病院、医院、学校、大众传媒等都与权力相关联。

受葛兰西和福柯的影响,萨义德总是能够从那些公认的经典作品中读出帝国主义霸权运作的隐秘的痕迹。比如,在《曼斯菲尔德庄园》中,

---

[1] [英]特里·伊格尔顿:《二十世纪西方文学理论》,伍晓明译,北京大学出版社2007年版,第64页。

第十二章　文化帝国主义理论

奥斯丁对英国海外殖民地安蒂瓜曾有过几次漫不经心的提及,萨义德分析了这些看似无关紧要的细节,得出了令人信服的结论:虽然《曼斯菲尔德庄园》"无疑属于伟大的文学杰作",却是"一个正在扩张的帝国主义冒险的结构的一部分"。①

不难看出,葛兰西和福柯的文化理论与汤林森改造过的解释学文化理论大相径庭。从某种意义上说,这正是萨义德和汤林森的差异所在:汤林森以解释学为理据,更多地强调文化交往中的平等关系,而萨义德受葛兰西和福柯理论的影响,更多地关注文化交往中帝国主义霸权的隐秘运作方式。当然,如果仅仅把萨义德和汤林森的争论归结为方法论上的差异,显然无助于我们对"文化帝国主义"的理解。事实上,我们必须要问,为什么两人会有方法论上的差异?在方法论背后,有没有本体论的差异?这就牵涉到问题的第二个层面:"谁在说话?"

阅读汤林森和萨义德的著作时,我们注意到一个非常有意思的现象,那就是两人在论及某种理论时,都会提醒读者注意是谁在说话,说话人的身份是什么。在《文化帝国主义》中,汤林森专门用了一节的篇幅来讨论"谁在说话"的问题。汤林森之所以如此看重这一问题,是因为在他看来,所谓"文化帝国主义"并非"同质"的话语,因为没有人可以合理合法地代表全世界。在《东方学》前言中,萨义德则引述葛兰西《狱中笔记》的话说:"批判性反思的出发点是认识到你是谁,认识到'认识你自己';也是一种历史过程的产物,它在你身上留下无数的痕迹,但你却理不清它的头绪。因此,找出这一头绪就成为当务之急。"②

要讨论汤林森和萨义德在文化帝国主义问题上的争论,首先必须搞清楚两人的身份。在《东方学》一书的绪论中,萨义德开宗明义地确立了自己的身份:从小在两个英国殖民地——巴基斯坦和埃及——长大,其后又随父母到了欧洲,最后在美国的大学完成学业,并成为美国著名大学的学者。尽管所受的教育全部是西方式的,但童年的经历却培养了他明确的"东方人"意识:"我从来没有忘记我曾经亲身经历过的作为'东方人'的文化现实""从许多方面来说我对东方学的研究都是试图为我身上

---

① [美]爱德华·W·萨义德:《文化和帝国主义》,李琨译,生活·读书·新知三联书店2003年版,第132页。
② [美]爱德华·W·萨义德:《文化和帝国主义》,李琨译,生活·读书·新知三联书店2003年版,第33页。

留下的这些痕迹、为东方这一主体、为曾经在所有东方人的生活中起着强大支配作用的文化理出一个头绪"。①

相比之下,汤林森缺少对自己身份的明确言说,不过从字里行间中我们不难揣测出他的"自我认知":他将自己视为"发达国家"的代表。文化身份的差异在两人讨论文化帝国主义问题时又进一步表现为"内在性"和"外在性"的差异。在萨义德对文化帝国主义(东方学)的批评中,外在性是其批评的一个重点,用他的话说,"我认为对这一点无论怎么强调都不过分"。所谓"外在性",是指东方学家始终把东方视为一个神秘和具有异国情调的他者,对它的描述和展现的动力来自对神秘他者的奇观的观赏效应,通过西方人的价值、修辞和技巧来叙述东方以确认自己的价值观、对外政策和世界观。东方学潜在的读者是西方而不是东方。因此,"东方学的一切都置身于东方之外,东方学的意义更多地依赖于西方而不是东方……使东方在关于东方的话语中'存在'"。② 严肃的、科学的东方学必须引入一种"内在性"。如果认可萨义德的这一分析,我们就不得不指出,汤林森的"文化帝国主义"研究,确实表现出了一种严重的"外在性",因为他很少从第三世界的立场切入问题。

最后,造成汤林森和萨义德差异的一个重要原因是二者分属不同的知识分子类型。在《知识分子论》中,萨义德把知识分子分为"专业的"和"业余的"两类。前者是囿于特定知识领域的权威,而后者则往往要越出自己的知识领域,就社会问题和政治问题发表意见;前者在无关本民族的问题上,往往能够大胆放言,并且不乏真知灼见,然而对于本民族的不义之举,却往往视而不见。在"文化帝国主义"问题上,萨义德一再呼吁知识分子超越狭隘的民族界限,以推进文化上的"国际主义"。在《东方学》和《文化帝国主义》中,萨义德在批评西方国家的同时,对阿拉伯世界的极端民族主义运动同样提出了尖锐的批评。而在汤林森的著作中,却很难看到他对大英帝国殖民暴行的反思。

---

① [美]爱德华·W·萨义德:《东方学》,王宇根译,生活·读书·新知三联书店1999年版,第34页。
② [美]爱德华·W·萨义德:《东方学》,王宇根译,生活·读书·新知三联书店1999年版,第29页。

第十三章　生态帝国主义理论

　　自20世纪60年代以来,一批西方学者运用马克思主义方法将马克思的一些关于生态自然的观点用来分析和阐释现代生态危机,试图探索出一条通向绿色生态社会主义的道路。最早提出"生态马克思主义"概念的是美国学者本·阿格尔(Ben Agger),包括詹姆斯·奥康纳(James O'Connor)、约翰·贝拉米·福斯特、乔尔·科威尔(Joel Kovel)、安德烈·高兹(Andre Gorz)、戴维·佩珀(David Pepper)、保罗·伯克特(Paul Burkett)等人,都从不同的视角将马克思的哲学、政治经济学和资本主义批判理论与西方日益严重的生态问题相结合,进而提出了自己的理论主张。其中,福斯特是当今生态马克思主义研究的领军人物,同时为推动帝国主义理论研究的继续发展做出了重要贡献,本书就只对福斯特的生态帝国主义理论做一番具体的分析和考察。

　　福斯特是美国俄勒冈大学的社会学教授,著名左翼期刊《每月评论》的主编。福斯特的学术研究大致可以分为三个阶段:第一阶段是从他1976年移居加拿大进入约克大学进行研究生学习到20世纪80年代中期。这一阶段福斯特的研究主要集中在马克思政治经济学和资本主义发展理论上,重点是保罗·斯威齐和保罗·巴兰的垄断资本理论,著作包括《扭曲的经济:垄断资本下的积累问题》(与亨利克·斯拉杰弗尔合著,1984),以及1986年他在其博士论文基础上出版的《垄断资本主义理论:马克思政治经济学概论》。第二阶段大概从20世纪80年代中后期到20世纪末,福斯特的研究主要集中在生态环境、生态危机方面,通过出版《脆弱的星球:环境经济简史》(1994)、《马克思的生态学:唯物主义与自然》(2000)、《生态危机与资本主义》(2002)、《生态革命:与地球和平相处》(2009)等一系列著作,他成为世界闻名的生态马克思主义研究学者。第三阶段是自21世纪尤其是2006年他担任《每月评论》的独家编辑以来，福斯特重新回到他以前对资本主义政治经济学的研究，将斯威齐和巴兰开创的垄断资本学派推向成熟。他对2008年世界金融危机以来美国的外交政策给予了特别关注，把"垄断金融资本"批判、生态帝国主义批判和社会主义复兴结合起来，发表了很多论著，包括《赤裸裸的帝国主义：美国力求全球控制》(2006)、《金融大危机：原因与结果》(与弗雷德·马格多夫合著,2009)、《生态断裂：资本主义对地球发起的战争》(与布雷特·克拉克和理查德·约克合著,2010)、《每个环保人士所要了解的资本主义》(与弗雷德·马格多夫合著,2011)、《无休止的危机》(与罗伯特·麦克切斯尼合著,2012)、《马克思与地球：对批判的批判》(与保罗·伯克特合著,2016)、《特朗普入主白宫：悲剧与闹剧》(2017)、《自然的回归：社会主义与生态》(2019)、《掠夺自然：资本主义与生态断裂》(与布雷特·克拉克合著,2019)、《人类世视野中的资本主义：生态毁灭还是生态革命》(2022)等。

第一节　生态帝国主义批判的理论基础：马克思的生态学

福斯特在青年时期就比较关注生态问题，积极参与环保运动，从20世纪80年代开始，围绕着资本主义的生态问题发表了大量的论著。福斯特的生态帝国主义批判是从解读和重建马克思的生态学开始的。

福斯特一个非常重要的理论贡献在于，他赋予马克思的哲学唯物主义思想以生态内涵，重建了马克思的历史唯物主义。福斯特认为，马克思的历史唯物主义在本质上就是生态唯物主义，在马克思恩格斯的《1844年经济学哲学手稿》《关于费尔巴哈的提纲》《德意志意识形态》《共产党宣言》和《资本论》等著作中，都包含了丰富的生态唯物主义思想。福斯特在《马克思的生态学：唯物主义与自然》一书中从发展史的角度梳理了马克思唯物主义自然观的形成过程，系统阐述了马克思的唯物主义生态观。

福斯特对马克思生态唯物主义思想的发生发展过程进行了考察，他认为马克思的生态思想受到了伊壁鸠鲁哲学、费尔巴哈直观唯物主义、马尔萨斯人口论、德国化学家李比希的农业危机理论、达尔文的进化论以及美国人类学家摩尔根的"生存技术"论等众多影响,伴随着他的唯物主义哲学不断成长完善。福斯特认为,马克思生态思想的发展大致经历了以下三个阶段。

第一阶段是马克思的早期生态思想,主要表现在其博士论文和《1844年经济学哲学手稿》当中。马克思的博士论文《德谟克利特的自然哲学和伊壁鸠鲁的自然哲学的差别》是要通过对德谟克利特和伊壁鸠鲁的自然哲学的比较,来阐发他的自我意识哲学。马克思认为,德谟克利特只是把握了原子作为客体的必然性,只具有物理学意义;而伊壁鸠鲁通过原子的偏斜运动确立了自由意志的主体性,具有摆脱了宗教束缚的本体论意义。福斯特认为,青年马克思的唯物主义自然观追随并已然超越了伊壁鸠鲁的机械决定论,它在朝着辩证唯物主义的方向发展。在《1844年经济学哲学手稿》中,马克思通过借鉴和吸收费尔巴哈的唯物主义观点,提出了现实劳动的异化理论,而不是从精神的层面去看异化现象。福斯特指出,马克思坚持从人类实践的王国中去发现解决人对自然异化的方案,共产主义"作为完成了的自然主义,等于人道主义,而作为完成了的人道主义,等于自然主义,它是人和自然界之间、人和人之间矛盾的真正解决,是存在和本质、对象化和自我确证、自由和必然、个体和类之间斗争的真正解决"。① 福斯特认为,尽管马克思在他后来的著作中批判了费尔巴哈哲学中思辨的、非历史方面的内容,但是,"费尔巴哈自然主义的唯物主义仍然回响在马克思成熟的历史唯物主义之中"②。

第二阶段是马克思生态思想逐步发展和走向成熟的阶段,它是从马克思在《关于费尔巴哈的提纲》中提出"实践"的观点开始的。马克思在该文中批判了费尔巴哈忽视人的主观能动性的旧唯物主义,同时又批判了片面夸大主观能动性的唯心主义,并强调了关注人类历史的重要性,将唯物主义的自然观与历史观统一起来。尤其是在《德意志意识形态》中,马克思所谈论的"自然",指的都是与人类实践相联系的历史的自然,是人化的自然。福斯特说,《共产党宣言》所要论证的一个中心内容,就是对马尔萨斯的人口论和蒲鲁东机械的"普罗米修斯主义"的批判。恩

---

① 转引自[美]约翰·贝拉米·福斯特:《马克思的生态学:唯物主义与自然》,刘仁胜、肖峰译,高等教育出版社2006年版,第89页。
② [美]约翰·贝拉米·福斯特:《马克思的生态学:唯物主义与自然》,刘仁胜、肖峰译,高等教育出版社2006年版,第90页。

格斯在《政治经济学批判大纲》中就已经指出了马尔萨斯人口论的本质是他的宗教自然观。马克思也早在 1844 年就直接批判了马尔萨斯的理论,他指出马尔萨斯是用非历史的观点把人口增长和生活资料生产理解成抽象的数字关系。对于蒲鲁东的"普罗米修斯主义",马克思批评它说,"蒲鲁东'新的普罗米修斯'就是一个像上帝一样的形象,他隐藏着蒲鲁东所提出的关于机器的纯形而上学观念,使它从生产和剥削的社会关系中分离出来,并把它看作符合它自己的技术逻辑"。马克思认为,"蒲鲁东对机器盲目崇拜的方法——给了机器一个具体的'普罗米修斯'特征,并且抛弃了机器的历史起源和条件——只生产了错误的、机械的目的论,这是最糟糕的资产阶级工业意识形态的特征"。① 马克思和恩格斯的《共产党宣言》指明,只有共产主义才能解决可持续发展问题、解决资本主义城乡对立的矛盾、解决资本主义对生态的破坏问题。

第三阶段是马克思生态思想的成熟和确立阶段。福斯特认为,在《资本论》中,"马克思的唯物主义自然观和他的唯物主义历史观完整地结合在一起",② 马克思在书中提出了一个"新陈代谢断裂"(Metabolic Rift)理论。马克思采用"新陈代谢"这一概念是定义劳动过程"是人和自然之间的过程,是人以自身的活动来引起、调整和控制人和自然之间的物质变换的过程"。③ 福斯特说,马克思是在两个意义上使用新陈代谢概念的:一是生态意义上的,"是指自然和社会之间通过劳动(在他著作中这个词语在通常背景下的用法)而进行的实际的新陈代谢相互作用";二是社会意义上的,"是在广义上使用这个词语,用来描述一系列已经形成的但是在资本主义条件下总是被异化地再生产出来的复杂的、动态的、相互依赖的需求和关系,以及由此而引起的人类自由问题——所有这一切都可以被看作与人类和自然之间的新陈代谢相联系,而这种新陈代谢

---

① [美]约翰·贝拉米·福斯特:《马克思的生态学:唯物主义与自然》,刘仁胜、肖峰译,高等教育出版社 2006 年版,第 146 页。
② [美]约翰·贝拉米·福斯特:《马克思的生态学:唯物主义与自然》,刘仁胜、肖峰译,高等教育出版社 2006 年版,第 157 页。
③ "新陈代谢"(Metabolism)一词在《马克思恩格斯全集》中分别译为"新陈代谢"和"物质变换",在福斯特那里都被译为"新陈代谢",参见[美]约翰·贝拉米·福斯特:《马克思的生态学:唯物主义与自然》,刘仁胜、肖峰译,高等教育出版社 2006 年版。

是通过人类具体的劳动组织形式而表现出来的"。① 在资本主义制度下,其生产关系和城乡对立的分裂使得这种新陈代谢出现了"一个无法弥补的裂缝"。马克思这一理论的提出显然是与李比希农业危机理论的影响有关。李比希在 1840 年出版的《化学在农业和生理学上的应用》一书中,借用生理学名词"新陈代谢"来表述自然系统里的能量循环:构成土壤的肥力以各种形式滋养着城市的发展,土壤肥力被消耗后将以排泄物等形式归还给土地,形成一个自然的能量循环。但在资本主义条件下,土壤中的营养成分的流动是单向性的。城乡分离和产品的远距离贸易,使得土壤中的构成要素难以回到它们的出生地,造成物质变换的裂缝。马克思在《资本论》第三卷中写道:"资本主义土地私有制对人口具有重要影响,那就是使农业人口不断地减少,而使大城市中的工业人口不断增加。由此而形成的各种条件,在社会的、生活的自然规律作用下,物质变换出现了一个难以补救的裂缝,结局就是造成了地力的浪费,并且这种浪费通过商业而远及国外(李比希)。……大工业和按工业方式经营的大农业一起发生作用。大工业更多地滥用和破坏劳动力,即人类的自然力,而大农业则更直接地滥用和破坏土地的自然力,那么,在以后的发展进程中,二者会携手并进,因为农村的生产制度也使劳动者精力衰竭,而工业和商业则为农业提供各种手段,使土地日益贫瘠。"② 福斯特认为,马克思正是在详细考察和分析资本主义制度所造成的自然异化以及自然与社会关系的异化基础上,提出要以劳动者联合的共产主义社会代替不合理的资本主义社会。福斯特写道:"在人类与土地的自然关系中,马克思对资本主义农业以及新陈代谢断裂的观点,导致他得出较为宽泛的生态可持续性概念——他认为这种观点对资本主义社会来说具有非常有限的实用性,因为资本主义不可能在这一领域应用理性的科学方法,但是,这种观点对生产者联合起来的社会来说是不可缺少的内容。"③

---

① [美]约翰·贝拉米·福斯特:《马克思的生态学:唯物主义与自然》,刘仁胜、肖峰译,高等教育出版社 2006 年版,第 175—176 页。
② [德]卡尔·马克思:《资本论》(第 3 卷),中共中央马克思恩格斯列宁斯大林著作编译局译,人民出版社 2004 年版,第 918—919 页。
③ [美]约翰·贝拉米·福斯特:《马克思的生态学:唯物主义与自然》,刘仁胜、肖峰译,高等教育出版社 2006 年版,第 182 页。

第二节　生态帝国主义批判：生态危机与资本主义

美国环境史学家阿尔弗雷德·克罗斯比(Alfred W. Crosby)在1986年出版的《生态帝国主义：欧洲的生物扩张，900—1900》一书中第一次提出了生态帝国主义(Ecological Imperialism)的概念，指出欧洲帝国主义的成功，"或许既有生物因素，也有生态因素的影响"[①]。克罗斯比主要是从生物历史学的角度揭示了欧洲殖民者对美洲和澳洲新大陆殖民侵略所带来的生物扩张和环境破坏；福斯特则是从政治学角度揭示后殖民时代西方资本主义列强在对第三世界国家进行垄断控制的同时所实施的帝国主义的生态侵略。"如果说克罗斯比是生态帝国主义批判的缔造者，那么作为西方马克思主义代表人物之一的约翰·贝拉米·福斯特则是集大成者。他的作品将马克思对于资本主义的贪婪本质的揭露从政治经济制度延伸到了制度支持下的生态掠夺，将当前严峻的生态环境形势与资本主义掠夺的本质结合起来，对资本主义制度进行批判，并试图探寻当前生态危机的解决途径。"[②]福斯特借助了一系列的概念工具来开展生态帝国主义批判，除了前文提及的马克思的"新陈代谢断裂"概念，还包括"自然资本化""杰文斯悖论""罗德戴尔悖论""生态债务""人类世危机"概念等等。

一、福斯特生态帝国主义批判的相关概念解释

（一）自然资本化（Natural Capitalization）

福斯特说，环境即生物圈本来并不是商品，而且也不可根据市场规则再生产，但是，新古典环境经济学家硬是将环境分解为某些特定的物品和服务，使其转化为商品，并为其设定市场价格，给地球估算成本，目的是要通过建立环境产品的替代市场来克服环境市场的失灵。福斯特指出，新古典主义的这一套方法论是建立在环境能够并应该成为自我调

---

① [美]阿尔弗雷德·克罗斯比：《生态帝国主义：欧洲的生物扩张，900—1900》，张谡过译，商务印书馆2017年版，第6页。
② 程惠敏、刘魁：《克罗斯比与福斯特：生态帝国主义批判的比较》，《学理论》2020年第12期。

节的市场体系的乌托邦神话基础上的。新近的一些环境经济学家同样把整个自然界及其各组成部分看成"自然资本",只不过他们认为,环境危机并非市场的失灵,而是会计系统的失灵。社会主义生态经济学家马丁·奥康纳(Martin O'Connor)批判这种理论趋向是试图"将自然资本化",意思是"将生物物理环境(自然)、非工业化经济和人类社会领域(人类)作为资本库,并将这些库存整理成可在市场买卖的财产"。① 福斯特说,这一术语的变化使得资本领域被魔术般地扩大了,"以前整个自然被视为给资本的一份'礼物',一个外部的、可资利用的范畴。而现在则逐渐被重新定义为资本的一个储备"。② 简言之,在资本主义社会里,自然也是作为理性的商品交换体系的一部分。

(二)杰文斯悖论(Jevons Paradox)

杰文斯悖论是 19 世纪英国著名经济学家威廉·斯坦利·杰文斯(William Stanley Jevons)在 1865 年撰写的《煤炭问题:关乎国家发展和煤矿可能耗尽的调查》一书中提出的。当时很多人担忧英国工业大量消耗煤炭会使得资源很快用光,有人提出应通过技术降低煤炭浪费、提高利用率,杰文斯对此表示反对。福斯特说,杰文斯在《煤炭问题》第七章中提出,"在使用煤炭等自然资源的时候,效率提高只会增加对那种资源的需求,而非人们想象那样出现需求下降。这是因为,效率的提高导致经济的进一步扩张"。③ 技术的进步可以提高自然资源的利用效率,但是效率的提高会让资本家进一步扩大生产规模,结果不仅没有减少反而增加了这种资源的需求。这是一个技术进步、经济发展和环境保护之间的矛盾和悖论。杰文斯悖论告诉我们,光靠技术的进步是无法解决资源的极限问题的,生态环境在技术进步的过程中不仅没有变好而是变得越来越差。福斯特指出,杰文斯的观点对于缓解今天的生态问题确实具有非常重要的意义,比如通过提高燃料效率来努力降低全球气候变暖的速度。但是,杰文斯本人并不关心与英国或是世界其他地方能源储量的耗竭相

---

① [美]约翰·贝拉米·福斯特:《生态危机与资本主义》,耿建新译,上海译文出版社 2006 年版,第 27 页。
② [美]约翰·贝拉米·福斯特:《生态危机与资本主义》,耿建新译,上海译文出版社 2006 年版,第 28 页。
③ [美]约翰·贝拉米·福斯特:《生态革命:与地球和平相处》,刘仁胜、李晶、董慧译,人民出版社 2015 年版,第 105 页。

关的生态和社会问题,他只希望英国工业永存,即使这意味着煤炭储量枯竭。杰文斯的经济学分析采用的是静态的平衡理论,因而难以处理积累和增长的动力问题。"杰文斯将资本主义看作更像一种自然现象,而非一种社会构建的现实,因此,除了指向个体行为和马尔萨斯人口学,他无法找到经济需求持续增长的解释。"①资本主义经济增长的动力是基于阶级的资本积累,这一思想不在杰文斯的理解范围之内。福斯特通过杰文斯悖论揭示了一些资本家吹嘘的"技术万能论"不过是他们所编织的一个资本主义的谎言而已,科技的发展在资本主义制度下非但没有解决生态环境问题,反而带来了更多的生态灾难和危机。

(三)罗德戴尔悖论(Lauderdale Paradox)

罗德戴尔悖论是以英国经济学家詹姆斯·梅特兰(James Maitland)的爵位命名的。罗德戴尔勋爵梅特兰在1804年出版的《公共财富的本质和起源,及其增长方式和原因调查》一书中提出,私人财富与公共财富是以反比例存在的,前者的增加往往会导致后者的减少。罗德戴尔认为,所有具有使用价值的物品都可以构成公共财富。与公共财富不同,私人财富具有一定的稀缺性。"稀缺性是使某种东西具有交换价值并增加私人财富的必要条件。但公共财富不是这样,它包括所有的使用价值,因此不仅包括稀缺的东西,而且包括丰裕的东西。"②当水和空气这样的公共财富异常丰裕,大家可以随意获取时,尽管它们具有使用价值,却没有交换价值。如果有人使得这些公共资源变得稀缺,它们就能像其他商品一样成为交换的对象。罗德戴尔指出,像空气、水和食物等公共财富的消耗和日渐匮乏会增加个体的私人财富。换言之,私人财富的增长是以牺牲公共财富为代价的。"在资本主义制度下,几乎每一种使用价值都有一个价格标签———一种交换价值。任何东西都是一种商品,甚至舒适和审美享受也在旅游业中被预先包装和明码标价为商品。"③资本家为了追逐个人财富不惜浪费资源、破坏环境,人为地制造物质的匮乏稀缺,资

---

① [美]约翰·贝拉米·福斯特:《生态革命:与地球和平相处》,刘仁胜、李晶、董慧译,人民出版社2015年版,第106—107页。
② 约翰·贝拉米·福斯特,布莱特·克拉克:《财富的悖论:资本主义与生态破坏》,张永红译,《马克思主义与现实》2011年第2期。
③ [美]戴维·佩珀:《生态社会主义:从深生态学到社会正义》,刘颖译,山东大学出版社2012年版,第133页。

第十三章　生态帝国主义理论

本主义企业的财富进阶就是靠盘剥全球生态财富换来的。通过罗德戴尔悖论，福斯特揭露了资本主义的财富积累与生态破坏的密切关联。

（四）生态债务（Ecological Debt）

福斯特认为，在新帝国主义时代，发达资本主义国家经济的增长在很大程度上是通过增加对其他落后国家的"生态债务"来实现的。以厄瓜多尔为基础的"生态行动"组织将生态债务宽泛地定义为："发达工业国家由于抢劫、生态破坏和无偿占有环境空间，以处理诸如源自工业国家的温室气体等废弃物而累积起来的、对第三世界国家的债务。"[①]福斯特总结了第三世界评论家对发达资本主义国家造成生态债务行为的分析，这些行为主要包括"榨取自然资源；不平等的贸易条款；因为出口粮食而造成的土地和土壤的退化；其他一些因为榨取和生产过程所造成的无法识别的破坏和污染；将遗传知识据为己有；生物多样性的减少；大气和海洋污染；使用有毒化学产品和危险武器；以及向外围国家倾倒有害废弃物"[②]。福斯特说，即便不考虑累积影响，北方国家（发达国家）对南方国家（落后国家）所欠的生态债务最少也达到南方国家所"欠"北方国家金融债务的三倍。"生态债务的解释从根本上改变了'谁欠谁'的问题。"[③]通过讨论生态债务问题，福斯特揭示了生态帝国主义凭借科技优势对全球自然资源的剥削，他在《生态革命》一书中写道："生态帝国主义——通过外围国家的更加彻底的生态退化，该体系中的中心国家以不可持续的速度增长——现在正在产生一系列全球范围内的生态矛盾，危害到了整个生物圈。"[④]

[①] [美]约翰·贝拉米·福斯特：《生态革命：与地球和平相处》，刘仁胜、李晶、董慧译，人民出版社 2015 年版，第 220 页。
[②] [美]约翰·贝拉米·福斯特：《生态革命：与地球和平相处》，刘仁胜、李晶、董慧译，人民出版社 2015 年版，第 220—221 页。
[③] [美]约翰·贝拉米·福斯特：《生态革命：与地球和平相处》，刘仁胜、李晶、董慧译，人民出版社 2015 年版，第 220 页。
[④] [美]约翰·贝拉米·福斯特：《生态革命：与地球和平相处》，刘仁胜、李晶、董慧译，人民出版社 2015 年版，第 226 页。

（五）人类世危机（The Anthropocene Crisis）

福斯特近年来多次在文章中提及"人类世时代""人类世危机"的概念。① "人类世"是一个地质学名词。福斯特认为"人类世"的概念是苏联地质学家阿列克谢·巴甫洛夫在20世纪20年代首次提出来的。巴甫洛夫用这个词指代一个新的地质时期，在这个时期，人类是地球变化的主要驱动力。福斯特指出，根据国际地质科学联合会人类世工作组的说法，延续一万多年的"全新世"（Holocen）时代已经结束，人类进入了一个新的"人类世"（Anthropocen）时代。他们将人类世定义为，"人类对地球系统的现状、动态和未来产生决定性影响的地球历史时期"。② 并称地球在1950年左右进入人类世，强调人类活动对地球自然环境影响的"大加速"标志着人类世的开端。福斯特把人类世又分成了两个时期：第一时期是当前的"资本期"（Capitalinian Age），之后是未来的"共产期"（Communian Age）。在资本期，人类在垄断资本主义制度下的活动造成了江河污染、冰川融化、地表退化、气候异常、物种灭绝等各种生态灾难和危机，即人类世危机。这些危机的根源在于资本主义的经济和社会发展模式所导致的人与自然的"新陈代谢断裂"，要想摆脱危机就必须创造一种新的生产方式和分配方式，尽快进入人类世的第二时期。共产期代表的是共同体、共享物和公共品。"'共产期'的到来标志着人类与地球的关系将达到一个全新的、更高的、更可持续的历史阶段，而这一阶段只能通过生态的、集体的和社会主义的行动来实现。"③ 福斯特认为，绿色的生态社会主义发展模式是扭转人类世危机的唯一可行性道路，这种重构人类存续基础的革命性社会主义变革正在向前发展。

---

① 参见福斯特的以下论著：John Bellamy Foster, "Marxism in the Anthropocene: Dialectical Rifts on the Left", *International Critical Thought*, Vol. 6, No. 3, 2016; John Bellamy Foster, "The Anthropocene Crisis", *Monthly Review*, Vol.68, No.4, 2016; John Bellamy Foster, Hannah Holleman and Brett Clark, "Imperialism in the Anthropocene", *Monthly Review*, Vol.71, No.3, 2019; John Bellamy Foster, "Engels's *Dialectics of Nature* in the Anthropocene", *Monthly Review*, Vol.72, No. 6, 2020; John Bellamy Foster and Brett Clark, "The Capitalinian: The First Geological Age of the Anthropocene", *Monthly Review*, Vol. 73, No. 4, 2021; John Bellamy Foster, *Capitalism in the Anthropocene: Ecological Ruin or Ecological Revolution*, New York: Monthly Review Press, 2022.
② John Bellamy Foster, Hannah Holleman and Brett Clark, "Imperialism in the Anthropocene", *Monthly Review*, July/August, 2019.
③ 约翰·贝拉米·福斯特，布雷特·克拉克：《社会主义与生态存续》，袁倩译，《国外理论动态》2022年第6期。

二、生态帝国主义的形成及特征

福斯特认为,生态帝国主义是帝国主义发展到特定阶段的必然产物,是帝国主义发展的一个新的阶段,它与经济帝国主义、政治帝国主义、文化帝国主义等一样,是帝国主义在各种不同领域的表现,它揭示了帝国主义列强在生态领域对其他落后国家的掠夺。生态帝国主义的形成及其所造成的生态危机与资本主义的生产方式及资本积累形式,与"自然资本化",与资本主义的技术进步,与资本主义消费方式和生态债务等都密不可分。

首先,生态帝国主义及其危机的形成根源于资本主义"踏轮磨房"的生产方式。福斯特把资本主义的资本积累形象地比喻成不停运转且不断加速的踏轮磨房。踏轮磨房是19世纪英国工厂里常见的一种生产工具,资本家为了提高生产效率、增加工作量,通常会使其保持不停地运转。福斯特指出,资本的积累是无终点的,是一种"踏轮磨房式资本积累"(Treadmill of Accumulation)[1]。福斯特把全球"踏轮磨房的生产方式"的逻辑分成了六个组成部分:一是由社会金字塔顶部的极少数人通过不断增加的财富积累融入这种全球体制,并构成其核心理论基础。二是随着生产规模的不断扩大,越来越多的劳动者由个体经营者转变为工薪阶层。三是企业间的激励竞争必然导致政府将所积累的财富分配到服务于扩大生产的新型革新技术上来。四是短缺物资的生产伴随着更多难以满足的贪欲的产生。五是政府在确保至少一部分市民的社会保障时,对促进国民经济发展的责任也日益加大。六是传播和教育作为决定性的手段成为该生产方式的一部分,用以巩固其优先权利和价值取向。[2] 福斯特认为,资本主义体制的特征就是永无休止的扩张,处于这一体制中的人就好像笼子中踩脚踏轮的松鼠,他们既不可能也不愿意从笼子中脱离。资本家在财富积累需求的驱动下不断扩大经营规模,工人们为了保住工作、维持生计必须跑得越来越快,始终保持努力拼命的状态。而且,这种生产方式还在朝着与地球生态循环不相协调的方向发展,资

---

[1] 参见 John Bellamy Foster, Brett Clark, and Richard York, *The Ecological Rift: Capitalism's War on the Earth,* New York: Monthly Review Press, 2010, p.164.
[2] 参见[美]约翰·贝拉米·斯福特:《生态危机与资本主义》,耿建新、宋兴无译,上海译文出版社2006年版,第36—37页。

本家为了节省劳动力的投入，不断增加能源投入，并用越来越多的能源和机械来替代人力，这就意味着资本主义的生产要消耗更多的能源和资源，并向地球倾倒更多的废料，各种生态灾难正在成倍地增长，形势变得越来越糟了。

其次，"自然资本化"是导致全球生态环境恶化的重要原因之一。新古典环境经济学认为，只要将自然资本化，赋予环境以市场价格，把地球环境资源都换算成生产成本，环境就能更好地得到保护。福斯特则以"罗德戴尔悖论"为例予以了反驳。福斯特认为，资本主义的市场体制根本无法解决生态环境问题，因为环境问题是一个长期的可持续性的问题，是几代人之间生存环境的均衡问题，"这与冷酷的资本需要短期回报的本质是格格不入的。资本需要在可以预见的时间内回收，并且确保有足够的利润抵消风险，并证明好于其他投资机会"。①《京都议定书》的失败说明，"资本主义制度是不会使其发展道路发生逆转的，就是说它不会改变工业和资本积累的发展结构，而这种发展模式从长远的角度看（许多方面从短期看也是如此）对环境将产生灾难性的影响。处于快速致富的资本积累规则的背景下，生物圈很难维持平衡"。② 而且，环境本身是不能被纳入商品交换体制中去的，很多资源是不可再生的，强行将环境纳入商品交换体制中不仅无法更好地保护它，反而是对它的一种伤害。

再次，技术的进步不仅不能解决资本主义的环境问题，反而加剧了生态危机。福斯特说，在发达资本主义国家，技术的魔杖是最受欢迎的，似乎它既可以帮助改善环境又不影响资本主义机器的顺利运转，所以，"在发达的资本主义经济体中，解决环境问题的标准方法就是引导技术向较良性的方向发展：生产的能源效率更高，汽车的单位里程油耗更低，用太阳能替代矿物燃料以及资源的循环利用"。③ 然而，"杰文斯悖论"表明，科技的进步在提高能源和资源利用效率的同时，增加了自然资源的消费需求总量。科技是一把双刃剑，在资本主义制度下，所有的一切都

---

① ［美］约翰·贝拉米·福斯特：《生态危机与资本主义》，耿建新、宋兴无译，上海译文出版社2006年版，第3页。
② ［美］约翰·贝拉米·福斯特：《生态危机与资本主义》，耿建新、宋兴无译，上海译文出版社2006年版，第13—14页。
③ ［美］约翰·贝拉米·福斯特：《生态危机与资本主义》，耿建新、宋兴无译，上海译文出版社2006年版，第86页。

第十三章　生态帝国主义理论

要为资本的增值服务,先进技术成为资本获利的工具,以对自然环境的破坏换取资本家私人财富的增长。福斯特写道:"在这种体制下,将可持续发展仅局限于我们是否能在现有生产框架内开发出更高效率的技术是毫无意义的,这就好像把我们整个生产体制连同其非理性、浪费和剥削进行了'升级'而已。我们只能寄希望于改造制度本身,这意味着并不是简单地改变该制度特定的'调节方式'(正如马克思主义调节理论家们所言),而是从本质上超越现存积累体制。能解决问题的不是技术,而是社会经济制度本身。"①

最后,资本主义的生活和消费方式,以及发达国家对落后国家资源掠夺及生态破坏和剥削,是造成地球生态危机的重要原因,也是生态帝国主义的重要表现。福斯特强调,中心资本主义国家的生产和消费方式,需要对地球日渐恶化的生态状况负责。巴兰和斯威齐曾经在《垄断资本》一书中揭示了剩余资本的吸收主要是通过消费、投资和浪费这几种形式实现的。资本主义的大发展是建立在资源和能源的巨大消耗和浪费基础之上的,资产阶级的生活方式是糜烂奢侈的,他们以牺牲环境为代价换取自己的享乐,这个环境不仅是指他们本国的,也指其他落后国家甚至是全球的。福斯特说:"在讨论生态债务时,有两个主要维度:(1)在生态帝国主义影响下的诸多国家中所发生的社会-生态破坏和剥削;以及(2)帝国主义对全球性公共品的占有和对这些公共品的吸收能力的不平等使用(剥削)。"②

总之,生态帝国主义具有以下几个明显的特征表现:一是掠夺第三世界国家的自然资源,并且改变它们所依赖的整个生态系统;二是榨取和转移落后民族国家的资源,并促使它们形成大规模的人口和劳动力转移;三是制造和利用落后国家的生态脆弱性来强化帝国主义的控制;四是向外围国家倾倒生态废弃物,加深中心国家与外围国家的隔阂;五是形成了体现资本主义与环境之间的"新陈代谢断裂",并限制了资本主义的

---

① [美]约翰·贝拉米·福斯特:《生态危机与资本主义》,耿建新、宋兴无译,上海译文出版社 2006 年版,第 95 页。
② [美]约翰·贝拉米·福斯特:《生态革命:与地球和平相处》,刘仁胜、李晶、董慧译,人民出版社 2015 年版,第 221 页。

发展。① 生态帝国主义反映的是帝国主义在生态领域对其他落后国家的控制与剥削,是资本的霸权在自然生态层面的集中体现。

三、生态帝国主义的替代方案

福斯特通过对生态帝国主义的形成及其表现特征的分析,揭示了当前地球的生态危机主要是由资本主义的生产方式及其社会发展模式所造成的,揭露了生态帝国主义的实质是帝国主义在生态领域的霸权表现,是对第三世界国家乃至全球的生态控制和剥削。福斯特根据美国著名环境科学家巴里·康芒纳(Barry Commoner)所提出的四条生态法则,概括了资本主义经济生产的四条反生态法则:第一,事物之间唯一的永恒的关系是金钱关系;第二,只要该事物不重新进入资本的循环,它去哪里并不重要;第三,自我调节的市场是最好的;第四,大自然的馈赠是送给财产所有者的免费礼物。② 这四条经济生产的法则是对资本主义制度所导致的生态危机的最好揭示,资本的逐利性本质决定了它在实现利润最大化的过程中是不惜任何代价的,包括剥削和牺牲世界上绝大多数人的利益,自然的资本化和再先进的科学技术都不能从根本上解决环境问题,资本主义与生态之间存在着不可调和的矛盾,解决这一问题的唯一方法是生态马克思主义,走生态社会主义的道路。正如美国克莱蒙林肯大学前常务副校长菲利普·克莱顿(Philip Clayton)教授所指出的那样,资本主义作为一种社会经济体制,所带来的是大量不公和全球环境灾难,真正的资本主义替代方案是这样一种体系,它把市场力量限制在追求共同福祉的社会主义共同体范围内。克莱顿教授说,在寻找解决方案的过程中,他称之为有机马克思主义的一种开放的新马克思主义,或者说生态马克思主义,一定能发挥重要的作用,原因有三:其一,马克思主义的核心理论仍然令人信服,马克思主义仍然是一个具有先见之明的指南;其二,土生土长的美国人(当然不只是美国人,笔者注)所了解的是虚假失真的社会主义,他们眼中的社会主义就是集权的代名词,他们根本不知道或者从未意识到社会主义所代表的是人类的共同福祉;其三,世

---

① 参见 John Bellamy Foster, *The Ecological Revolution: Making Peace with the Planet*, New York: Monthly Review Press, 2009, pp.234—235.
② 参见 John Bellamy Foster, *The Vulnerable Planet: A Short Economic History of the Environment*, New York: Monthly Review Press, 1999, p.120.

第十三章　生态帝国主义理论

界面临一系列资本主义自身永远无法解决的危机,包括资本主义自身各种过分行为所带来的危机和人类发展所导致的全球性环境气候灾难等。① 福斯特指出,资本主义本身就是需要驱除的根本性灾难,其生产方式只会导致人与自然的"新陈代谢断裂",它的经济发展模式是不可持续的,"世界比以往任何时候都需要包括马克思在内的早期社会主义思想家们的号召:由自由联合起来的生产者,合理地组织人类与自然之间的新陈代谢"。②

与反生态的资本主义经济生产不同,社会主义的生产是在国家协调基础下的联合行动,它在满足社会成员需要的同时,规划了人与自然的合作关系,是人类社会正义与自然环境正义的统一。福斯特认为,生态社会主义具有以下一些特征:第一,自然社会化和社会民主化。自然资源是自然馈赠给人类的"礼物",是属于全人类的,而不是属于资本家的。自然应该社会化,而不是资本化,它应当由人民以民主参与的方式共同管理。"自然的社会化代表了一种民主和反资本主义的战略,一种直接指向社会主义的战略。社会主义主张最充分地扩展民主公共控制,认为大多数普通人应该对如何使用集体资源有发言权。"③第二,社会主义经济是计划与市场的结合。福斯特指出,资本主义经济是完全以市场为主导的,社会主义经济则既有市场,又有计划。一些中央和地区性、部门性的自主计划对社会主义来说是必需的,计划是对民众参与经济决策、满足人民的真正需要方面的唯一有效的工具;市场在社会主义经济中依然发挥着重要作用,但它"只是处于从属地位而非占据主导","在市场社会主义的条件下,市场是受到控制的,而市场社会主义的最终目标还将是社会主义"。④ 第三,社会主义是一个自由、平等的社会。资本主义是一个充满了阶级剥削和压迫的社会,社会主义不仅要超越阶级的分化,还

---

① 参见[美]克莱顿,海因泽克:《有机马克思主义:生态灾难与资本主义的替代选择》,孟献丽、于桂凤、张丽霞译,人民出版社 2015 年版,前言和致谢第 13—14 页。
② [美]约翰·贝拉米·福斯特:《生态革命:与地球和平相处》,刘仁胜、李晶、董慧译,人民出版社 2015 年版,第 226 页。
③ John Bellamy Foster and Soron Dennis, "Ecology, Capitalism, and the Socialization of Nature: An Interview with John Bellamy", *Monthly Review: An Independent Socialist Magazine*, Vol. 56 Issue 6, Nov. 2004.
④ 约翰·贝拉米·福斯特:《社会主义的复兴》,庄俊举译,《当代世界与社会主义》2006 年第 1 期。

要超越资本主义的剥削。在社会主义社会中,工人通过自治来消除生产的剥削,所有的财富和资源都用于满足最需要的人,在那里,"每个人的自由发展是所有人自由发展的条件""每个人都享有自由的存在所必需的最基本的必需品的权利:清洁的空气、干净的水、安全的食品、像样的住房、充分的健康和医疗保障、最基本的交通工具以及值得做的有报酬的工作"①。第四,社会主义是一个消除了人类异化和自然异化的社会。福斯特在《生态革命》一书的结尾描述了他的生态社会主义蓝图:生产资料实行公有制;众生高度平等;联合起来的生产者根据社会的需要有计划地组织生产;消除了城乡分离、脑力劳动和体力劳动的分工、种族差异和性别差异等诸多不公正的差别;这是一种新型的社会新陈代谢制度,一种具有生态可持续性和实质性平等的社会制度;联合起来的生产者合理地调节他们与自然之间的新陈代谢关系,"不仅按照他们自身的需要来进行这种调节,而且也按照后代和整体生命的需要来进行调节","社会主义表现为人类感觉能力的'一切感觉和特性的彻底解放',以及它们的全面发展",它既解决了人类的自我异化(劳动异化),又解决了世界异化(自然的异化),实现了人与自然的共生。②

福斯特认为,要实现上述目标,改变人类与自然之间的新陈代谢关系,只有通过"将人类自身革命化"的革命化实践。"生态变革只有在以下程度上才可能真正实现,即存在某种来自下层的、支持超越现存制度的社会变革和生态变革的重大反抗。"③也就是说,实现生态变革应当与实现社会变革同时进行,没有人的社会关系的变革就不可能解决当前的环境生态问题。人类只有从生态和社会两个维度开展争取自由和争取必然性的双重斗争,才能实现人的社会关系和人与自然关系的双重转变。"名副其实的全球性生态革命只能作为更大范围的社会革命——而且我坚持认为是社会主义革命——的一部分发生。这样一种革命,若要产生符合真正'大过渡'的平等、可持续和人类自由的诸多条件,就有必

---

① [美]约翰·贝拉米·福斯特:《社会主义的复兴》,庄俊举译,《当代世界与社会主义》2006年第1期。
② [美]约翰·贝拉米·福斯特:《生态革命:与地球和平相处》,刘仁胜、李晶、董慧译,人民出版社2015年版,第246—248页。
③ [美]约翰·贝拉米·福斯特:《生态革命:与地球和平相处》,刘仁胜、李晶、董慧译,人民出版社2015年版,第251页。

要从全球资本主义等级秩序底层的劳动人口和诸多社区的斗争中获取其主要的推动力。"①生态革命与社会革命之所以能够结合,就在于:第一,它们具有共同的革命主体,这个主体就是全世界深受资本主义压迫的劳动人民;第二,它们具有共同的革命对象和理想目标。资产阶级的剥削既包括对劳动人民的剥削,也包括对自然的剥削,劳动人民自身的解放同时也就是自然的解放,他们革命的对象是相同的,目标是一致的。革命的对象即现行的资本主义制度,革命的目标是建立一种新型的社会代谢再生产体系和生产者联合体,即生态社会主义,实现真正的生态正义和社会公平;第三,它们具有共同的理论基础和群众基础。"阶级问题特别是尖锐的阶级冲突和环境问题的产生依马克思主义看来,具有共同的、深层的社会经济根源——资本主义的以追逐利润为目的的经济制度和政治制度。这种"先天"的共同的原因为阶级运动和环境运动的结合提供了共同的理论基础和物质的群众基础。"②因此,福斯特号召生态无产阶级和世界各国人民团结起来,在马克思主义的指导下,重构一个面向世界所有劳动人民的国际联合,号召他们将生态运动与反帝运动结合起来,"现在到了复兴社会主义理想和重构国际联合的时候",③虽然完成向社会主义社会即生态社会的过渡是一个任重而道远的任务,但是终有一天我们将达到那个实现了实质性平等和生态可持续的光明彼岸。

第三节　生态帝国主义理论的理论贡献及缺陷

随着资本主义的发展变化,原有的旧帝国主义体系解体,新帝国主义时代到来,学术界对帝国主义的批判不管在广度上还是深度上都有了新的拓展,福斯特的生态帝国主义理论就是生态学视角下的帝国主义批判理论,它在一定程度上丰富和发展了马克思主义的帝国主义理论学说,但也存在一些较为明显的理论缺陷和不足。

---

① ［美］约翰·贝拉米·福斯特:《生态革命:与地球和平相处》,刘仁胜、李晶、董慧译,人民出版社 2015 年版,第 238 页。
② 郭剑仁:《生态地批判:福斯特的生态学马克思主义思想研究》,人民出版社 2008 年版,第 172 页。
③ John Bellamy Foster, "The Renewal of the Socialist Ideal", *Monthly Review*, Vol. 72, No. 4, 2020.

一、福斯特生态帝国主义理论的理论贡献

福斯特生态帝国主义理论的价值与贡献主要体现在以下几个方面：第一，阐发了马克思的生态学思想，建构了马克思的新陈代谢断裂理论；第二，发展了列宁的帝国主义理论，拓宽了帝国主义的批判视域；第三，阐明了生态帝国主义的形成及特征，批判了反生态的资本主义制度；第四，提出了生态帝国主义的替代方案，论证了社会主义胜利的必然性。

首先，福斯特的生态帝国主义理论是以马克思的生态学和列宁的帝国主义理论为基础的，列宁的帝国主义理论大家都很熟悉，他的《帝国主义是资本主义的最高阶段》是帝国主义理论的集中体现，但是说起马克思的生态学，很多学者可能会一脸茫然：马克思是生态学家吗？他留下的论著里有专门对生态问题的论述吗？答案似乎好像都是否定的。福斯特所要做的第一步工作是从马克思的理论学说中挖掘并阐发马克思的生态思想。他的这一工作在我们现在看来无疑是非常成功的。成功的原因一方面当然是因为马克思的理论学说中确实包含丰富的生态思想，另一方面则是福斯特个人努力的结果。福斯特通过对马克思经典文献的分析梳理，重新阐释了马克思的异化理论，建构了关于人与自然的新陈代谢断裂论。尤为重要的一点是，福斯特对生态帝国主义的批判不仅仅局限于帝国主义的生态领域，他继承和发扬了马克思的政治经济学批判方法，通过对资本的逐利本性，特别是全球化背景下垄断金融资本扩张的分析，将生态帝国主义的形成原因归结为资本主义的政治经济制度，所以说福斯特的生态帝国主义理论实际上是具有生态学批判和政治经济学批判双重逻辑的，生态学批判是一条显性逻辑，政治经济学批判则是一条隐性逻辑。

其次，福斯特的生态帝国主义理论是对列宁帝国主义理论的丰富和发展，它进一步拓宽了帝国主义的批判视域。列宁的帝国主义理论继承的是马克思恩格斯的政治经济学批判方法，主要是从历史辩证法的角度论证帝国主义是资本主义的最高阶段。福斯特一方面承继了列宁帝国主义论的主要观点和方法，另一方面又指出，随着帝国主义结构的不断变化，列宁的帝国主义理论也应该有相应的发展。福斯特将当今的帝国主义称为"晚期帝国主义"，"晚期帝国主义指的是当前垄断金融资本和经济停滞、美国霸权衰落以及世界冲突加剧的时期，随之而来的还有文

第十三章　生态帝国主义理论

明和生活本身的生态基础遭受的日益严重的威胁"。① 晚期帝国主义是垄断金融资本发展的新阶段,它涵盖了经济、政治、生态等多个领域。"晚期帝国主义代表了这样一个时代,即该体系在全球的各种矛盾以越来越尖锐的形式暴露出来,作为人类栖居地的整个地球现在处于危险之中,而世界人口中最脆弱的群体却不合理地承受着其灾难性的影响。"② 福斯特认为,随着帝国主义各种矛盾的深化,资本主义已经走到了历史的终点,晚期帝国主义在政治、经济、文化、生态等各方面都显现出了它自身无法克服的危机,是"腐朽的""垂死的"资本主义。这是对列宁帝国主义理论的捍卫和发展。

再次,福斯特揭露了资本主义制度的反生态性。资本主义的生产方式一方面造成了人的异化,另一方面也造成了自然的异化。福斯特通过对资本主义经济制度和生产方式的分析,深刻揭露了当代世界生态危机产生的根源,并且阐明了不管是先进技术的利用,还是将自然资本化、市场化等其他途径都无法解决日益恶化的生态环境问题。帝国主义列强对第三世界的侵略和掠夺不仅体现在经济上,还体现在对他们的资源的侵占、环境的破坏上。资本的扩张和生产的社会化是经济全球化形成的最重要原因,同时也是造成全球生态危机即人类世危机的根本原因。事实说明,资本主义制度是极不合理的,是反生态的。

最后,福斯特提出了变革资本主义制度、构建生态社会主义的主张。资本主义和生态是两个相互对立的领域,"这种对立不是表现在每一实例之中,而是作为一个整体表现在两者之间的相互作用之中","只有我们愿意进行根本性的社会变革,才有可能与环境保持一种更具持续性的关系"。③ 福斯特坚信,只有社会主义才能解决生态问题,才能实现人与自然的和谐统一,哪怕在苏东解体之后,福斯特对社会主义依然充满信心。福斯特对传统的社会主义模式也进行了反思和批判,指出它背离了马克思对社会主义社会的本来设想,它不顾环境的破坏,片面追求经济

---

① 约翰·贝拉米·福斯特:《晚期帝国主义——写于哈里·麦格道夫的〈帝国主义时代〉出版50周年之际》,张志超译,《国外理论动态》2019年第11期。
② 约翰·贝拉米·福斯特:《晚期帝国主义——写于哈里·麦格道夫的〈帝国主义时代〉出版50周年之际》,张志超译,《国外理论动态》2019年第11期。
③ [美]约翰·贝拉米·福斯特:《生态危机与资本主义》,耿建新、宋兴无译,上海译文出版社2006年版,前言第1页。

的增长,这实际上还是一种受资本逻辑操控的社会。真正的社会主义应该是让社会生产既服从人的需要,又符合自然发展的需要,是社会正义与环境正义的统一。

总之,福斯特生态帝国主义理论基本继承了马克思主义对资本主义的批判观点和方法,重新阐释并拓展了马克思的生态思想、列宁的帝国主义理论,开辟了政治经济学批判和生态学批判相结合的帝国主义批判新途径,对解决我们当前的生态环境问题,对人类社会发展的方向提出了一些很有见地的观点和主张,对于中国的社会主义建设乃至世界社会主义的发展都具有非常重要的启发意义。

二、福斯特生态帝国主义理论的理论缺陷

福斯特生态帝国主义理论是继帝国主义政治经济学批判、文化批判之后的又一新批判模式,在帝国主义理论发展史中占有重要地位,具有重大的理论价值,但同时也存在一些缺陷和不足,主要包括:第一,对马克思的一些理论思想存在误读和过度诠释的情况;第二,对资本主义制度及资本主义基本矛盾认识不足;第三,对未来理想社会的设想具有一定的空想性,没有提出具体的革命方案。

首先,福斯特对马克思生态思想的解读和重构具有一定的积极意义,尤其是对马克思新陈代谢断裂理论的建构可以说是比较成功的,但他在重释马克思的过程中也存在一些过度解读甚至背离马克思的情况。比如,福斯特有意夸大了马克思生态思想在其著作中的地位,认为可以"把生态问题作为马克思的主要思想来解释马克思"。[①] 由于他过于强调马克思唯物主义自然观的重要性,相应地他也就对马克思唯物主义的社会观、历史观有所忽略。马克思恩格斯虽然也很重视唯物主义的自然观和自然辩证法,并认为社会历史的发展具有"似自然性",唯物主义的自然观与历史观密不可分,但在他们那里,最重要的任务是要揭示人类社会发展的规律,给无产阶级革命指明方向,马克思阐述其生态自然观的最终目的是更好地论证其社会历史观,如果忽视了这一点,就有可能本末倒置,把环境问题当成马克思所要解决的核心问题、首要问题,曲解了

---

① [美]约翰·贝拉米·福斯特:《马克思的生态学:唯物主义与自然》,刘仁胜、肖峰译,高等教育出版社 2006 年版,前言第Ⅱ页。

第十三章 生态帝国主义理论

马克思的本意。

其次,福斯特对资本主义制度在人类社会发展过程意义上的分析缺乏辩证性,把人与自然的矛盾当成资本主义的主要矛盾,以生态危机取代经济危机来说明资本主义制度的不合理性,这是一种表面化、肤浅化的推论。马克思曾指出,资本主义在历史上也曾发挥过积极的作用,它打破了封建社会对生产力发展的桎梏,但是随着生产力进一步发展,它本身又成为桎梏。福斯特认为,资本主义与生态是对立的两极,事实上也并非完全如此。为了实现利润的最大化、长期化,资产阶级也在积极寻求协调人与自然可持续性发展的道路。造成当前生态环境危机的原因是多方面的,既有现实的原因,也有历史的原因;既有人为的原因,也有自然的原因。人与自然自始至终都存在矛盾,人类社会的发展史就是人与自然"斗争"即人类改造自然的实践的历史,也是人在实践斗争中求生存、求与自然相统一的历史。福斯特在对资本主义制度进行的批判过程中,夸大了生态矛盾在资本主义社会矛盾中的地位和作用。资本主义的生产方式确实使得生态危机进一步凸显,但是促使它产生变革的最主要动力来自社会化大生产与资本主义私有制之间的矛盾,而不是人与自然之间的生态矛盾。

最后,福斯特对未来社会的设想具有一定的空想色彩。福斯特的生态帝国主义理论是建立在"应该"与"是"的逻辑基础之上的,这一点可以从他对马克思《1844年经济学哲学手稿》的分析中看出来。马克思在该著作中把共产主义称为人与自然关系的异化的复归,这是早期马克思不成熟的一种理论观点,是建立在"应然"与"是然"逻辑基础之上的价值悬设,福斯特却认为这就是马克思生态学思想的体现,并试图在此基础上进一步论证资本主义制度所造成的人与自然关系的异化,这实质上是返回到青年马克思的唯心史观批判道路上去了。福斯特虽然提出了要变革生态帝国主义就必须实现社会革命,但他并没有明确地提出实施革命的具体方案,而是试图通过改革资本主义社会政治经济制度,并依靠道德革命的方式来实现向生态社会主义的转变。另一方面,福斯特认为推动生态革命的主体力量是资本主义国家中的"环境无产阶级"和正在遭受严重生态威胁的第三世界国家,他忽视了发达国家在生态危机中所应承担的主要责任,没有认清楚革命的依靠力量,也没有真正认识到团结世界全体无产阶级的重要性,所以说他对未来社会的理想愿景具有一定的空想性。

三、福斯特帝国主义研究的方法论特点

不论是福斯特生态帝国主义理论所具有的优点还是缺陷,都是由其研究的方法论特点所决定的。总的说来,福斯特"在理论方法上部分地继承了马克思主义的历史唯物主义的方法,但是在对马克思主义的方法的理解和运用上存在一定的失误"。[①] 马克思恩格斯对人与自然的关系、对生态问题的论述,坚持的是唯物主义自然观与历史观的统一,他们认为生态问题的实质是社会问题,造成资本主义社会各种危机的根源在于资本主义制度,要解决资本主义生态问题就必须深入分析和批判资本主义制度。他们以历史唯物主义的方法揭示了资本主义生产方式必然导致人与自然的对立以及人与人的对立,这些对立矛盾的解决方案就是,用社会主义制度代替资本主义制度,共产主义代表的是人与自然、人与人之间的关系和谐统一,是生态问题的真正解决。

福斯特在《马克思的生态学》一书的结尾列举了古尔德、雷文廷和雷温斯等几位辩证的生态学家,说明坚持辩证的唯物主义在分析生态问题中的重要性,他说,这几位杰出的科学家"表明了马克思、达尔文、唯物主义和辩证推理在可以广义地称之为生态现象的分析中的持续的重要性"。[②] 福斯特的生态帝国主义批判是建立在对资本主义生产方式的批判基础之上的,这是对马克思历史唯物主义方法的继承和运用,但是,他没有将这一方法贯彻到底。如前文所述,福斯特在提出生态社会主义的方案时,陷入了青年马克思时期的"应该"与"是"的资本主义异化逻辑,这种唯心史观恰恰是后来马克思本人所抛弃了的。

福斯特的帝国主义研究所运用的具体方法主要包括矛盾分析法、从抽象到具体的方法以及逻辑与历史相统一的方法等。其一,矛盾分析的方法。福斯特批判帝国主义时所提出的"杰文斯悖论""罗德戴尔悖论"概念表明,资本主义社会是一个充满矛盾与悖论的社会。福斯特甚至把资本主义生产方式与生态环境的可持续发展之间的矛盾看成资本主

[①] 张一兵主编:《当代国外马克思主义哲学思潮(下卷)》,江苏人民出版社2010年版,第506页。
[②] [美]约翰·贝拉米·福斯特:《马克思的生态学:唯物主义与自然》,刘仁胜、肖峰译,高等教育出版社2006年版,第282页。

第十三章 生态帝国主义理论

社会的一个主要矛盾。从这一主要矛盾出发,福斯特分析了资本主义"踏轮磨房的生产方式"的特点,得出了资本主义制度的反生态性结论。加拿大的本·阿格尔以及其他一些生态马克思主义学者也大都把生态矛盾、生态危机看成当今资本主义的主要矛盾和问题。阿格尔说:"历史的变化已使原本马克思主义关于只属于工业资本主义生产领域的经济危机理论失去效用。今天,危机的趋势已转移到消费领域,即生态危机取代了经济危机。"① 他们看到了生态危机是当前资本主义的一个突出矛盾,但是以生态危机取代经济危机,以生态矛盾、消费需求矛盾取代阶级矛盾的分析显然是一种将现象与本质倒置的一种做法。

其二,从抽象到具体的方法。福斯特指出,"分析帝国主义的合理方法必须关注全球资本主义的内部运作,这种方法虽然受到理论抽象的启发,但最终是在具体的历史层面上得到证实并变得有意义的。这同马克思本人的方法是一致的:他利用从抽象到具体的方法,提出了政治经济学批判"。② 马克思从资本主义社会最普遍的"商品"概念出发,对资本主义的政治经济制度进行分析批判。列宁从"垄断"——垄断资本主义社会最主要的特点——概念出发,对帝国主义的本质进行分析揭露。福斯特那里有两条批判线索:一条是从"垄断金融资本"——当前资本主义最主要的经济现象——概念出发,对帝国主义做政治经济学批判;另一条是从"新陈代谢断裂"——当前资本主义最主要的生态现象——概念出发,对帝国主义做生态学批判。他们都是成功运用从抽象到具体的研究方法的典范。

其三,逻辑与历史相统一的方法。逻辑和历史相统一的观点是由黑格尔首先提出的,他强调逻辑是基础,历史是逻辑的体现。相对于黑格尔强调历史与逻辑相一致,马克思则更强调逻辑与历史的一致。马克思认为,历史是逻辑的基础,逻辑是历史在理论思维中的再现,是由历史派生出来的。马克思认为,资本主义的历史是从商品开始。列宁认为,帝国主义的历史则是从垄断开始的。马克思和列宁的逻辑起点恰好也就是他们所考察的对象的历史起点。马克思《资本论》的叙述方式实际上

---

① [加]本·阿格尔:《西方马克思主义概论》,慎之等译,中国人民大学出版社1991年版,第486页。
② 约翰·贝拉米·福斯特:《晚期帝国主义——写于哈里·麦格道夫〈帝国主义时代〉出版50周年之际》,张志超译,《国外理论动态》2019年第11期。

是按照资本主义商品社会的形成、发展和最终消亡的历史逻辑进行的。列宁《帝国主义论》是按照帝国主义垄断的形成、发展和消亡的历史逻辑来展开叙述的。福斯特的帝国主义生态学批判和政治经济学批判双重逻辑线索并不是平行展开、各自独立的,而是交叉联系的。在福斯特看来,帝国主义在本质上反映的是垄断资本的霸权,是帝国主义与第三世界国家的不平等,生态帝国主义是它们政治经济不平等在自然生态层面的集中体现,生态帝国主义即晚期帝国主义,所以说,帝国主义既是一个理论逻辑的范畴,也是一个历史的范畴。

总之,福斯特的生态帝国主义理论继承和借鉴了马克思与列宁的很多资本主义批判方法,但在具体的运用过程中也有所欠缺,没有做到始终如一地贯彻历史唯物主义的基本原则,这种欠缺反映在他理论内容上的不足与缺陷。当然,相比这点理论上的瑕疵,福斯特的理论贡献更应该是值得肯定的,以他为代表的帝国主义生态学批判,无疑为当代帝国主义研究开拓了一个全新的领域,因此可以说,福斯特的生态帝国主义理论在帝国主义理论发展史上留下了浓重的一笔。

第十四章 新帝国主义理论

进入21世纪以来,以美国"9·11"事件为标志,资本主义世界发生了重大变化,资本主义危机凸显。学界根据资本主义发展的最新情况,对发达资本主义国家进行了详细考察诊断,新帝国主义论应运而生,主要包括哈特、奈格里的新"帝国"论,伍德的资本帝国主义论和哈维的新帝国主义论。

第一节 哈特和奈格里的新"帝国"论

美国学者麦克尔·哈特(Michael Hardt)和他的导师、意大利著名的政治哲学家、法学家安东尼奥·奈格里(Antonio Negri)合著的《帝国——全球化的政治秩序》2000年一经出版,便在全世界引起了轰动,尤其在西方的左翼与右翼之间产生了激烈的辩论与批判。之后他们又先后合作撰写了《诸众》(Multitude)、《大同世界》(Commonwealth)、《宣言》(Declaration)和《集会》(Assembly)。其中,《帝国》《诸众》和《大同世界》被合称为"帝国三部曲"。对于《帝国》一书,众说纷纭,毁誉参半,但无论如何,这本书的出版带来了一阵思想风暴,也使我们看清了资本主义的新发展,并对新帝国主义有了更新的认识。

一、关于帝国与帝国主义概念的界定

西方左翼大多数学者用"新帝国主义""帝国"来区分老帝国主义、老殖民主义。哈特与奈格里严格区别了帝国与帝国主义的含义。他们给"帝国"下了定义:"与帝国主义相比,帝国不建立权力的中心,不依赖固

定的疆界和界限。它是一个无中心、无疆界的统治机器。在其开放的、扩展的边界当中,这一统治机器不断加强对整个全球领域的统合。帝国通过指挥的调节网络管理着混合的身份、富有弹性的等级制和多元的交流。帝国主义的世界地图明显的民族国家色彩,已经被合并、混合在帝国全球的彩虹中。"①哈特与奈格里认为所说的"帝国"与现代推行的"帝国主义"的含义不同。"帝国主义是欧洲民族-国家的主权超出它们自身疆域的扩张。"②它是建立在民族-国家主权的基础之上的,是国家的主权向他国疆域的延伸。哈特与奈格里认为:"帝国主义已经过去了。没有哪个国家可以以欧洲的一些国家曾经有过的方式,成为世界领袖。"③全球已经进入了"后帝国主义"时代。

帝国有如下四个特征:其一,帝国没有建立权力中心,它的统治权没有国界限定,统治没有极限,是一种"去中心"和"去领土化"的统治机器。在整个国内与国外的界限都变得模糊,从这个角度上讲,帝国是全球性的。其二,帝国在历史发展的过程中,并不是以过程出现的,不是一个过渡期,而是会固定在现存的时态,成为历史的终结。其三,帝国是由一系列的国家和超国家的机构组织在一起的,在单一的统治逻辑之下而构成的,并对全球这样混合的身份、弹性的等级制、多元的交流进行管理。它以一种网状的、全新的主权形式统治着人类的社会生活,并不仅仅指统治人,而且直接统治人性。

他们认为,虽然许多帝国主义国家想全面统治世界,但它的手只能伸到某一个地方,或是掌握某一部分。正是因为这些现代帝国主义国家之间总是会产生冲突与竞争,才导致最后世界战争的爆发。帝国相对于帝国主义而言,并非温和的,帝国建立起的权力关系,仍是以剥削为基础的,反而比旧的权力关系更加野蛮,财富仍集中在少数人的手中。帝国主义在走向帝国的过程中,本质特征并没有改变,剥削并未终结。他们

---

① [美]麦克尔·哈特,[意]安东尼奥·奈格里:《帝国:全球化的政治秩序》,杨建国、范一亭译,江苏人民出版社 2003 年版,序言第 2 页。
② [美]麦克尔·哈特,[意]安东尼奥·奈格里:《帝国:全球化的政治秩序》,杨建国、范一亭译,江苏人民出版社 2003 年版,序言第 2 页。
③ [美]麦克尔·哈特,[意]安东尼奥·奈格里:《帝国:全球化的政治秩序》,杨建国、范一亭译,江苏人民出版社 2003 年版,序言第 3 页。

断言:"我们所面对的帝国持有巨大的压迫和毁灭的力量。"①

二、帝国的主权形式及其变化

哈特与奈格里指出,从帝国主义向帝国的转变中,发生明显变化的就是主权形式。他们认为,帝国的权力与帝国主义的权力不同,它并不是建立在国家基础之上的,帝国不依赖国家主权,并且,民族-国家正在衰落,并逐渐失去其控制力。当然,他们认为主权并非真正意义上的衰落,而是产生了新的主权形式,即帝国。他们指出,帝国把君主制、贵族制、民主制三者合而为一,比如在发生军事冲突时,五角大楼经常采取单边行动,凭借其原子武器和高精尖的军事技术在很大程度上控制了整个世界。再有,诸如世贸组织、世界银行以及国际货币基金组织等超国家的经济组织,在发生国际事务争端时也都体现了君主般的管理效力。但是君主制也要与贵族制相结合,进行合作,比如在联合国大会上,少数的几个国家想管理全球的经济和文化交流,通过贵族制原则来决定全球事宜,这时,民族国家的权力居于核心地位。最后,帝国声称它代表的是全球各国人民,这又具有民族制特征。其实,帝国的主权具有包容性,它可以处理体制之内的差异。如哈特与奈格里所说,"帝国式主权的最根本特点在于:它的空间永远是开放的"。② 我们可以看到,帝国式的主权具有决定性的作用,但是,这并不意味着民族-国家不再重要,它没有终结,而且依然执行着它应有的功能,依然在发挥其应有的时效,只是,它不再是绝对主权或最终权威。无论民族国家有多强大,都不是终极性的势力。他们认为,即使美国再强大,它也不具备帝国的特点,比如伊拉克战争是"老帝国主义"的回潮,它没有能力实施帝国主义战略(绝大多数西方左翼不同意此种说法)。只有帝国才是最终的权威,它的权力包含着民族国家,超越和凌驾于民族国家权力之上,这是一种新型的、区别于帝国主义的主权的形式。

哈特与奈格里从批判的角度对由帝国主义主权向新帝国主权转变的过程中,其给全球带来的影响进行了总体概述:第一,主权导致内外模

---

① [美]麦克尔·哈特,[意]安东尼奥·奈格里:《帝国:全球化的政治秩序》,杨建国、范一亭译,江苏人民出版社 2003 年版,序言第 4 页。
② [美]麦克尔·哈特,[意]安东尼奥·奈格里:《帝国:全球化的政治秩序》,杨建国、范一亭译,江苏人民出版社 2003 年版,第 169 页。

糊,引起无数的危机。在现代化进程中,自然永久消失了,在后现代世界中,原先的自然秩序已不再被人们称为外界。另外,在后现代的进程中,公众空间变得越发私有化,帝国式社会让人们逐渐失去政治。并且,对外武装力量和对内武装力量在任务上的区分越来越淡化。第二,社会和文化差异产生,并成为种族仇恨的主要来源。当今社会,种族的基础正从生理向文化转变。帝国式的新种族主义摈弃了生理上的差异,却又借助于文化发挥着生理的作用,他们承认文化是流动的、兼容的,但又认为不同文化的人一定要区分开的,文化的差异是不可逾越的。第三,生产的主体性不受地点限制而变得败落。主体性虽然也在工厂中制造出来,但是生产地点的界定不同于以往那样确定,则生产形式上也产生不确定性。"这样,帝国的社会制度可被视为处于由主体性的生成和衰败构成的流动过程中。"① 第四,帝国正在控制着全球。在现代化时期,强大的国家向外输出自己的制度,在后现代时期,被输出国却充满了危机。这种"控制型社会"正在席卷全球。"界定着帝国的主权的概念不仅是危机,我们不妨称其为一场无处不在的危机,我们更喜爱称之为败落。"② 但他们的意思并不是指明帝国主权正在走向灭亡,而是需要人们不断地与之斗争,才会使其真正的毁灭。他们又指出,"我们不能把帝国的败落视为偶然,而是视其为必然。或者,更准确地说,帝国要求一切关系都成为偶然。帝国的权力正是建立在对一切确定的本体关系的破坏和分裂上。在本体的真空中,败落成为客观和必然"。③

三、帝国的非物质性生产

哈特与奈格里认为,从帝国主义向帝国演变的过程中,随着主权形式的变化,生产方式也发生了重要的变革,二者的变化象征着"新帝国"的到来。他们认为,中世纪以来,有三个独特时期的经济范式:第一个范式,农业与原材料的开采是经济的主体;第二个范式,工业与可持续商品

---

① [美]麦克尔·哈特,[意]安东尼奥·奈格里:《帝国:全球化的政治秩序》,杨建国、范一亭译,江苏人民出版社2003年版,第198页。
② [美]麦克尔·哈特,[意]安东尼奥·奈格里:《帝国:全球化的政治秩序》,杨建国、范一亭译,江苏人民出版社2003年版,序言第2页。
③ [美]麦克尔·哈特,[意]安东尼奥·奈格里:《帝国:全球化的政治秩序》,杨建国、范一亭译,江苏人民出版社2003年版,第202页。

的生产占据着优势地位;第三个范式,提供服务和掌控信息则是经济生产的核心。统治地位从第一个范式转到第二个范式,也就是从农业转到工业,成为现代化。从第二个范式发展到第三个范式,从工业统治到服务和信息统治,这称之为后现代化,或者是信息化。这种非物质性劳动相对来说,占据了霸权地位,它取代了工业生产的霸权,这个过程就意味着"新帝国"的形成。那么,什么是"非物质劳动"？哈特与奈格里也做了说明:第一种方式主要为脑力或语言劳动,它产生思想、语言、符号、规范等。第二种方式是指"感情型的劳动",感情包括身体和精神。这种劳动就是产生或控制感情,让人产生轻松、愉悦、兴奋、高兴等感觉,这种"感情型的劳动"如今变得越来越重要。

他们又阐明,强调"非物质劳动"的重要性,并不是说某种生产方式的数量占多数就可以占主导地位,而是说它对其他形态的影响程度才能确定其是否占有绝对优势。就像工业在19世纪和20世纪时,数量农业不能相提并论,但是它可以让农业及其他的生产方式不得不工业化。他们又说明了,在工业霸权时期,农业者运用知识、智力、创新手段,又采取实验、研究等方法,这些都是非物质劳动的典型特征。到了20世纪后几十年,在主要资本主义国家里,经济的信息化和服务业逐渐替代了工业化的统治地位,即非物质劳动占据了霸权地位,而工业生产被输送到了附属国和地区,再进一步附属的则是农业经济。但是,在"新帝国"时期,所有的经济活动都受制于信息经济,而这种信息经济削弱了劳动的交易位置,并从结构上削弱劳动者抵制剥削的能力,这种剥削不再指对占有个人的劳动时间来衡量,而是要获取协作劳动产生的价值来衡量。生产合作的主要形式也不是资本家规划的组成部分,而是从劳动自身的生产能量中产生出来的。这是非物质劳动的关键。

他们认为非物质劳动影响着全球的经济,表现为:第一,非物质劳动决定了全球经济的走向,支配地区与从属地区有差别,非物质劳动走向了支配地,而工业及农业转移到了从属地区。第二,非物质劳动可以改变其他的生产方式。例如在工业与农业里都渗透着科技的成分,而且这种成分将变得越发重要,但并不是说生产方式正在走向趋同。第三,非物质劳动的霸权为建立劳动的自主政治提供了可能。一方面,合作、沟通、交流、协作等非物质因素都融入了生产过程中,并掌握在劳动主体的手里。另一方面,非物质劳动产品本身就可以直接参与我们的生活,如沟通、感情关系等都具有社会性和共同性。所以,被哈特与奈格里称之为"大众"的劳工,得到了参与共同政治规划的条件。

四、诸众的反抗与大同世界

如何面对帝国的新统治,哈特与奈格里告诉世界人民,要正视它、批判它、改变它。我们的任务不仅是抵制它,不是阻碍帝国主义向帝国的转变,而是要重新组织它,再次引导它们通往新的目标。他们并不认为"新帝国"完全是坏事,反而认为是一种进步,正因为"新帝国"的产生与衰落,很可能会出现一种新的社会形态。在西方已经出现了由"流动的民众"组成的新的力量,他们正在抵抗帝国社会。这些"流动的民众"是指一些因为社会的商品化,致使其深受剥削的民众,他们的反抗是坚定的,积极的,他们是反抗队伍中的中坚力量。哈特与奈格里认为,这些民众应在三方面争取自己的权力才能有可能与帝国做斗争:第一,争取公民权。"所有人都应在居住和工作的国家拥有完全的公民权。"第二,争取社会报酬权。"流动的民众"区别于大工业工人阶级,他们属于一种新的无产阶级,他们不分生产工作和非生产工作,他们的工作无法将生产时间与业余时间区别开来,可以说,他们并非只在工作时间受剥削,而是在所有时间都在受资本的剥削,所以,在所有的时间里都应该获得酬劳。第三,争取占有权。新的无产阶级在非物质生产的情况下,要积极争取掌握知识、信息、交际、情感的权力,非物质生产因素已经成为斗争的主要环节。占有权增强了,话语权就相应提升,同时,在斗争中就增添了政治力量。他们确信"大众将创造新的民主形式和新的宪政力量,它总有一天将带领我们穿越和超越帝国"。[①] 同时,将反剥削斗争与殖民主义、帝国主义的斗争联合起来,是意义深刻的反抗现代权力结构的革命行动。

对于帝国的未来,哈特与奈格里二人所持的与众不同的结论是:"我们并没有将帝国看作已经实现的事实,而视为一种趋势。这种趋势论的方法也是马克思作品的特征。在19世纪中期,资本主义的生产方式只是英国经济的一部分,在欧洲经济中占的比重更小,而在全球经济中只

---

① [美]麦克尔·哈特,[意]安东尼奥·奈格里:《帝国:全球化的政治秩序》,杨建国、范一亭译,江苏人民出版社2003年版,序言第5页。

第十四章　新帝国主义理论

是极小的一部分,然而马克思认识到资本是一种趋势,并将它拓展到将来,由此对一个完全成形的资本主义社会进行了分析。我们对帝国的分析亦类似。帝国是全球资本及其新自由主义的体制得以维持和保证其全球秩序的唯一形式,这个事实使帝国的趋势具备了现实的必要性。讨论从帝国主义到帝国的转变是什么时候开始的是很有趣的,也许是苏联的解体,也许是越战美国的战败,也许是1968年全球爆发的一系列反抗运动。无论如何,尽管帝国在今天也许尚未完全实现,我们相信它是正在出现的权力形式,我们在明天将要面临它。因此我们在今天分析它是很有益处的,它能让我们准备好如何在明天应对它。"①

总括而言,《帝国》主张这个世界没有外部,论述了全球层面上主权的扩张、重构和新功效等方面的趋势;《诸众》认为抵抗是一切历史发展的动力,分析了新主体的出现及意义,哈特和奈格里称之为"反帝国";《大同世界》则试图以共同体超越、摧毁和重构私人空间和公共领域,是一种乌托邦色彩的未来政治哲学构想。

第二节　伍德的资本帝国主义理论

埃伦·梅克辛斯·伍德(Ellen Meiksins Wood)曾任加拿大约克大学政治学教授多年,现任美国斯坦福大学知名的政治哲学、伦理学教授,也是著名左翼派理论家。她于2003年出版了专著《资本的帝国》(*Empire of Capital*)。在该书中,她紧紧围绕经济与政治的关系,并以历史的方式从总体上对资本帝国主义进行了分析,通过对资本帝国主义的本质加以定性,并揭示资本帝国主义的特殊性,以便更好地理解当前的政治形式。伍德扩大了"新帝国主义"一词的涵盖面,她把资本主义制度下的帝国主义都归入新帝国主义之列。她认为,在任何帝国中,地缘政治和军事力量都会影响到霸权的存在,但只有资本主义是一种自主的经济统治形式。"新帝国主义"并不是宗主国与殖民地的关系,而是一种主权国家间的相互作用,也就是说,世界各国家的经济都已经被资本帝国主义纳入

---

① [美]麦克尔·哈特,[意]安东尼奥·奈格里:《帝国与大众》,载自许纪霖、刘擎编:《丽娃河畔论思想:华东师范大学思与文讲座演讲录》,华东师范大学出版社2004年版,第90页。

其掌握之中,任其控制。这种经济帝国应由凌驾复杂的国家体系之上的政治军事霸权来维持,这个国家体系包含需要遏制的各种敌人和需要加以控制的朋友,还有随时能够服务于西方资本的一个"第三世界"。一种不以占领领土为主的帝国主义形式,就是典型的资本主义的帝国主义,就是一种跨越全球的新型的帝国主义。

一、新帝国主义背景下的经济与政治的分离关系

伍德从现代资本主义社会"经济"与"政治"的分离来分析新帝国主义。她指出"新帝国主义之所以成为新帝国主义,就是因为它是资本主义的产物"。她要强调资本主义本身就带有强制性,不仅是通过强势力量人为地实施,而且还通过市场的强制手段间接地实现。只有资本主义才能够使经济权力与政治权力和军事权力分离,只有在资本主义制度下,"市场"才能发挥其自身的作用。作为一种制度,资本主义就决定了生产者或是剥削者都要通过市场来满足自己的要求,而二者的关系同样也需要市场来调解。也就是说,资本主义的帝国主要是运用经济法则,通过市场来控制并最终实现统治,因为任何经济行为人都必须依靠市场来获取利润,他们为了得到自己想要得到的一切必须去迎合市场。她还指出,传统的殖民帝国是通过"超经济"的手段,并通过军事征服来控制其领土及属国,资本帝国主义则是用经济手段来实施统治,其实质就是资本积累、商品化、利润最大化以及竞争。他们所追求的就是借助市场的力量,达到财产的拥有,虽然也要借助政治与军事来支持他们的统治,但日常的剥削并不依靠武力,这与前资本主义社会经济权力与政治权力浑然一体不同,新帝国主义的这种"经济"与"政治"的分离,使资本主义的经济领域成为一个"自主的领域",它的发展并不直接依赖于政治权力和领土的需要。

二、新帝国主义与民族国家

"经济"与"政治"的分离并非说民族国家所起的作用是无足轻重的,可有可无。恰恰相反,资本决不是比以前更少地依赖地理上的国家,某种意义上讲,它的依赖性反而更强了。当前的全球经济呈现不平衡的发展状态,为非对称的经济发展,"正如'全球化'并非真正的一体化的世界

第十四章　新帝国主义理论

经济,它也同样不是一种正在消亡的民族国家体系",①因为全球经济与本土化国家各不相同的因素并存。越是全球化,越需要国家之间来协调经济的循环发展,国家在创造和维持资本积累方面仍起着极其重要的作用,因为像全球公司或是国际货币组织和世界贸易组织等国际组织都无法承担起协调全球经济的重任。可以说,国家在为全球资本积累提供着不可或缺的环境,不亚于地方企业提供的经营环境。"国家之于资本,特别是之于全球化形式的资本更为至关重要。全球化的政治形式不是一个全球的政权而是一个'多国'的全球系统,而'新帝国主义'正是在资本不断扩张其经济势力,但维持这种势力的超经济力量却日益受到限制这样一种复杂而矛盾的关系中得以形成的。"②全球治理的主要工具不是一个全球国家,而是民族国家,并且是一个多元化的地方国家的全球体系,一种统治与服从的复杂关系的建构。总之,不是资本脱离了民族国家的约束,而是全球资本的确需要民族国家。正如伍德所说:"国家为全球性资本创造了生存并自由驰骋于世的条件。如果说,国家对于资本而言是唯一真正不可缺少的非经济组织……"③

伍德认为,在整个国际层面上说,国家是最关键的。新帝国主义与殖民帝国主义相比,比以往更加依赖于这种多元的民族国家体制。全球化要求众多的民族国家来管理资本,以维护其财产制度,并提供可衔接的规则、信誉环境以及法律秩序。除了民族国家,没有任何一种可信的组织能够承担起对日常的秩序进行管制的职能,或是提供资本积累的环境。新帝国主义正是在经济与政治之间的分离以及由此而产生的张力中运作的。

三、新帝国主义与全球化

伍德有时也把自由主义全球化称为"新帝国主义"。在当前全球化的今天,更应该对全球化有一个正确的认识。她尖锐地指出,全球化是资本主义的全球化,诸如竞争、利润最大化、资本积累以及建立布雷顿森

---

① [加]埃伦·M.伍德:《资本的帝国》,王恒杰、宋兴无译,上海译文出版社 2006 年版,第 104 页。
② [加]埃伦·M.伍德:《资本的帝国》,王恒杰、宋兴无译,上海译文出版社 2006 年版,第 4 页。
③ [加]埃伦·M.伍德:《资本的帝国》,王恒杰、宋兴无译,上海译文出版社 2006 年版,第 105 页。

林体系、国际货币基金组织、世界银行、关税和贸易总协定等国际组织,只在资本主义的统治下才出现的,而并非全球化带来的必然结果,全球化只是强化了这些法则而已。不是因为全球化而产生了这些法则,而是因为这些法则导致了全球化。所以,伍德认为,人们应该抨击的是资本主义,而非全球化。全球化带来的弊端和问题,其根源在于资本主义制度。

  对于新自由主义全球化所高举的自由贸易大旗,伍德指出,全球化与自由贸易毫无瓜葛,相反,它不过是出于对帝国主义利益方面的考虑而对贸易环境所做的"操控"。美国让一些国家向其开放市场,并非真正地想促进这些国家的经济发展,而是要让这些国家无力面对资本市场时,必须成为其附属国。其实贫穷国经济面临的主要危险不是帝国市场对它们的封闭,而是它们自身市场在面对帝国资本的脆弱。由于存在富国和穷国之间的利益冲突,全球化一方面是在推动一体化,但同时又在"阻止"一体化。一方面要不断地开拓市场,而另一方面,又不能使竞争者过于强大,这就是在新帝国主义时代全球的悖论。

  伍德认为,全球化就是资本的国际化,其内容包括资本在全球范围内的自由、快速流动和最具掠夺性的金融投机,其实质就是转移资本主义的国内危机。而这种全球化的前提是美国对全球经济的控制,它虽然不能解决"市场经济"的种种矛盾,却可以通过操纵债务、贸易规则、对外援助及整个金融体系,迫使其他经济体系为新帝国主义霸权服务。而资本主义经济的全球化也要求与之并行的国家和军事力量的全球化,特别是要求更大规模的美国军事力量霸权以保护这种经济。[①]

四、新帝国主义与战争

  目前,经济竞争已基本取代了军事冲突,既然如此,那为何像美国这样的超级大国每年的军费开支仍然占世界军费开支的40%呢?为什么随着全球化的不断深入,美国军事实力和帝国主义活动也在持续增长,直至小布什政府达到高峰?这种被称为"过剩的帝国主义",目的何在呢?伍德针对这种"新帝国主义"的悖论揭示出背后的原因:全球资本时

---

① 复旦大学哲学学院编:《国外马克思主义研究报告2007》,人民出版社2007年版,第189—190页。

代的帝国主义霸权就是依赖于控制竞争者,而不是与之交战。它不允许均匀的力量在世界分布,要具备政治与军事上的绝对优势,只有军事的优势在,才可以有控制世界的主动权,才会有自身的生命力。也就是说,蓄养军力的目的并非是对其他国家领土的侵略,或是直接进行掠夺,而是对其他国家形成一种威慑,实际就是一种警示,起到"示威效应",频繁的军事演习就是告诉世界,它可以控制整个世界,可以随时达到任何地方,甚至是太空。它展示极大的破坏力,使任何对手、朋友、合作伙伴都没有挑战的可能、无法匹敌,它追求的就是一种绝对的安全,起到绝对的威慑作用。例如伊拉克战争,伍德同意哈维的看法,认为美国并不是想要把伊拉克作为殖民地,但她与哈维不同的是,她认为战争目的并不是为了石油,而是为了达到对世界的全面控制。当然,她的观点失之偏颇,其实,美国发动伊拉克战争,既是为了石油也是为了控制中东及整个世界。另外,伍德认为,这种强大的军事威慑,针对的并非人们所谓的"失败国家"和"流氓国家",真正有威胁的是像中国、俄罗斯这样的大国,以及在资本主义秩序内部的欧盟和日本。

　　伍德最后指出,新帝国主义并不意味着战争会从此消亡,她认为,全球化的时代,战争还是会有的,但并不会是列宁等人所说的战争必然会发生。她还认为新帝国主义或许会继续持续一段时间,其权力的形式是由核心的民族国家所组成的,而这种依赖于多个地方政权的权力体系及其治理下的全球经济,是非常危险且动荡不安的。她认为,新帝国主义不是寻求领土扩张以及对贸易路线的占领,而真正的目的是要对全球经济具有无限制的主宰力量,对各个国家也有无限制的控制,并拥有无休止地、有目的地、时时刻刻地发动军事行动的自由。在这种状况以及全球性经济势力与其地方政治支持之间的不平等中,必定存在着一个日渐扩大的对立空间。

第三节　哈维的新帝国主义论

　　大卫·哈维(David Harvey)是当代美国著名的马克思主义地理学家,著作颇丰。他在实现"将马克思主义带入地理学"的同时,努力实现"将地理空间维度带入马克思主义"。胡大平教授有言:"他有关'人民的地理学'和'历史的地理的唯物主义'论述,也直指传统马克思主义研究空间维度的不足,他在理论上努力实现的正是通过《共产党宣言》的地理学或资本主义不平衡发展的历史地理学来'升级'历史唯物主义。"①哈维自认为把"地理学带入马克思主义"要比把"马克思主义带入地理学"难得多。在后者方面,他通过20世纪后三十年的不懈努力取得了不错的效果,成功引领了地理学和一些相关交叉学科批判思潮的兴起,并吸引了一批优秀的年轻学者追随推进,为打破不同学科之间的界限,在地理学内部创建人文批判空间,做出了巨大的贡献。这些贡献具体表现在他的《社会正义与城市》《资本的界限》《后现代的状况》《正义、自然与差异地理学》《希望的空间》等一批学术著作当中。在这些著作中,他对地理学的研究对象问题、城市化问题、城市正义问题、空间生产问题等,较为成功地从马克思主义的视角进行了详细的分析和讨论。但在后者即把"地理学带入马克思主义"这一方面,哈维自己坦言,并没有能够很好地实现。虽然他也为此创作了诸如《新帝国主义》《新自由主义简史》《资本之谜》《资本社会的17个矛盾》《世界的逻辑》等一系列著作,但真正理解并认同他的人并不是很多。

一、哈维新帝国主义论的主要内容

哈维自2001年起实施了一项"马克思工程",这项工程有两个任务:一是让更多人读懂马克思;二是让更多人理解资本主义。他的《新帝国主义》就是为完成第二个任务而创作的著作之一。以下我们从四个方面来介绍哈维新帝国主义论的主要内容:

第一,哈维新帝国主义的概念定义。为了解释新帝国主义之"新",哈维创造了一个包括诸如"领土逻辑""资本逻辑""剥夺性积累""时空修复""新政帝国主义"等新名词的概念体系。哈维将"帝国主义"这一名词解释为"国家内部的财产关系和全球资本积累体系内部的权力流动"。②

---

① [英]大卫·哈维:《希望的空间》,胡大平译,南京大学出版社2006年版,译序第11页。
② [英]大卫·哈维:《新帝国主义》,初立忠、沈晓雷译,社会科学文献出版社2009年版,第29页。

第十四章　新帝国主义理论

资本主义的帝国主义起源于权力的领土逻辑和资本逻辑之间的辩证关系。① 哈维所说的领土逻辑和资本逻辑，与我在前文所讲到的借用意义上的列宁的领土逻辑和资本逻辑概念是不一样的。我之前讲的列宁那里的领土和资本逻辑是单纯的本义上的帝国主义殖民地占领和资本的输出扩张，在哈维这里，它们的含义更广。哈维的权力的领土逻辑"主要是指国家或国家联合体在全世界维护利益和实现目标时所提出及施行的各种政治、外交和军事战略"。权力的资本逻辑"是指经济权力在（全球）连续空间中的流动，其中，对资本的控制和利用是第一位的"。② 哈维认为，这两种逻辑会通过复杂的甚至矛盾的方式相互纠缠在一起，二者相互融合、辩证共处。资本主义的帝国主义与其他帝国构想的区别在于资本逻辑占支配地位，这就产生一个问题：有限的领土如何应对资本积累的无限扩张？汉娜·阿伦特提供了一条解决思路：将资本的无限积累建立在权力的无限积累之上。这样，"资产阶级的历史必然是霸权不断扩张和膨胀的历史"。③ 说得通俗一点就是，帝国主义就是资本家利用自己的经济地位所取得的霸权控制和剥削一切劳动人民。新帝国主义之"新"在于它是一个综合运用经济、政治、文化、军事等各种新手段实现其霸权的帝国主义。

第二，新帝国主义的本质特征是剥夺性积累。哈维认为，新帝国主义的特征在于"通过开拓非均衡性地理环境，并利用空间交换所必然产生的'非对称性'的关系来进行资本积累"。④ 这种非对称性关系主要表现为不公平和不平等的交换，它形成了一种一体化的垄断力量，导致限制资本流动、榨取垄断资金等各种不合理的行为。哈维的剥夺性积累是与马克思所说的原始积累相对而言的。资本的原始积累是赤裸裸、血淋淋的，充满了暴力和血腥，这是资本主义发展初期使用的一种手段方式。

---

① 哈维的领土逻辑和资本逻辑的概念源于阿瑞基的《漫长的20世纪》，在阿瑞基那里，领土逻辑主要是地主阶级统治的权力逻辑，资本逻辑是资本主义统治的权力逻辑。参见：Giovanni Arrighi, *The Long Twentieth Century: Money, Power and the Origins of Our Times*, New York: Verso, 1994.
② 李雪阳：《列宁"帝国主义论"与当代垄断资本主义》，广东人民出版社2018年版，第274页。
③ ［英］大卫·哈维：《新帝国主义》，初立忠、沈晓雷译，社会科学文献出版社2009年版，第30页。
④ ［英］大卫·哈维：《新帝国主义》，初立忠、沈晓雷译，社会科学文献出版社2009年版，第28—29页。

剥夺性积累相对比较"温和",它主要通过运用经济而非暴力的手段来实现资本积累。比如,利用他们所掌握的信贷体系、金融资本等工具,以私有化、资产贬值、劳动力贬值等方法"掠夺、诈骗和盗窃"广大劳动人民的财富。垄断资本主义和新帝国主义在全球施行以"不通过生产"的途径占有剩余价值的资本积累就是剥夺性积累。哈维在《新自由主义简史》中提出了剥夺性积累的四个主要特征,包括:"(1)私有化和商品化;(2)金融化;(3)危机操控和危机管理;(4)国家再分配。"① 剥夺性积累虽然在具体实现方式上与原始积累有差别,但二者本质上都是一样的,都是以牺牲劳动人民的利益为代价,让资产阶级获利。剥夺性积累在马克思、列宁时代一直存在,只不过在新帝国主义时期,它的方式更加多样化。

第三,资本主义的持存:时间—空间修复。"时间—空间'修复'喻指一种通过时间延迟和地理扩张解决资本主义危机的特殊方法。"② 特定地域系统的过度积累意味着劳动和资本的剩余,表现为失业率的上升、商品的过剩、货币资本的盈余。"这种盈余可能通过以下方式得到吸收:(a)通过投资长期资本项目或社会支出(如教育和科研)来进行转移,以推迟资本价值在未来重新进入流通领域的时间。(b)通过在别处开发新的市场,以新的生产能力和新的资源、社会和劳动可能性来进行空间转移。(c)在某种程度上将(a)与(b)结合起来。"③ 这实际上不过是马克思"以时间消灭空间",再加"以空间(资本的转移)消灭时间(资本主义的消亡)"的另一种说法而已。胡大平教授曾说,时间和空间这两个人类经验的维度,在马克思和恩格斯那里也是理解资本主义的中轴,只不过他们没有以专门的方式展开而已。确切地应该说,马克思和恩格斯着重于历史时间维度的批判,只不过没有在空间维度具体地展开。哈维的贡献就在于,在承继列宁《帝国主义论》中的"历史—地理"批判基础上,主要在空间维度对马克思和恩格斯的学说做了一定的补充。

第四,资本帝国主义的出路:"新政"帝国主义。在哈维看来,帝国主义的霸权必须无休止地延伸才能保证资本积累的进行,但过度的扩张和

---

① [英]大卫·哈维:《新自由主义简史》,王钦译,上海译文出版社 2010 年版,第 184—188 页。
② [英]大卫·哈维:《新帝国主义》,初立忠、沈晓雷译,社会科学文献出版社 2009 年版,第 94 页。
③ [英]大卫·哈维:《新帝国主义》,初立忠、沈晓雷译,社会科学文献出版社 2009 年版,第 89—90 页。

延伸也正是以往霸权国家的"阿喀琉斯之踵"。比如美国因其政治和军事权力的过度延伸陷入了一种险境。"如果出于某些原因使我们无法构筑这一空前强大的政治权力的积累,那么资本的无限积累将有可能陷入一片混乱,从而在严重的无政府状态下,而非在轰轰烈烈的革命浪潮中,结束资本时代。"[①]解决这个问题的唯一可行性方案就是实行某种"新政",沿着新的路线重新部署国家权力,以限制金融资本的无限扩张。对于反抗剥夺性积累的人民斗争而言,则必须寻找依靠国内和国际两个层面共同作用的方法,但哈维并没有提出具体的具有可操作性的行动方案,最后只能停留于乌托邦式的幻想。

二、哈维新帝国主义论评析

哈维的新帝国主义论在学术界具有非常重要的影响,受到广大学者们的普遍关注,其理论意义在于:它继承了马克思的重要学说,并进行了与时俱进的发展,为人们理解全球化时代的帝国主义新形式和新特征提供了重要的理论资源。哈维从20世纪70年代开始研读马克思的《资本论》,强调学习《资本论》单看第一卷是远远不够的,要将三卷看成完整的一体。同时,要结合《剩余价值学术史》《政治经济学批判大纲》和《共产党宣言》等著作同时学习,并倡导理解马克思主义理论要全方位、多角度进行审视,要综合马克思主义理论的全部理论精华,而不能忽视理论的整体性。他在资本积累、资本循环、马克思主义时空观和新帝国主义等问题上都有可贵的探索,从而推进了英美国家马克思主义时代化的发展。

其现实意义在于:当前国外马克思主义研究格局仍处于一个分化和整合的过程,我们从中可以窥见一些值得注意和研究的倾向和趋势,以及对于当前世界各种现实问题的探讨、分析和见解,借鉴和吸收世界各国研究马克思主义的成果是推进马克思理论和创新的重要组成部分。哈维对全球化时代新帝国主义的阐释向我们展示了帝国主义仍将发展中国家作为其盈余资本的投放地,利用金融、信贷方面的优势将发展中国家沦为其附庸。中国作为发展中大国,既要很好地利用西方国家的资金,同时又要加强监管,增强中国抵御经济风险的能力。

---

① [英]大卫·哈维:《新帝国主义》,初立忠、沈晓雷译,社会科学文献出版社2009年版,第31页。

当然,哈维所提出的新帝国主义论也存在一些理论缺陷。第一,哈维的《新帝国主义》一书,虽然列举了大量的实例对当代资本主义存在的诸多问题进行了猛烈的抨击,但是在问题解决的对策上却没有提出能够付诸实践的有效办法,他提及的反全球化和另类全球化运动,以及所谓的全球化的解放政治学,仍然聚焦于扩大再生产的资本积累领域内的阶级关系和阶级斗争,其他的斗争形式都是附属和次要的,在操作上也没有形成行之有效的方法,缺乏说服力和操作性。

第二,在对新帝国主义的论述中,哈维将发达资本主义国家,尤其是美国的霸权主义作为研究的重点,他极少关注发展中国家和不发达地区。他的过度积累理论描述了从老式殖民主义到当代帝国主义持续不断的剥削过程,但是在对领土逻辑的论述中却没有提及这些。有学者认为他所强调的地点和规模占据的不平衡地理发展需要被界定。那种把空间当成容器的观点忽视了空间持续不断的连通性影响。尽管实际地理学是流动的和改变的,但是连通性仍然生产着地理学地位的不平等。

第三,哈维有意回避了空间在资本主义经济危机中的基本角色定位。哈维强调在经济危机中三种资本循环方式是顺序进行的,而事实上我们需要时间和空间的同时"修复"。另外,一些学者还认为哈维的劳动价值理论全部由经济因素决定,而不决定于社会政治斗争和国家制度框架的思想是不全面的,国家在替代资本的地方性危机趋势中起着重要的作用,经济危机不能仅仅降低为经济层面的认识,经济危机也有可能是由政治的、制度的和社会的矛盾所激发。

三、哈维新帝国主义论的方法论

哈维新帝国主义论所主要使用的方法论是一种历史地理唯物主义的辩证法。他在《新帝国主义》第一章开头即声明,写作该书的目的是"研究全球资本主义的现状,以及一个'新生的'帝国主义在其中可能将发挥的作用",他将从长时段的视角,通过一种"历史地理唯物主义的镜头"去实现这一目的。① 哈维认为,在马克思那里,他已经提出了某种有关资本主义空间生产的理论,提出了资本积累的地理学,不过,马克思的

---

① [英]大卫·哈维:《新帝国主义》,初立忠、沈晓雷译,社会科学文献出版社2009年版,第1页。

第十四章 新帝国主义理论

概念和理论结构不是很清晰。哈维认为,他的任务就是要重构这些空间理论或地理学。他曾指出,马克思和恩格斯的《共产党宣言》蕴含了丰富的空间思想,这些思想能有效解释当代世界的变化特征。"既然《共产党宣言》详细地说明了资产阶级如何既创造又毁灭它自己活动的地理基础(生态的、空间的和文化的)、并按照自己的面貌来创造一个世界,那么对其空间和地理维度进一步详细审查就很值得。"在他看来,"资本积累向来就是一个深刻的地理事件。如果没有内在于地理扩张、空间重组和不平衡地理发展的多种可能性,资本主义很早以前就不能发挥其政治经济系统的功能了"。①

哈维一再强调马克思已经具有空间思想,但他也一直批评马克思主义缺少地理空间维度。列宁《帝国主义论》的内容大家都比较熟悉,但对于其中的方法,尤其是辩证法思想,包括哈维在内的新马克思主义者却不一定很了解,或者说对它并没有予以重视,然而,在做帝国主义研究时,又自觉不自觉地进行借鉴和运用。首先作为一个地理学家,对资本主义开展地理空间批判,这似乎并不让人感到奇怪。但问题在于,以殖民地占有为主要方式的帝国主义在二战后就已经结束了,列宁的《帝国主义论》基本已经完成这一批判,那是物理的、自然地理空间上的批判。哈维实际上所要做的主要是,完成在列宁基础上的对包括资本主义抽象空间的全面批判。"在哈维看来,马克思主义最根本的特征就是批判性,是对资本主义政治经济生活的批判,历史-地理唯物主义就是为了全面地实现这种批判,它是一种社会—空间的动态批判原则,含四重方法论原则:差异性原则、象征性原则、内在性原则与开放性原则。"②当然,从列宁《帝国主义论》的辩证法到哈维的历史地理主义方法即历史空间辩证法,中间有个重要的关键人物即亨利·列斐伏尔。"列斐伏尔把空间视角逐步提升到哲学高度,试图把空间向度整合到马克思历史唯物主义的逻辑当中去,这一理论成果则表现为《空间的生产》(1974)。进而影响了后面一批马克思主义城市理论家,如青年卡斯特、哈维等。"③

列斐伏尔的重要性在于,他"把马克思的社会历史辩证法翻转成为

---

① [英]大卫·哈维:《希望的空间》,胡大平译,南京大学出版社 2006 年版,第 23 页。
② 乔瑞金等:《英国的新马克思主义》,人民出版社 2013 年版,第 543 页。
③ 尤金:《空间与历史唯物主义》,人民出版社 2019 年版,第 3 页。

一种'空间化本体论',或将历史辩证法'空间化'"。① 在列斐伏尔看来,"作为马克思历史辩证法的最高形态与核心形态,社会生产关系的再生产辩证法的进一步发展就是'空间的生产'的辩证法……经典马克思主义的问题是资本主义生产就是要'用时间消灭空间的限制',其实就是'创造出新的空间'。资本主义'为什么幸存而没有灭亡'就在于资本主义对空间的占有,'通过占有空间,通过生产空间'"。② 这样,列斐伏尔实际上就把资本主义的历史发展问题转换成了资本主义的空间拓展问题。"与黑格尔和马克思的只关注时间和历史中的矛盾的经典辩证法不同,它是一种总体性的历史辩证法,列斐伏尔认为,现在需要的是一种中心化的空间辩证法。"③正是列斐伏尔将空间维度带入马克思的"社会—历史"辩证法中,让辩证法从二元走向了三元,即"社会—历史—空间"辩证法。

由此可见,列斐伏尔几乎可以说是哈维由列宁《帝国主义论》的辩证法过渡到他的新帝国主义论的历史空间辩证法的一个关键联结点。当然,也有学者认为哈维及其后来的门徒们误解了列斐伏尔的三元空间辩证法。比如,瑞士的施米德(Christian Schmid)称,哈维将列斐伏尔辩证法狭义化为一种政治经济学批判的方法,而爱德华·索亚则将列氏辩证法中的社会空间定义为第三空间,把三元辩证法解释为自然、精神和社会三种独立空间的辩证法。总的说来,由列斐伏尔正式引入的空间生产不仅影响了哈维历史地理唯物主义的形成,而且对后来的其他研究者产生了也必将继续产生深远的影响,但不得不说,对当代资本主义研究的"历史—空间"范式应追溯到列宁。列宁《帝国主义论》中的辩证法不仅继承了马克思主义的唯物辩证法、历史辩证法,而且具有不平衡发展的空间辩证法视野,预示了一种全新的历史空间辩证法发展方向,将马克思主义辩证法推向了一个新的高度,是认识和研究当代资本主义发展的理论指南。

---

① 刘怀玉:《现代性的平庸与神奇:列斐伏尔日常生活批判哲学的文本学解读》,中央编译出版社2006年版,第399页。
② 刘怀玉:《现代性的平庸与神奇:列斐伏尔日常生活批判哲学的文本学解读》,中央编译出版社2006年版,第403页。
③ [法]亨利·列斐伏尔:《空间的生产》,刘怀玉等译,商务印书馆2021年版,中译本代序言第XIII页。

结语　百年大变局中的帝国主义发展趋势及我们的应对策略

在当今百年未有之大变局之际,以美国为首的帝国主义国家在随着科技进步、生产力发展而表现出一系列新的发展和变化的同时,也日益暴露出其特有的侵略性、贪婪性、腐朽性。程恩富教授总结了21世纪新帝国主义的五大特征:一是生产和流通的新垄断:生产和流通的国际化和资本集中的强化,形成富可敌国的巨型跨国垄断公司;二是金融资本的新垄断:金融垄断资本在全球经济生活中起决定性作用,形成畸形发展的经济金融化;三是美元和知识产权的垄断:形成不平等的国际分工和两极分化的全球经济和财富分配;四是国际寡头同盟的新垄断:"一霸数强"结成的国际资本主义寡头垄断同盟,形成内外垄断剥削和压迫的金钱政治、庸俗文化和军事威胁的经济基础;五是经济本质和大趋势:全球化资本主义矛盾和各种危机时常激化,形成当代资本主义垄断性和掠夺性、霸权性和欺诈性、腐朽性和寄生性、过渡性和垂危性的新态势,是一种晚期帝国主义。[①] 帝国主义越是到了晚期,越要做垂死的挣扎,对此我们必须有一个清醒的认识,做好相应的策略上的准备,只要我们坚持马列主义的伟大思想,坚持中国共产党的领导,坚持中国特色的社会主义道路,深刻理解和把握马克思主义的唯物辩证法,并以之作为理论指南指导我们正确地认识资本主义的世界,处理好我们发展中遇到的一系列问题和障碍,不断增强我们自身的经济实力和国力,那么,资本这个"鬼"其实也并不可怕。毛泽东曾经指示并亲自参与编写了一本叫做《不怕鬼的故事》的书。该书编者何其芳在序言中写道:"如果觉悟提高,迷

---

① 程恩富、鲁保林、俞使超:《论新帝国主义的五大特征和特性——以列宁的帝国主义理论为基础》,《马克思主义研究》2019年第5期。

信破除,思想解放,那么不但鬼神不可怕,而且帝国主义,反动派,修正主义,一切实际存在的天灾人祸,对于马克思列宁主义者来说,都是不可怕的,都是可以战胜的,都是可以克服的。"①毛泽东说,帝国主义和一切反动派既是真老虎又是假老虎。在战略上,我们要藐视它,世界社会主义事业中遇到的困难和挫折是暂时的,人类社会前进发展过程中的一切阻力和障碍最终都是可以被克服的。在战术上,我们要重视它,要认真研究它,要从以往的经验教训中总结出克服困难和挫折的有效办法,最后才能战胜它,推动共产主义事业的顺利前进。

当今时代,资本主义矛盾危机重重。正如现任俄罗斯共产党主席久加诺夫在近几年的多次讲话中所指出的那样,资本主义正面临系统性的总危机。它首先是由经济危机,尤其是2008年以来的世界金融危机引起的。资本主义系统性危机的爆发使得资本主义总危机急剧深化、尖锐化。为了缓解和摆脱危机,欧美发达资本主义国家采取了代理人战争的手段,在它们的持续拱火之下,俄乌冲突有走向失控甚至爆发核战争的风险。人类正处在一个十字路口,罗莎·卢森堡曾引用恩格斯的一句话说:"资产阶级社会面临着一种两难处境:不是向社会主义过渡,就是向野蛮状态倒退。"②马克思通过对资本主义社会政治经济的详细考察和分析,得出了"两个必然"的结论,同时也提出了"两个决不会"的命题。资本主义的灭亡和社会主义的胜利是必然的,但是,资本主义"在它所能容纳的全部生产力发挥出来以前,是决不会灭亡的","而新的更高的生产关系,在它的物质存在条件在旧社会的胎胞里成熟以前,是决不会出现的"。③我们应当在"两个必然"和"两个决不会"的辩证统一中去理解和把握资本主义的最新变化。

第一,必须坚定资本主义必亡、社会主义必胜的信念。马克思逝世已经一百四十周年了,与那时相比,资本主义国家在政治管理方式、经济运行模式等方面都发生了很多变化,但是,资本主义所固有的内在矛盾并没有从根本上得以消除。相反,今天的资本主义世界在政治、经济、文化、社会、生态等各个领域都出现了严重的危机,种种迹象表明资本主义

---

① 中国社会科学院文学研究所编:《不怕鬼的故事》,人民文学出版社1978年版,第2页。
② 《卢森堡文选》,人民出版社,2012年版,第323页。
③ 《马克思恩格斯选集》第2卷,人民出版社1972年版,第3页。

结语　百年大变局中的帝国主义发展趋势及我们的应对策略

总危机的深化,这是资本主义必然被社会主义所代替的重要现实依据。列宁在1918年的《预言》一文中曾满怀信心地展望世界的未来,他说:"我们有一切根据来极其坚定地和充满信心地展望未来,这个未来正在为我们准备新的同盟者,准备社会主义革命在许多更先进的国家里的新的胜利。我们可以自豪并且深以为幸的,就是我们最先在地球的一角打倒了资本主义这只野兽,它使地球沾满了血污,它把人类引到了饥荒和野蛮化的地步,现在不论它怎样凶狠残暴地作垂死的挣扎,它都必然会很快地遭到灭亡。"[①]最先打倒资本主义野兽的苏联虽然已经解体了,但新时代的中国高高举起了科学社会主义的伟大旗帜,我们有决心、有信心以新的伟大斗争和奋斗把共产主义伟大事业推向前进,取得最终的胜利。

第二,必须辩证看待资本主义危机,认清社会主义战胜资本主义的长期性。社会主义代替资本主义是历史发展的必然,但我们也必须清醒地认识到马克思所提出的"两个决不会"。列宁说:"帝国主义是衰朽的但还没有完全衰朽的资本主义,是垂死的但还没有死亡的资本主义。"[②]因为各种综合因素的结果,帝国主义完全可能还会持存一个较长的时期。斯大林指出了资本主义总危机的阶段性特征,认识到了资本主义的崩溃是一个矛盾和危机不断深化、最终全面爆发的过程,但由于他过于心切地想要推进世界革命的进程,在与布哈林等共产国际理论家的相互影响下,在特殊时期曾误认为资本主义总危机即将爆发,制定了一些脱离实际的左倾冒险主义政策策略,对世界无产阶级革命运动产生了一些消极影响。实践说明,对于不同时期资本主义的危机表现要做全面、辩证的分析。当前的资本主义矛盾和危机虽然显现出某些尖锐化的特点,但总的说来,资本主义的发展还处在一个量的积累与部分质的变化过程之中,尚未进入根本性质变阶段。我们一方面要有战胜资本主义的信心,另一方面要有长期斗争的思想准备,不要滋生急躁情绪,防止误判形势。

第三,必须警惕和防范资本主义危机给我们带来的各种风险,防止新的世界性战争的爆发。2023年上半年,美欧多家银行"暴雷",股市、债市暴跌,引起全球金融界的恐慌。面对资本主义世界的周期性危机,我

---

① 《列宁全集》第34卷,人民出版社2017年版,第447页。
② 《列宁全集》第29卷,人民出版社2017年版,第479页。

们应该做好充足的心理准备,制定相应的政策,防患化解资本主义危机对我国社会经济的冲击。两次世界大战的历史表明,每当资本主义系统性危机全面爆发、资本主义总危机急剧性深化的时候,帝国主义势必要通过挑起和发动战争来转移危机。当前,俄乌冲突已经持续一年多了,在欧美拱火之下,冲突具有扩大化趋势,甚至有爆发核战争的风险。久加诺夫提出"资本主义系统性总危机"再次全面爆发,要大家警惕第三次世界大战的爆发,这绝不是危言耸听。塞尔维亚总统武契奇也提及,世界正面临第二次世界大战以来最大的危机,我们正处于第三次世界大战的边缘。帝国主义是战争的代名词,社会主义则是世界和平的使者。2023年3月,中国促成伊朗与沙特达成历史性和解,彰显了作为世界和平维护者的大国担当。我们要团结一切可以团结的力量,推动共建人类命运共同体,构建世界文明的新秩序。

第四,必须正确处理好两种制度之间的关系。共产党人不仅要敢于斗争,还要善于斗争。列宁从苏联实际出发,提出过两制"和平共处"的思想,提出要积极利用资本主义的一切有益成果发展社会主义。"我们的目的只有一个,就是要在资本主义包围中利用资本家对利润的贪婪和托拉斯之间的敌对关系,为社会主义共和国的生存创造条件。"①斯大林在一定时期内坚持"两个阵营"和"两个市场"的对立,但是,他也有认识到社会主义国家必须与周围世界产生联系,他说:"以为社会主义经济是一种绝对闭关自守、绝对不依赖周围各国国民经济的东西,这就是愚蠢之至。"②在第二次世界大战中,苏联和美、英、法等资本主义国家结成反法西斯同盟,甚至在战后,斯大林还表达过与资本主义国家合作的愿望。当然,合作的基础是双方要相互尊重,"不应醉心于批评彼此的制度。……合作并不需要各国人民具有同样的制度。应该尊重人民所赞同的制度。只有在这种条件下,才能合作"。③当今世界两种不同制度的力量对比,资本主义国家仍然处于强势。"打铁还需自身硬",作为弱势一方的社会主义国家要通过斗争求生存,以合作促发展,集中精力发展和壮大自身的综合国力和国际影响力,彰显社会主义的制度优势。

---

① 《列宁全集》第41卷,人民出版社2017年版,第167页。
② 《斯大林全集》第9卷,人民出版社1954年版,第118页。
③ 《斯大林文选》下册,人民出版社1962年版,第493页。

结语　百年大变局中的帝国主义发展趋势及我们的应对策略

第五,必须坚持不断创新和发展马克思主义的帝国主义理论。马列主义不是教条,马克思主义的帝国主义理论也必须随着资本主义的发展变化而不断创新。只有坚持和运用马克思主义科学方法,不断推动马克思主义理论创新,才能更好地增强马克思主义对社会主义实践的现实指导力,增强马克思主义的当代解释力。党的二十大报告中提出了"开辟马克思主义中国化时代化新境界"的重大命题,提出要根据国内外形势新变化和实践新要求,不断深化对人类社会发展规律的认识,深入回答关系到党和国家事业发展的一系列重大时代课题。[①] 资本主义发展到了何种地步？百年大变局中的世界将走向何处？我们应该如何应对帝国主义的挑战？这些问题急待我们做出科学合理的回答。新时代的理论工作者们要积极实践理论创新,为人们正确认识资本主义世界的变化提供理论工具,为世界无产阶级开展与资产阶级的新的斗争提供理论武器。

---

① 习近平:《高举中国特色社会主义伟大旗帜,为全面建设社会主义现代化国家而团结奋斗——在中国共产党第二十次全国代表大会上的报告》,人民出版社2022年版,第16—17页。

主要参考文献

一、中文文献

1. 阿尔都塞. 保卫马克思[M]. 顾良,译. 北京:商务印书馆,2010.
2. 阿明. 不平等的发展:论外围资本主义的社会形态[M]. 高铦,译. 北京:商务印书馆,1990.
3. 阿明. 世界规模的积累[M]. 杨明柱,等译. 北京:社会科学文献出版社,2008.
4. 阿瑟. 新辩证法与马克思的《资本论》[M]. 高飞,等译. 北京:北京师范大学出版社,2018.
5. 安德森. 列宁、黑格尔和西方马克思主义:一种批判性研究[M]. 张传平,译. 南京:南京大学出版社,2012.
6. 巴兰. 增长的政治经济学[M]. 蔡中兴,杨宇光,译. 北京:商务印书馆,2017.
7. 巴兰,斯威齐. 垄断资本:论美国的经济和社会秩序[M]. 南开大学政治经济学系,译. 北京:商务印书馆,1977.
8. 卞敏. 列宁《哲学笔记》与马克思主义哲学的生长点[M]. 郑州:河南人民出版社,1992.
9. 伯恩施坦. 伯恩施坦文选[M]. 殷叙彝,编. 北京:人民出版社,2008.
10. 布哈林. 世界经济和帝国主义[M]. 蒯兆德,译. 北京:中国社会科学出版社,1983.
11. 布鲁厄. 马克思主义的帝国主义理论[M]. 陆俊,译. 重庆:重庆出版社,2003.
12. 蔡中兴. 帝国主义理论发展史[M]. 上海:上海人民出版社,1987.
13. 蔡中兴. 当代帝国主义理论[M]. 上海:上海三联书店,1992.
14. 曹义恒,曹荣湘. 后帝国主义[M]. 北京:中央编译出版社,2007.
15. 查戈洛夫. 列宁的帝国主义理论与当代政治经济学的发展[M]. 复旦大学世界经济系世界经济教研室,译. 上海:复旦大学出版社,1987.
16. 陈俊明. 政治经济学批判:从《资本论》到《帝国主义论》[M]. 北京:中央编译出版社,2006.
17. 陈其人. 帝国主义理论研究[M]. 上海:上海人民出版社,1984.
18. 陈其人. 帝国主义经济与政治概论[M]. 上海:复旦大学出版社,2013.
19. 邓小平. 邓小平文选:第2卷[M]. 北京:人民出版社,1983.
20. 邓小平. 邓小平文选:第3卷[M]. 北京:人民出版社,1993.
21. 多斯桑托斯. 帝国主义与依附[M]. 毛金里,等译. 北京:社会科学文献出版社,1999.
22. 弗兰克. 依附性积累与不发达[M]. 高铦,高戈,译. 南京:译林出版社,1999.
23. 付清松. 不平衡发展:从马克思到尼尔·史密斯[M]. 北京:人民出版社,2015.
24. 福斯特. 马克思的生态学:唯物主义与自然[M]. 刘仁胜,肖峰,译. 北京:高等教育出版社,2006.
25. 福斯特. 生态革命:与地球和平相处[M]. 刘仁胜,李晶,董慧,译. 北京:人民出版社,2015.
26. 傅骊元.《关于帝国主义的笔记》研究[M]. 北京:北京大学出版社,1985.
27. 顾玉兰. 列宁帝国主义论及其当代价值[M]. 北京:社会科学文献出版社,2015.
28. 郭文卿. 列宁的辩证法思想[M]. 昆明:云南人民出版社,1991.
29.《国际共产主义运动史》编写组编. 国际共产主义运动史[M]. 北京:人民出版社,1978.
30. 哈丁. 列宁主义[M]. 张传平,译. 南京:南京大学出版社,2012.
31. 哈特,奈格里. 帝国:全球化的政治秩序[M]. 杨建国,范一亭,译. 南京:江苏人民出版社,2008.

32. 哈维.希望的空间[M].胡大平,译.南京:南京大学出版社,2006.

33. 哈维.新帝国主义[M].初立忠,沈晓雷,译.北京:社会科学文献出版社,2009.

34. 哈维.新自由主义简史[M].王钦,译.上海:上海译文出版社,2010.

35. 哈维.正义、自然和差异地理学[M].胡大平,译.上海:上海人民出版社,2010.

36. 黑格尔.小逻辑[M].贺麟,译.北京:商务印书馆,2009.

37. 黑格尔.逻辑学:上、下卷[M].杨一之,译.北京:商务印书馆,2017.

38. 胡大平.后革命氛围与全球资本主义:德里克"弹性生产时代的马克思主义"研究[M].南京:南京大学出版社,2002.

39. 胡大平.回到恩格斯:文本、理论和解读政治学[M].南京:江苏人民出版社,2010.

40. 胡锦涛.胡锦涛文选:第2卷[M].北京:人民出版社,2016.

41. 黄楠森.《哲学笔记》与辩证法[M].北京:北京出版社,1984.

42. 黄楠森.《哲学笔记》注释[M].北京:北京大学出版社,1981.

43. 霍布森.帝国主义[M].卢刚,译.北京:商务印书馆,2017.

44. 《机会主义、修正主义资料选编》编译组.第二国际修正主义者关于帝国主义的谬论[M].北京:生活·读书·新知三联书店,1976.

45. 卡多佐,法勒托.拉美的依附性及发展[M].单楚,译.北京:世界知识出版社,2002.

46. 卡斯特.千年终结[M].夏铸九,等译.北京:社会科学文献出版社,2006.

47. 考茨基.民族国家、帝国主义国家和国家联盟[M].何疆,王禹,译.北京:生活·读书·新知三联书店,1963.

48. 考茨基.帝国主义[M].史集,译.北京:生活·读书·新知三联书店,1964.

49. 库尔萨诺夫.马克思主义辩证法史列宁主义阶段[M].王贵秀,译.北京:人民出版社,1987.

50. 莱文.辩证法内部对话[M].张翼星,等译.昆明:云南人民出版社,1997.

51. 李建平.《资本论》第一卷辩证法探索[M].福州:福建人民出版社,2017.

52. 李西祥.马克思历史辩证法研究:历史唯物主义的辩证法阐释[M].北京:中国社会科学出版社,2012.

53. 李雪阳.列宁"帝国主义论"与当代垄断资本主义[M].广州:广东人民出版社,2018.

54. 列斐伏尔.空间的生产[M].刘怀玉,等译.北京:商务印书馆,2021.

55. 列宁.列宁全集[M].北京:人民出版社,2017.

56. 列宁.列宁选集:第2—4卷[M].北京:人民出版社,1972.

57. 刘怀玉.现代性的平庸与神奇:列斐伏尔日常生活批判哲学的文本学解读[M].北京:中央编译出版社,2006.

58. 刘维春.列宁帝国主义论的再理解[M].北京:社会科学文献出版社,2013.

59. 刘长军,韩海涛,李慧斌.列宁《帝国主义是资本主义的最高阶段》研究读本[M].北京:中央编译出版社,2017.

60. 卢森堡.社会改良还是社会革命?[M].徐坚,译.北京:生活·读书·新知三联书店,1958.

61. 卢森堡.资本积累论[M].彭尘舜,吴纪先,译.北京:生活·读书·新知三联书店,1959.

62. 罗森塔尔.列宁帝国主义理论中的辩证法[M].周秀凤,赵国顺,等译.郑州:河南人民出版社,1992.

63. 马尔库塞.苏联的马克思主义:一种批判的分析[M].张翼星,万俊人,译.北京:中国人民大学出版社,2016.

64. 马健行.帝国主义理论形成史[M].北京:中国社会科学出版社,1993.

65. 马克思,恩格斯.马克思恩格斯全集:第1卷[M].北京:人民出版社,1995.

66. 马克思,恩格斯.马克思恩格斯全集:第2卷[M].北京:人民出版社,2009.

67. 马克思,恩格斯.马克思恩格斯全集:第23卷[M].北京:人民出版社,2009.

68. 马克思,恩格斯.马克思恩格斯全集:第30卷[M].北京:人民出版社,1995.

69. 马克思,恩格斯.马克思恩格斯全集:第31卷[M].北京:人民出版社,1998.

70. 马克思,恩格斯.马克思恩格斯全集:第46卷[M].北京:人民出版社,2003.

71. 马克思,恩格斯.马克思恩格斯文集:第1—10卷[M].北京:人民出版社,2009.

72. 马克思,恩格斯.马克思恩格斯选集:第1—4卷[M].北京:人民出版社,1972.

73. 毛泽东.毛泽东文集:第1—8卷[M].[M].北京:人民出版社,1999.

74. 毛泽东.毛泽东选集:第1—4卷[M].[M].北京:人民出版社,1991.

75. 摩根索.国家间政治:权力斗争与和平[M].徐昕,郝望,李保平,译.北京:北京大学出版社,2012.

76. 普雷维什.外围资本主义:危机与改造[M].苏振兴,袁兴昌,译.北京:商务印书馆,2015.

77. 普列汉诺夫.在祖国的一年[M].王荫庭,杨永,译.北京:生活·读书·新知三联书店,1980.

78. 奇尔科特.比较政治经济学理论[M].高戈,高恬,译.北京:社会科学文献出版社,2001.

79. 奇尔科特.批判的范式:帝国主义政治经济学[M].施杨,译.北京:社会科学文献出版社,2001.

80. 乔瑞金等.英国的新马克思主义[M].北京:人民出版社,2013.

81. 秦莹,杨南丽,郭文卿.黑格尔与列宁的逻辑思想[M].昆明:云南大学出版社,2007.

82. 邱尊社.马克思主义与当代经济全球化问题研究[M].北京:北京大学出版社,2006.

83. 萨义德.文化和帝国主义[M].李琨,译.三联书店出版社,2016.

84. 斯大林.斯大林选集:上、下卷[M].北京:人民出版杜,1979.

85. 斯威齐.资本主义发展论:马克思主义政治经济学原理[M].陈观烈,秦亚男,译.商务印书馆,2009.

86. 苏沃洛夫.唯物辩证法[M].宋一秀,易杰雄,译.哈尔滨:黑龙江人民出版社,1984.

87. 孙玉健."新帝国主义论"与马克思主义的帝国主义论[M].北京:中国社会科学出版社,2017.

88. 汤林森.文化帝国主义[M].冯建三,译.北京:人民出版社1999.

89. 汤姆林森.全球化与文化[M].郭英剑,译.南京:南京大学出版社,2002年.

90. 唐正东,孙乐强.经济哲学视域中的当代资本主义批判理论[M].南京:江苏人民出版社,2009.

91. 田明,陈培永.辩证法的真谛:列宁《谈谈辩证法问题》如是读[M].广州:广东人民出版社,2014.

92. 田文峰.列宁帝国主义理论及其当代价值研究[M].北京:中国社会科学出版社,2013.

93. 王东.辩证法科学体系的"列宁构想"[M].北京:中国社会科学出版社,1989.

94. 王金存.帝国主义历史的终结:当代帝国主义的形成和发展趋势[M].北京:社会科学文献出版社,2008.

95. 沃勒斯坦.现代世界体系:第1卷[M].罗荣渠,等译.北京:高等教育出版社,1998.

96. 沃勒斯坦.现代世界体系:第2卷[M].吕丹,等译.北京:高等教育出版社,1998.

97. 吴传启.《资本论》的辩证法问题[M].北京:生活·读书·新知三联书店,1963.

98. 伍德.资本的帝国[M].王恒杰,宋兴无,译.上海:上海译文出版社,2006.

99. 希法亭.金融资本[M].福民,等译.北京:商务印书馆,1994.

100. 希法亭.金融资本[M].李琼,译.北京:华夏出版社,2013.

101. 习近平.习近平谈治国理政:第2卷[M].北京:外文出版社,2017.

102. 杨贵颖,李心华."同时胜利论"与"一国胜利论"比较研究[M].北京:中国社会科学出版社,2017.

103. 伊林柯夫.马克思《资本论》中抽象和具体的辩证法[M].孙开焕,等译.济南:山东人民出版社,1993.

104. 伊曼纽尔.不平等交换:对帝国主义贸易的研究[M].文贯中,等译.北京:中国对外经济贸易出版社,1988.

105. 伊诺泽姆采夫等.现代垄断资本主义政治经济学[M].杨庆发,等译校.上海:上海译文出版社,1978.

106. 尤金.空间与历史唯物主义[M].北京:人民出版社,2019.

107. 查戈洛夫.列宁的帝国主义理论与当代政治经济学的发展[M].复旦大学世界经济系世界经济教研室,译.上海:复旦大学出版社,1987.
108. 张晓忠.列宁全球化思想及其中国化研究[M].北京:人民出版社,2012.
109. 张一兵.邓小平理论与历史辩证法[M].合肥:安徽人民出版社,1999.
110. 张一兵.回到列宁:关于"哲学笔记"的一种后文本学解读[M].南京:江苏人民出版社,2008.
111. 张一兵.回到马克思:经济学语境中的哲学话语[M].南京:江苏人民出版社,1999.
112. 张一兵.马克思历史辩证法的主体向度[M].3版.武汉:武汉大学出版社,2010.
113. 张一兵.资本主义理解史:第2卷[M].南京:江苏人民出版社,2009.
114. 郑异凡.布哈林论[M].北京:中央编译出版社,2006.
115. 中共中央编译局.考茨基言论[M].北京:生活·读书·新知三联书店,1966.
116. 中共中央编译局国际共运研究所编.卢森堡文选:上卷[M].北京:人民出版社,1984.
117. 中共中央马克思恩格斯列宁斯大林著作编译局.拉法格文选:上,下卷[M].北京:人民出版社,1985.
118. 中共中央文献研究室:十八大以来重要文献选编(上)[M].北京:中央文献出版社,2014.
119. 中国社会科学院文学研究所.不怕鬼的故事[M].北京:人民文学出版社,1978.
120. 周淼.百年大变局视野下的帝国主义理论研究:列宁帝国主义理论与新帝国主义理论的比较与思考[M].北京:当代中国出版社,2021.

二、外文文献

1. AMIN S. Capitalism in The Age of Globalization: The Management of Contemporary Society[M]. London: Zed Books, 1997.
2. AMIN S. Unequal Development: An Essay on the Social Formations of

Peripheral Capitalism[M]. Sussex: The Harvester Press, 1976.

3. ARRIGHI G. The Long Twentieth Century: Money, Power and the Origins of Our Times[M]. New York: Verso, 1994.

4. BUDGEN S, KOUVELAKIS S, ZIZEK S. Lenin Reloaded: Toward a Politics of Truth[M]. Durham and London: Duke University Press, 2007.

5. CASTELLS M. The Urban Question: A Marxist Approach[M]. trans. Alan Sheridan, Cambridge: MIT Press, 1979.

6. HARDING N. Leninism[M]. Durham: Duke University Press, 1996.

7. HARVEY D. Cosmopolitanism and the Geographies of Freedom[M]. New York: Columbia University Press, 2009.

8. HARVEY D. Spaces of Neoliberalization: Towards a Theory of Uneven Geographical Development[M]. Stuttgart: Franz Steiner Verlag, 2005.

9. HARVEY D. The Condition of Postmodernity [M]. Oxford: Blackwell, 1989.

10. HARVEY D. The Limits to Capital[M]. Oxford: Basil Blackwell, 1982.

11. HARVEY D. The Urbanization of Capital [M]. Oxford: Basil Blackwell, 1985.

12. HOPKINS T K, WALLERSTEIN I. The Age of Transition: Trajectory of the World-System 1945—2025[M]. London: Zed Books, 1996.

13. LEFEBVRE H. Rhythm Analysis: Space, Time and Everyday Life[M]. trans. ELDEN S and MOORE G. London & New York: Continuum, 2004.

14. LEFEBVRE H. The Production of Space [M]. trans. NICHOLSON-SMITH D. Oxford: Basil Blackwell, 1991.

15. LENIN V I. Imperialism: The Highest Stage of Capitalism[M]. New York: International Publishers, 1939.

16. SMITH N. Uneven Development: Nature Capital and the Production of Space[M]. Oxford: Basil Blackwell, 1990

17. WALLERSTEIN I. The Modern World-System I: Capitalist Agriculture and the Origins of the European World-Economy in the Sixteenth Century [M]. Berkeley, Los Angeles and London: University of California Press, 2011.

后　记

　　本书是在我为写作博士论文《列宁〈帝国主义论〉中的辩证法思想研究》所准备的笔记材料基础上创作出来的。为了研究列宁帝国主义理论的内容及其方法论特点，我零零碎碎地大概花了四五年的时间，对列宁之前及其之后的各种帝国主义理论进行整理和分析。除了以霍布森和第二国际理论家们提出的传统帝国主义理论，面对当代资本主义的新变化、新发展，各种试图对"新"帝国主义做出新理解、新判断的帝国主义理论层出不穷，国内外不断有关于帝国主义研究的文章著述发表出来。可以说，当前关于帝国主义理论研究的文章著作已经是非常丰富了，要将所有这些研究成果收集起来并非一件易事。"功夫不负有心人"，在搜集和分析众多帝国主义理论研究的基础上，我终于顺利完成了博士论文的创作。

　　在写作完博士论文之后，我决定对读博期间所搜集的关于帝国主义理论研究的资料以及自己一些不成文的摘记、笔记进行梳理再创作，这才有了本书的面世。当然，本书的写作其实是比撰写博士论文更为浩大的一项工程，要真正理解和把握列宁的帝国主义理论及其方法论就已经是一件非常困难的事了，要做到准确理解如此众多的各种帝国主义理论谈何容易，所以本书难免会存在很多纰漏之处，恳请各位读者多多批评指正。最后，要感谢南京大学出版社的张淑文女士所付出的辛苦劳作！

王梁华

2023 年于南京